53509

NOUVEAU TRAITÉ

D'ÉCONOMIE POLITIQUE.

R

Paris. — Imprimerie de P.-A. BOURDIER et Cie, rue Mazarine, 30.

NOUVEAU TRAITÉ

D'ÉCONOMIE POLITIQUE

PAR

M. VILLIAUMÉ

Si volueritis et audieritis me,
bona terræ comedetis.
Isaïe, I, 19

TOME SECOND

PARIS

GUILLAUMIN ET Cⁱᵉ, LIBRAIRES

Éditeurs du *Dictionnaire de l'Économie Politique*, du *Journal des Économistes*,
de la *Collection des principaux Économistes*, etc.
14, RUE RICHELIEU.

1857

NOUVEAU TRAITÉ
D'ÉCONOMIE POLITIQUE.

LIVRE III.

DE LA RÉPARTITION DE LA RICHESSE ; ET DE LA MISÈRE.

(Suite.)

Novit justus causam pauperum ; impiis
ignorat scientiam.

(Prov., xxix, 7.)

CHAPITRE IV.

DU DROIT A L'ASSISTANCE SOCIALE.

§ I. — Comment la question doit être posée. — Décisions des conciles
et des Pères de l'Église relatives à l'assistance des indigents. —
Actes de Charlemagne, d'Élisabeth, de 1790, 1793 et 1848.

Le principe de la fraternité impose à la cité l'obligation
de secourir le malheur involontaire, qui crée le droit des
indigents à l'assistance sociale. Mais tout homme étant
tenu de travailler, la société peut et doit lui donner du
travail d'abord ; et ce n'est que lorsqu'elle en manque, ou
lorsque cet homme est invalide, qu'il a droit à l'assistance. Il faut distinguer de l'aumône l'assistance sociale ou
légale. La première n'est point obligatoire devant les
hommes ; elle n'est que le complément de la charité, qui

vient accroître du superflu des riches la part que la société donne aux infortunés.

Sans m'occuper même du droit au travail [1] qui a causé tant d'alarmes, je dis qu'il suffit de prouver le droit à l'assistance sociale. En effet, il implique à *fortiori* le droit au travail, qui n'est qu'à l'avantage de la société assistante.

On a soulevé contre le droit à l'assistance des objections tirées soit de l'Évangile, soit des législations, soit de l'intérêt social. Si je prouve que l'on n'a pas lu l'Évangile ni les Pères de l'Église, et que ces graves autorités religieuses prescrivent l'assistance sociale; si, d'autre part, je prouve que la déclaration des droits et tous les principes politiques la commandent également, la réfutation de toutes les objections deviendra facile.

Même dans l'antiquité païenne, les républiques civilisées mettaient l'assistance au nombre de leurs devoirs. L'an 339 avant Jésus-Christ, Démosthènes s'écriait dans sa quatrième Philippique : « Tout homme qui manquerait d'assister les siens pécherait contre la nature et contre la loi. Or, la République n'est qu'une même famille dont chaque citoyen est membre. Ainsi n'ôtons point aux pauvres ce que la république leur accorde; et si elle ne leur donnait pas d'une façon, elle serait obligée à leur donner d'une autre, pour ne les pas laisser dans le besoin. Des citoyens à qui la république cesserait de fournir le nécessaire deviendraient ses ennemis... Que l'opulence des riches, dans les besoins urgents, soit la ressource de la patrie [2]. »

Saint Thomas d'Aquin prescrit aux peuples de faire en

---

[1] C'est le communiste honteux Fourier qui, en 1819, inventa cette formule malencontreuse.

[2] Trad. d'Olivet.

sorte qu'il n'y ait ni indigent ni mendiant parmi eux : *Et omnino indigens et mendicus non erit inter vos.* Ce texte est clair ; aucun législateur sérieux n'a osé dénier cette règle. *La misère des peuples est un tort des gouvernements*, disait en 1790 le rapporteur d'un comité de l'Assemblée constituante.

Les conciles enjoignaient à chaque cité de nourrir ses pauvres [1]. « *Chacun doit nourrir son pauvre*, » répète souvent Charlemagne dans ses lois.

Le statut de la quarante-troisième année du règne d'Élisabeth, promulgué en 1601, porte que « les administra-« teurs des paroisses devront faire travailler les enfants « que leurs parents ne pourront pas entretenir, ainsi que « toutes les personnes mariées ou non mariées qui n'au-« ront ni moyens d'existence ni industrie ; secourir les « boiteux, les infirmes, les vieillards, les aveugles, et tout « autre malheureux qui sera hors d'état de travailler ; « enfin, mettre les enfants pauvres en apprentissage. » La même loi leur confère le pouvoir de lever dans ce but des taxes, qui devront être supportées par les habitants de la paroisse ; et, si cela ne suffit pas, par les habitants du district et même du comté. Henri VIII avait déjà rendu passibles d'amende les paroisses dans lesquelles les infirmes ne seraient pas secourus.

La constitution française de 1791 décrète [2] : « Qu'il « sera créé et organisé un établissement général de se-« cours publics pour élever les enfants abandonnés, sou-

---

[1] Presque tous les économistes ont confondu *cité, civitas*, avec ville ou commune ; et cette-confusion leur a fait attribuer à nos communes le devoir de nourrir leurs pauvres. Mais un grand nombre d'entre elles n'ont aucune ressource. La seule cité de France, aujourd'hui, est l'État lui-même ; du moins dans l'acception du mot *civitas*, qui est synonyme de république, ou *chose publique*.

[2] Titre Ier.

« lager les pauvres infirmes, et fournir du travail aux
« pauvres valides qui n'auraient pas pu s'en procurer. »

La déclaration des droits de 1793 [1] porte que : « Les
« secours sont une dette sacrée. La société doit la sub-
« sistance aux citoyens malheureux, soit en leur procu-
« rant du travail, soit en assurant les moyens d'exister à
« ceux qui sont hors d'état de travailler. »

Ainsi, cette mesure se trouve dans la *déclaration des
droits de* 93, tandis qu'elle n'est que dans *la constitution
de* 91. Cette place prouve l'importance qu'y attachèrent
les conventionnels, qui ne se bornèrent pas, comme on
fit en 1791, à proclamer que la société doit le travail
sous la forme de secours; ils exigèrent que ce travail
assurât la subsistance. Le droit à l'existence se trouve
donc impliqué dans cette formule.

Le 26 février 1848, le décret suivant fut promulgué à
Paris, sous la pression des insurgés [2] : « Le gouvernement provisoire de la république française s'engage à garantir l'existence de l'ouvrier par le travail;

« Il s'engage à garantir du travail à tous les citoyens;

« Il reconnaît que les ouvriers doivent s'associer entre
eux pour jouir du bénéfice légitime de leur travail. »

Un autre décret du 28 février : « Considérant que la
révolution, faite par le peuple, doit être faite pour lui;

---

[1] Art. 21, et non pas *la Constitution;* car c'est encore une confusion de M. Léon Faucher et autres. M. Ledru-Rollin est aussi dans
l'erreur en alléguant que cette disposition se trouve dans le rapport
de Robespierre. Ce fut Hérault-Séchelles qui fit le rapport de la
Constitution de 1793.

[2] Un membre du gouvernement provisoire l'avoue en ces termes :
« Entrant brusquement dans la salle du conseil et faisant retentir
« sur le parquet la crosse de son fusil, un ouvrier à l'œil étincelant
« et au front pâle, vint exiger, de par le peuple, la reconnaissance
« du droit au travail. »

« Qu'il est temps de mettre un terme aux longues et iniques souffrances des travailleurs;

« Que la question du travail est d'une importance supérieure;

« Qu'il n'en est pas de plus haute, de plus digne des préoccupations d'un gouvernement républicain;

« Qu'il appartient surtout à la France d'étudier ardemment et de résoudre un problème posé aujourd'hui chez toutes les nations industrielles de l'Europe;

« Qu'il faut aviser, sans le moindre retard, à garantir au peuple les fruits légitimes de son travail;

« Le gouvernement provisoire de la république arrête :

« Une commission permanente, qui s'appellera Commission du gouvernement pour les travailleurs, va être nommée avec mission expresse et spéciale de s'occuper de leur sort... »

L'on sait que, par l'impéritie des membres de cette commission, ses travaux n'aboutirent pas même à éclairer la question.

Le premier projet de constitution, lu à la tribune de l'Assemblée dite *constituante* par M. Marrast le 20 juin 1848, consacrait les décrets du gouvernement provisoire. « Le droit au travail est celui qu'a tout homme de vivre « en travaillant. La société doit, par les moyens produc- « tifs et généraux dont elle dispose, et qui seront organi- « sés ultérieurement, fournir du travail aux hommes va- « lides, qui ne peuvent s'en procurer autrement.

« Le droit à l'assistance est celui qui appartient aux « enfants abandonnés, aux infirmes et aux vieillards, de « recevoir de l'État des moyens d'exister.

« Les garanties essentielles du droit au travail sont : « la liberté même du travail, l'association volontaire, l'é- « galité des rapports entre le patron et l'ouvrier, l'ensei-

« gnement gratuit, l'éducation professionnelle, les insti-
« tutions de prévoyance et de crédit, et l'établissement
« par l'État de grands travaux d'utilité publique, destinés
« à employer, en cas de chômage, les bras inoccupés. »

Ce projet ayant été soumis à l'examen des bureaux,
après les journées de juin, ne fut admis que par huit sur
quinze. La commission de constitution modifia sa rédaction. « Cette formule, dit le rapporteur M. Armand Marrast, a paru équivoque et périlleuse ; on a craint qu'elle
ne fût une prime à la fainéantise et à la débauche ; on a
craint que des légions de travailleurs, donnant à ce droit
une portée qu'il n'avait pas, ne s'en armassent comme
d'un droit d'insurrection. A ces objections importantes
s'en ajoute une autre plus considérable : si l'État s'engage
à fournir du travail à tous ceux qui en manquent par une
cause ou par une autre, il devra donc donner à chacun le
genre de travail auquel il est propre. L'État deviendra
donc fabricant, marchand, grand ou petit producteur.
Chargé de tous les besoins, il faudra qu'il ait le monopole
de toute industrie. Telles sont les énormités qu'on a vues
dans notre formule du droit au travail ; et, puisqu'elle
pouvait prêter à des interprétations si contraires à notre
pensée, nous avons voulu rendre cette pensée plus claire
et plus nette, en remplaçant le droit de l'individu par le
devoir imposé à la société. La forme est changée, le fond
reste le même. »

Dans la discussion, M. Ledru-Rollin et M. Billault dé-
ployèrent seuls du talent. Malheureusement ces deux
orateurs, n'ayant point fait une étude suffisante de l'économie politique, ne surent point exposer tous les arguments.

M. Ledru-Rollin fut scandaleusement interrompu par les
ennemis du peuple qui pullulaient dans cette assemblée ;
néanmoins son improvisation fut éloquente. « Cette ques-

tion, dit-il, je l'apprécie de deux façons : par mon cœur
et par ma raison; par mon cœur, quand je rencontre
tous les jours dans la rue des gens en lambeaux; et
quand, au milieu de nos campagnes, je vois des proces-
sions d'hommes hâves, de femmes fiévreuses qui viennent
tendre la main; quand à les voir mon cœur se contracte,
quand ma journée en est longtemps troublée, je m'écrie :
La société est impie! L'homme tient de la nature le droit
de vivre; que la société le lui reconnaisse dans le droit
au travail, ou malheur à elle!

« Sur quoi différons-nous? Sur une seule chose. Nous
prétendons, nous, que le remède est possible; vous pré-
tendez, vous, que la misère est le résultat de je ne sais
quoi de fatal et que l'humanité est enchaînée au mal...
Vous alléguez des impossibilités!... Remarquez que tous
les arguments qu'on nous oppose ici sur les impossibilités, on nous les a opposés pendant dix-huit ans; pendant
dix-huit ans du règne dernier, toutes les fois que nous
réclamions une amélioration, on nous répondait : C'est
impossible! Quand en 1775 on demandait de briser la
chaîne des jurandes et des maîtrises, on répondait : C'est
impossible! Quand on demandait que l'impôt fût également réparti, le clergé et la noblesse ont répondu : C'est
impossible! Je ne me contente pas de ce mot. Ce mot
peut être d'un homme, il n'est pas d'une grande nation
qui a d'immenses ressources.

« Inscrivez de nouveau le droit au travail, parce qu'il
est équitable, parce qu'il est politique de le faire. Inscrivez-le de nouveau, pour que dans les fastes de l'humanité nous n'ayons pas l'air de reculer à cinquante-cinq
ans de distance, pour que nous ne soyons pas moins
avancés que la révolution de nos pères. Inscrivez-le,
parce que le peuple doit obtenir ce qu'il demande de

juste, et que dès 1834 il inscrivait à Lyon sur ses ban-
nières : « Vivre en travaillant ou mourir en combat-
tant ! » Il est trop pratique aussi pour ne pas comprendre que l'organisation n'est possible que successivement :
mais, encore un coup, inscrivez le principe ; car, si vous
fermez la porte à toute espérance, j'appréhende pour la
république de lamentables déchirements. »

M. Billault s'écriait : « Si vous refusiez d'écrire ce
principe dans la Constitution, vous nieriez, non pas seulement ce qu'ont fait nos immortelles assemblées révolutionnaires, je n'en parle pas ; mais vous renieriez ce qui
a été fait pendant des siècles par la monarchie française,
par la monarchie absolue. Il n'y a pas une seule période
de ce passé monarchique où il n'ait été rendu des édits
consacrant cette dette de la société envers le travailleur
souffrant et dépourvu. Remontez aussi loin que vous vou-
drez, et vous retrouverez jusqu'à Charles IX lui-même,
proclamant solennellement ce devoir de la civilisation.
Pour rencontrer une société qui, systématiquement,
laisse périr ses membres dépourvus de travail, il faut remonter presque jusqu'à l'état sauvage, jusqu'à ces associations primitives, informes et impuissantes, où l'individu n'a rien à attendre de la force collective, où il faut
qu'il pourvoie par lui-même à toutes les misères de sa
nature.

« La nature et la société, nous répond-on, ont dit à
l'homme : « Travaille, travaille, et tu en seras récom-
« pensé par le produit de ce travail, qui sera ta propriété
« et que nous protégerons. » Oui, cela est vrai ; mais, si
cet homme auquel la société dit : « Travaille, » vient lui
répondre : « Je suis prêt à travailler, je ne demande pas
« mieux ; voilà mes bras ; voilà ma famille qu'il faut
« nourrir, mais je ne puis trouver de travail. » Que ré-

pondra le société? Faudra-t-il qu'elle lui dise : « Je ne
« puis rien pour toi, meurs, je t'oublie? » Personne au
monde n'oserait tirer une pareille conséquence. Contre
une telle inhumanité, l'assemblée entière se soulève, et
elle a bien raison!... » — *Mais pas du tout*, s'écrie-t-on,
et des rumeurs insultantes s'élèvent contre l'orateur!!!

Voici la rédaction qui prévalut : « La république doit,
« par une assistance fraternelle, assurer l'existence des
« citoyens nécessiteux, soit en leur procurant du travail
« dans les limites de ses ressources, soit en donnant, à
« défaut de la famille, des secours à ceux qui sont hors
« d'état de travailler. »

Cette constitution fut abrogée par une autre de 1852,
qui ne statue rien sur cette question.

§ II. — Comment une production suffisante laisse dans l'indigence des
millions de citoyens. — Opinions de Châteaubriand et de Fénelon.

Sans le droit à l'assistance, il n'y aurait point de société, puisqu'il n'y aurait point protection réciproque. Ce
principe est général pour toutes les nations, et spécial
pour la France, qui a contracté une dette, en mettant à
sa disposition les biens du clergé, patrimoine des pauvres, dans la volonté formelle de leurs donateurs.

Il suffit, d'ailleurs, d'affirmer que nous sentons en
nous le droit de vivre, et qu'il n'est pas un être qui ne
e sente depuis sa naissance. Je ne propose pas, comme
on l'a fait, de soumettre à un jeûne de quarante-huit
heures les individus assez dépravés pour le nier, afin que
le cri de leurs entrailles réveille leur conscience endor-
mie. Mais j'affirme que, comme les hordes sauvages de
l'Asie n'enlèvent point au soleil son éclat en l'injuriant
de leurs clameurs et lui lançant des flèches, de même,

les factions contre-révolutionnaires de la France ne pourront anéantir le droit à l'assistance. « *Dans un État bien
ordonné*, disait un illustre orateur du dernier siècle, *tant
qu'un citoyen a du superflu, nul ne doit manquer du nécessaire.* »

Le droit de vivre serait illusoire, s'il n'en était accompagné de la faculté. J'ai prouvé, dans le chapitre précédent, qu'aujourd'hui, quoi qu'on dise, une multitude
d'hommes meurent de faim. Plusieurs économistes et sta-
tisticiens ont montré que le quart de nos compatriotes ne
consomment pas annuellement, tant en nourriture qu'en
vêtement et logement, pour une valeur de 100 francs par
an, c'est-à-dire 6 sous par jour ! ! ! Ne meurent-ils pas
de faim, ces indigents, quoiqu'ils ne périssent pas aussi
vite que le naufragé sur un aride rocher ? Là science démontre, comme l'expérience, que l'homme qui n'a pas
le nécessaire est lentement affaibli, de sorte que son
existence est abrégée quelquefois de plus de moitié du
cours naturel. Saint Ambroise dit à la société qui lui a
refusé le nécessaire : *Vous ne l'avez pas nourri, donc vous
l'avez assassiné*[1].

Le droit à l'assistance sociale est le droit de vivre ;
mais, comme tout droit, corrélatif à un devoir, c'est-à-
dire au travail. Ainsi l'on doit vivre d'abord de son travail ; 2° des secours de sa famille, et j'entends par famille
les proches parents qui ont une légitime à prétendre ;
3° enfin et subsidiairement de l'assistance sociale. La société ne peut ni ne doit prendre définitivement à sa charge
l'indigent [2]. Ses secours ne doivent être qu'une avance,
comme dans la primitive Église et comme en Danemark.

---

[1] Non pavisti, ergo occidisti.
[2] Moreau-Christophe, t. II, p. 526.

L'assistance sociale est préférable à l'assistance privée, étant faite avec plus de sagacité, et offensant moins la dignité humaine. Mais elle ne doit, en général, s'exercer qu'au profit des malades, des vieillards indigents, des infirmes, qui ne peuvent gagner leur vie par le travail. Quant aux hommes valides, un État bien administré fera toujours en sorte qu'ils obtiennent un travail suffisamment rémunéré. Ainsi, tout individu valide, homme ou femme, doit être mis à même de gagner, par son travail, au moins ce qui est nécessaire à son existence et à celle de ses enfants.

Ce problème n'a jusqu'alors paru insoluble qu'à cause des résistances et des peurs égoïstes. Néanmoins, sa solution ne serait impossible que si l'on prouvait que l'homme valide ne peut pas produire autant qu'il a besoin de consommer. Or, c'est le contraire qui est établi. En effet, sur les 36 millions d'individus qui habitent la France, il y en a tout au plus la moitié qui contribuent directement à la production. Si le revenu national est de 12 milliards, chaque producteur crée, en moyenne, une valeur d'environ 700 francs par an. Si 18 millions de producteurs créent ce que consomment 36 millions d'habitants, chaque producteur produisant ce que deux personnes consomment, la moyenne de la consommation équivaut à 350 francs par tête; c'est-à-dire qu'elle est suffisante. Cet aperçu est encore au-dessous de la vérité; la production réelle est plutôt comme 1 est à 4; car, dans notre état de corruption, combien n'y a-t-il pas de professions inutiles ou dangereuses? Ne devrait-on pas tendre à les supprimer pour favoriser la production utile?

La société ne s'occupe donc point assez de procurer à tous les citoyens l'indispensable et l'utile. La cause en est dans l'inégalité qui est encore excessive. Les uns ont des revenus trop faibles pour obtenir l'indispensable, et les autres des revenus assez élevés pour dépasser de beaucoup le prix des objets d'utilité que la société peut produire. Il s'ensuit que les premiers n'ont pas la faculté de demander l'indispensable; tandis que les autres, ne pouvant dépenser toutes leurs richesses en objets d'utilité, provoquent une production démesurée d'objets de luxe. Ainsi qu'une partie des individus sont privés de l'indispensable, quand les autres regorgent de superflu.

« Un temps viendra, s'écrie Châteaubriand, où l'on ne « concevra plus qu'il fut un ordre social dans lequel un « homme comptait un million de revenu, tandis qu'un « autre homme n'avait pas de quoi payer son dîner. Un » noble marquis et un gros propriétaire paraîtront des « personnages fabuleux, des êtres de raison. » Fénelon avait déjà dit : « La nature seule tirerait de son sein « fécond tout ce qu'il faudrait pour un nombre infini « d'hommes modérés et laborieux ; mais c'est l'orgueil « et la mollesse de certains hommes qui en mettent tant « d'autres dans une affreuse pauvreté. »

La consommation normale, équitable ne peut résulter que d'une répartition bien réglée ; sans cela le luxe et la misère se trouveront voisins dans l'État. Quoiqu'on dise que le *luxe fait aller l'industrie*, on alimenterait une industrie satisfaisant au nécessaire et à l'utile avec la somme qu'il consomme en choses superflues. Il vaut mieux que l'homme, qui passe six mois à faire un tabouret, consacre ce temps à fabriquer cent paires de souliers ; parce que si un riche est privé de ce centième tabouret dans son appartement, cent citoyens ne seront point privés, durant six mois, d'un vêtement indispensable. On arriverait peu à peu à l'abolition du paupérisme, et à celle d'un scandaleux superflu. *Neque divitias neque paupertatem*, dit le sage. Alors toute guerre sociale serait impossible; car le peuple proprement dit, le prolétaire deviendrait bourgeois, et l'on n'aurait plus à craindre cet excès de population qui est plutôt l'effet que la cause de la misère.

« Voyez, s'écrient les gens qui se disent *conservateurs*, où nous mèneraient les apôtres de l'égalité. Si l'on partage le revenu annuel de la France, chaque habitant n'aura que 69 centimes par jour. Les sciences, les arts, l'industrie, toute civilisation s'abîmera, et nous n'aurons que la communauté de la misère!»

Il n'est aucunement question de partage; et nous sommes aussi partisans que qui que ce soit d'attribuer à chacun selon ses œuvres, et aux enfants selon les œuvres de leurs ascendants. Il ne s'agit ici que de savoir si tout citoyen français peut être nourri. Observons d'abord que les ennemis du peuple seraient épouvantés de n'avoir que 69 centimes par jour, tout en trouvant naturel que des millions de leurs compatriotes n'en aient que 30. Cependant, une famille de cinq personnes, à 69 centimes par tête, aurait par année un revenu de 1,259 francs 25 centimes.

Selon d'autres statistiques, toutes les valeurs créées et consommées chaque année en France s'élèvent environ à la somme de 12 milliards. Si cette somme était distribuée par portions égales entre les trente-six millions d'individus qui composent la nation, il y aurait par tête 92 centimes à dépenser par jour. Or, si l'on diminuait le faste des dépenses publiques, le gaspillage de certaines catégories, et la consommation stérile engendrée par l'oisiveté et les vices, l'on arriverait à une production plus considérable qui peut sans utopie, être portée à 1 franc 20 centimes par jour et par tête.

« Une famille de cinq personnes, dit M. Huet, obtient

6 francs par jour, 2,190 francs par an; le double dans une grande ville, 4,380 francs; à Paris, le tiers en sus, 5,840 francs, près de 6,000 francs. Voilà, je pense, de quoi rassurer vos terreurs. Et maintenant, retranchez quelques francs par an à trente-six millions de personnes, vous aurez, sans souffrances, de quoi arrondir quelques-uns de ces gros traitements qu'il vous est si cruel d'abandonner, même en perspective. Vous aurez encore des riches, puisque vous y tenez tant. Allons, l'humanité et la justice vous coûteront moins cher que vous ne craigniez. Quant aux beaux-arts, je ne leur fais point l'injure d'attacher leur existence à celle du luxe et du paupérisme; encore moins les sciences; encore moins la philosophie. Une nation instruite, où la misère est inconnue, encouragera les sciences et les arts plus efficacement, plus noblement que la petite tourbe vaniteuse de l'aristocratie. Deux mille riches, qui dépensent en objets d'art chacun dix mille francs par an, valent-ils deux millions d'hommes de moyenne fortune, dépensant chacun 20 fr.; économiquement, l'art y gagne 20 millions. Mais ce n'est rien en comparaison de ce que le peuple y gagne intellectuellement. Le goût, la politesse, le sentiment du beau se répandent partout. La musique et le dessin pénètrent dans les derniers villages. De toutes parts les associations privées et les communes forment des musées, des bibliothèques, décorent les temples, les places publiques, élèvent des statues aux grands hommes. Est-ce là cette barbarie dont le flot montant du socialisme devait nous submerger [1] ? »

---

[1] Huet, *le Règne social du christianisme.*

§ III.—Objections de droit ou de doctrine contre l'assistance sociale.—
1° Si l'imprévoyance doit avoir pour sanction la misère. — 2° Si chacun est censé apporter dans la société ses moyens d'existence. —
3° Si la Providence a voulu qu'il y eût des indigents. — 4° Si le devoir de la société peut être changé en droit pour l'individu. — 5° Si
l'État peut être requis d'accorder ce que l'on ne peut exiger du
citoyen.

Une école nombreuse d'économistes prétend que la
misère est le résultat de la bienfaisance ou de l'assistance.
Plusieurs même affirment que la société ne doit aucun
secours ni travail à ses membres indigents; et subsidiairement que c'est leur rendre un mauvais service que de
les assister. Leurs arguments, dépouillés de leurs phrases
creuses et déclamatoires, peuvent paraître si bizarres que
je me crois obligé, dans leur intérêt même, et afin de n'en
omettre aucun, de les résumer tous en leur consacrant la
présente section et la suivante. Pour y mettre plus de mé-
thode et de clarté, je les classerai en objections de droit
ou de doctrine, et en objections de fait ou politiques.

Voici l'énumération et la réfutation des premières :
« 1° L'indigence, le paupérisme, ne se manifestent que
« chez la classe des travailleurs qui ont besoin de leur
« travail quotidien pour vivre, parce qu'ils ne possèdent
« pas d'autres sources de revenus. Chez eux, l'indigence
« résulte ou de ce qu'ils n'ont pas travaillé à proportion
« de leurs besoins, ou de ce que le prix de leur travail ne
« suffit pas à leur assurer le nécessaire. L'insuffisance du
« travail provient de ce que l'ouvrier a été détourné du
« travail par inconduite ou par des accidents indépen-
« dants de sa volonté. Dans ces deux cas, il a manqué de
« prévoyance. L'insuffisance des salaires a pour cause la
« concurrence qui provient de ce que le nombre des ou-
« vriers s'est accru plus vite que le capital productif. Ceux-

« ci devaient prévoir, qu'en se multipliant, ils rompraient
« l'équilibre entre leurs revenus et leurs besoins. La pré-
« voyance est un devoir qui, comme tous les devoirs, a
« besoin d'une sanction. Cette sanction, c'est la misère,
« qui fait expier par des privations physiques et morales
« toute habitude vicieuse. Le moyen d'affaiblir cette res-
« ponsabilité est donc la bienfaisance privée et publique,
« qui décharge les pauvres du soin d'entretenir leurs en-
« fants, et pourvoit aux besoins de ceux que la maladie
« ou la vieillesse rendent incapables de travailler. L'exer-
« cice de la bienfaisance est donc incompatible avec la
« sanction complète des devoirs de la prévoyance [1]. »

En fait, cette objection pèche par la base, puisque la
prévoyance est souvent vaine pour le malheureux, par
l'effet de l'excessive inégalité qui ne lui laisse que bien
rarement le moyen d'acquérir une épargne. En droit, elle
est atroce, puisqu'elle tendrait à punir de mort celui qui
n'a commis qu'une simple faute, comme celui qui aurait
commis un crime.

2° « La société ne doit aucun secours à ses membres,
« dit J.-B. Say. En se réunissant à l'association, chacun
« est censé y apporter ses moyens d'existence [2]. »

Say tempère ce principe en disant qu'il n'est pas
de l'intérêt de la société de s'y tenir rigoureusement;
et que l'homme se doit à lui-même de cultiver la bien-
veillance qui l'élève au-dessus de la brute. Mais il ne
fait ici que de l'empirisme, et n'en dénie pas moins le
droit. Il tombe dans le préjugé du *Contrat social*, qui
présuppose un état de nature antérieur à la société.
Comment se fait-il que nos adversaires reprochent ail-

---

[1] *Dict. de l'Écon. polit.*, de Guillaumin.
[2] *Cours complet*, 7e partie, ch. XXXII.

leurs[1] aux partisans du droit à l'assistance et du droit
au travail de prendre pour point de départ le sophisme
de Rousseau : « Tout est bien sortant des mains de
« l'Auteur des choses ; tout dégénère entre les mains de
« l'homme! » et de supposer un état de nature antérieur
à la société!

J'ai réfuté moi-même cette erreur et démontré que,
en dehors de la société, l'existence de l'homme est impossible; que d'ailleurs, dans aucune contrée, l'homme ni
la famille ne luttent isolément contre la nature pour
soutenir leur existence, d'autant plus assurée que la communauté est plus riche. Ainsi, nulle difficulté sur ce
point que l'on ne met en avant que pour se donner le
facile avantage de le réfuter. Ce n'est point dans un prétendu *Contrat social* que nous trouvons le droit au travail,
c'est dans le principe de la fraternité.

3º « Vouloir extirper la pauvreté, dit M. Léon Faucher[2],
« c'est en quelque sorte condamner la Providence. Le
« mal existe sur la terre : il est la conséquence de la li-
« berté humaine. L'homme peut se tromper dans ses
« calculs, négliger ses devoirs, se relâcher de ses efforts,
« méconnaître ses intérêts véritables ; il faut qu'au bout
« de toutes ces fautes apparaisse le châtiment. Et ce
« châtiment, dans ce monde, c'est matériellement la
» perte de la richesse; c'est, au moral, la perte de l'es-
« time de ses concitoyens. La crainte de perdre des biens
» aussi précieux est le seul frein humain qui retienne
« l'homme sur la pente ; le désir de les acquérir est le vé-

---

[1] Opinion insérée dans le recueil de M. J. Garnier sur le *Droit au travail*.

[2] Opinion insérée dans le recueil de M. Garnier sur le *Droit au travail*.

« ritable stimulant qui éveille et qui développe son
« énergie. Le progrès naît des difficultés ; la civilisation
« est sortie, comme la Hollande, du sein des flots. En
« retranchant la pauvreté de ce monde, on retrancherait
« le travail ; et la loi du travail est la loi même de l'exis-
« tence. »

Cette objection mérite-t-elle une réponse ? *Il faut qu'il
y ait des pauvres ! Dieu le veut !*

Le peuple est ici-bas pour nos menus plaisirs.

D'abord l'on altère même le texte de l'Évangile en
mettant ces paroles dans la bouche de Jésus-Christ : *Il y
aura toujours des pauvres parmi vous.* Il a dit : *Vous
AVEZ toujours des pauvres parmi vous; mais vous ne m'a-
vez pas continuellement.* Ce n'est donc point une malé-
diction éternelle jetée sur une partie du genre humain,
mais la constatation d'un fait actuel[1].

En second lieu, il faut bien distinguer entre la pauvreté
et la misère. Ainsi que je l'ai indiqué, la pauvreté n'est
qu'un état de relation où l'on peut vivre. Elle ne disparaîtra
peut-être jamais absolument, parce qu'elle est la conséquence des différentes aptitudes des hommes, et qu'on ne
peut pas plus la supprimer du monde qu'on ne peut supprimer la faiblesse de corps et d'esprit. Quant à l'indigence, n'est-ce pas un blasphème social que de prétendre
priver de secours cette foule d'infortunés, lorsque notre
droit public, le droit de chaque nation, le droit religieux
même nous en font un impérieux devoir !

---

[1] *Semper pauperes* HABETIS *vobiscum; me autem non semper habetis* (S. Matth., XXXI, 11 ; S. Marc, XIV, 7).

Jamais l'Église n'a porté de peines contre les mendiants ; au contraire, elle les a toujours respectés et honorés, et elle a canonisé des mendiants d'habitude. Mais des gouvernements modernes ont puni ces infortunés par la prison ou par le dépôt. Il est même des auteurs qui trouvent ces deux peines trop douces. « Il faudrait, disent-ils[1], pour ces êtres pervers et incorrigibles, un établissement fort éloigné de la métropole et très-redouté (tel sans doute que ces îles insalubres qui en un an dévorent huit hommes sur dix), dans lequel on enverrait *ces misérables finir leur dangereuse existence* : tel qui brave le gendarme, le tribunal correctionnel et la prison, et à plus forte raison le dépôt, car il y est habitué, ne braverait peut-être pas l'exil... »

Ces philanthropes salariés, ces chrétiens si zélés pour l'*ordre* sont assez réfutés et punis par la publicité donnée à leurs doctrines, exprimées en pareils termes.

4° « Le droit, dit encore M. Léon Faucher, est une « chose certaine, et le pouvoir[2] une chose incertaine : il « y a de la témérité à établir un rapport direct entre ces « deux termes dans l'ordre social. La société ne fera pas « ce que la Providence n'a pas voulu faire. La société « *doit*, dans la mesure de ses ressources, secourir des « malheurs particuliers, parce que la prévoyance indivi- « duelle n'exclut pas la prévoyance commune. Mais le « *devoir* de la société ne doit pas être changé en *droit* « pour l'individu, car ce serait reconnaître à celui-ci un « droit à la révolte, qui amènerait la démoralisation des « individus avec la ruine de l'État. »

Ainsi l'on avoue que la société *doit*, mais on nie que

---

[1] *Interd. de la mend. en France.* Rapport présenté au comité de la Réunion internationale de la Charité, p. 33. Paris, 1855.

[2] Il a sans doute voulu dire *la faculté*.

cette dette engendre une *obligation*. Le sens commun
indique pourtant que tout droit est corrélatif à un devoir,
et réciproquement. L'un ne peut pas plus se concevoir
sans l'autre que le jour sans l'ombre, le bien sans le mal.

Il ne serait pas même nécessaire d'invoquer l'Évangile
pour prouver les droits sacrés des indigents; mais puisque nos ennemis se sont réfugiés sur son terrain, je ne
crains pas de les y suivre et de les combattre par les irré-
cusables interprètes de l'Évangile, saint Thomas d'Aquin
et le cardinal Cajétan. Le premier dit :

« Il y a deux cas où l'on est obligé de donner l'aumône
par un devoir de justice, *ex debito legali* : l'un quand les
pauvres sont en danger; l'autre quand nous possédons des
biens superflus. Les troisièmes décimes que les Juifs devaient manger avec les pauvres ont été augmentés dans
la loi nouvelle, parce que Jésus-Christ veut que nous don-
nions aux pauvres non-seulement la dixième partie, mais
tout notre superflu. »

Cajétan ajoute[1] : « Il y a deux préceptes touchant l'aumône : l'un de donner de son superflu, dans les nécessités ordinaires des pauvres; l'autre de donner même de ce
qui est nécessaire, selon sa condition, dans les nécessités
extrêmes. »

« Quand nous donnons aux pauvres ce qui leur est nécessaire, dit saint Grégoire, nous ne leur donnons pas
tant ce qui est à nous que nous leur rendons ce qui est à

---

[1] *Commentaires sur les sermons de saint Thomas d'Aquin.* Il ne
faut pas confondre cet illustre cardinal dominicain, dont le vrai
nom était Vio, avec Constantin Cajétan, bénédictin, qui vivait un
siècle plus tard. Ce dernier fut surnommé le *voleur de saints*, parce
qu'il prétendait qu'Ignace de Loyola, François d'Assise et Thomas
d'Aquin étaient de son ordre, dont il voulait ainsi rehausser la
gloire.

eux, et c'est un devoir de justice plutôt qu'une œuvre de miséricorde. »

« Nous aurons beaucoup de superflu, si nous ne gardons que le nécessaire, dit saint Augustin; mais si nous recherchons les choses vaines, rien ne nous suffira. Recherchez, mes frères, ce qui suffit à l'ouvrage de Dieu, c'est-à-dire à la nature, et non pas ce qui suffit à votre cupidité, qui est l'ouvrage du démon; et souvenez-vous que le superflu des riches est le nécessaire des pauvres. »

Certains jésuites du dix-septième siècle, craignant que ces maximes ne déplussent aux mauvais riches, les retournaient ainsi : « Ce que les gens du monde, dit Vasquez, gardent pour relever leur condition et celle de leurs parents n'est pas appelé le superflu; et ainsi à peine trouvera-t-on qu'il y ait jamais de superflu dans les gens du monde, et non pas même dans les rois. »

Voilà comment cette secte, dont le nom est devenu proverbe en France, entendait la charité chrétienne! Les maximes de nos casuistes politiques, de nos prétendus *défenseurs de l'ordre, de la morale, de la propriété et de la religion* s'éloignent-elles beaucoup de celles-là?... Ne peut-on pas appliquer à ceux qui invoquent si mal à propos la Providence ces paroles de l'*orthodoxe* Bossuet[1] : « Plus ils multiplient leurs discours dans une « aveugle confiance d'éblouir leurs juges, plus ils se « coupent et se contredisent, et se condamnent eux-« mêmes par leur propre jugement. »

Ce n'est pas que tous ces casuistes fussent profondément corrompus. Plusieurs des opinions qu'on leur reprocha avaient été rencontrées par eux dans d'autres auteurs qu'ils ne firent que s'approprier. Mais le choc re-

---

[1] *Avertissements.*

tomba sur eux, parce que l'on vit un plus grand nombre de partisans de ces opinions déréglées dans leur ordre que dans les autres. « Quand on s'est fait une habitude de pointiller sur toutes choses, dit Bayle, on a tellement tourné son esprit du côté des objections et des distinctions, que, lorsqu'on manie les affaires de morale, on se trouve tout disposé à les embrouiller. Tout cela est fort dangereux ; disputez tant qu'il vous plaira sur des questions de logique, mais, dans la morale, contentez-vous du bon sens et de la lumière que la lecture de l'Évangile répand dans l'esprit [1]. »

5° M. Bastiat a fait une objection plus spécieuse contre le droit à l'assistance et contre le droit au travail. « L'État a-t-il des droits et des devoirs autres que ceux qui « préexistent déjà dans les citoyens? dit-il. J'ai toujours « pensé que sa mission était de protéger les droits exis- « tants. Ai-je le droit d'exiger par force, d'un de mes « concitoyens, qu'il me fournisse de l'ouvrage et des sa- « laires? Et si je ne l'ai pas, si aucun des citoyens qui « composent la communauté ne l'a pas davantage, com- « ment lui donnerons-nous naissance, en l'exerçant les « uns à l'égard des autres par l'intermédiaire de l'État [1] ?»

C'est précisément pour une chose aussi importante que l'existence de tous que l'État est organisé par le bon sens des peuples. Tu n'as pas le droit d'exiger de Pierre, ton voisin, qu'il te fournisse du travail si tu es valide, et un secours si tu es invalide ; pas plus que tu n'as le droit de lui donner la mort le lendemain du jour où il a, même avec préméditation, attenté à ta vie; parce que l'individu n'est point présumé capable d'un discernement suffisant

---

[1] Bayle, *Dict. philos.*, Loyola, note 5.

[2] Opinion insérée dans le recueil de M. Garnier, p. 374.

pour exercer ses droits contre ses concitoyens. La loi institue donc un gouvernement pour les exercer avec sang-froid et sagacité.

Cela posé, je dis que tout homme envoyé par Dieu sur un territoire a le droit d'y vivre.

Supposons que cent hommes habitent une île inconnue, où ils vivent dans le superflu; que cent autres y sont jetés par la tempête, sans aucune provision. Ceux-ci demanderont aux premiers quelque coin de terre, et quelques vêtements avec des outils pour vivre, en attendant que ce coin de terre leur ait procuré la subsistance.

Si les premiers y consentent, tout s'arrangera pour le mieux; la question est définitivement résolue en notre sens. Si, au contraire, ils refusent, les nouveaux venus entreprendront leur extermination, mus par l'instinct qui attache l'homme à la vie; et le parti le plus fort demeurera maître unique de l'île.

Si les anciens possesseurs sont des chrétiens, des hommes vraiment civilisés, ils consentiront à un partage non pas égal; mais qui, du moins, pourra procurer le nécessaire aux nouveaux venus. Le principal objet du gouvernement [1] n'est-il pas précisément de faire valoir la tradition de fraternité, et d'empêcher la guerre de s'allumer entre les nouveaux venus ou prolétaires, et les riches ou propriétaires. A la fin du dix-huitième siècle, si les conseils de l'immortel Turgot eussent été entendus,

---

[1] Le mot gouvernement a deux sens : l'un étroit, qui s'emploie dans les discussions politiques, par opposition à la législature et à l'ordre judiciaire. L'autre étendu, qui signifie l'ensemble des pouvoirs de l'État. Je n'ai pas besoin d'avertir que c'est en ce dernier sens que je l'emploie ici, comme dans toutes les autres parties de cet ouvrage.

ces cris funèbres : GUERRE AUX CHATEAUX , PAIX AUX
CHAUMIÈRES, n'eussent point retenti dans nos campagnes,
ni dans le sein de la législature elle-même ! Quelques
centaines d'opposants égoïstes, lâches et cruels, n'eussent
point perdu leurs richesses et la vie ! ! !

Du reste, l'argument de M. Bastiat conduirait l'État à
refuser tout secours aux aveugles, aux sourds-muets, aux
enfants-trouvés eux-mêmes ! Voilà à quelles conséquences
conduisait l'habitude de subtilité et de déclamation un
homme regrettable pour ses talents et sa moralité !

§ IV. — Objections de fait ou politiques contre le droit à l'assistance
sociale. — 1° Si la bienfaisance accroît la misère. — 2° Si les gouvernements ont une sollicitude suffisante. — 3° Si l'État deviendrait
pourvoyeur de toutes les industries ; et si l'on tomberait dans le
communisme indirect. — 4° S'il est vrai que le contrat n'engagerait
que l'État ; et s'il y aurait du péril à accumuler les ouvriers.

Première objection. — « Partout où la bienfaisance
« publique a existé, l'indigence, loin de diminuer, a pris
« un accroissement d'autant plus rapide que la charité
« publique et privée se montrait active et dévouée à son
« soulagement. La bienfaisance augmente l'imprévoyance.
« En affaiblissant la responsabilité individuelle du pau-
« vre, et en excitant chez lui une attente contraire à la
« sanction de cette responsabilité, il ne songe plus à la
« loi naturelle de l'économie ; il se repose sur autrui du
« soin de prévoir les effets des causes naturelles. Ne fai-
« sons pas une obligation légale de la charité qui n'est
« qu'un devoir moral. Laissons au riche le mérite de sou-
« lager la souffrance, et au pauvre la dignité de supporter
« le malheur. Tendre à supprimer la vertu est un mau-
« vais système de gouvernement. Les principaux écono-
« mistes anglais condamnent la bienfaisance publique ,

« tels qu'Adam Smith, Ricardo, Malthus, Chalmers, Mac-
« Farland, Town-Send, etc., qui ont démontré la tendance
« générale des secours publics à croître l'indigence, la
« misère, le paupérisme, par l'influence délétère qu'ils
« exercent sur les sentiments des classes ouvrières [1]. »

Quelle valeur peut avoir le nombre des autorités? Je
ne les ai pas comptées, et m'en soucie peu. Le 23 février
1848, les dix-neuf vingtièmes des écrivains *prouvaient*
que le gouvernement monarchique convenait parfaitement à la France; le 25 du même mois, les quatre-vingt-
dix-neuf centièmes s'évertuaient à *démontrer* que le gouvernement républicain seul pouvait faire son bonheur.

En fait, je réponds que ni Hume, ni Montesquieu, ni
J.-J. Rousseau, ni Quesnay, ni Turgot, ni M. Mac-Culloch, ni M. J.-S. Mill, ne condamnent la bienfaisance publique qu'ils recommandent au contraire, après avoir démontré que l'indigent y a des droits incontestables. Adam
Smith, de l'opinion duquel on se targue, ne la condamne
point non plus. Loin de là, il résulte implicitement des
passages où il traite des pauvres et de la bienfaisance,
qu'il la considère comme nécessaire, évidemment équitable, juste et incontestée [2]. Sans cela, ne l'eût-il point
attaquée, lui qui soutint une si rude guerre contre tous
les préjugés? Il s'est d'ailleurs explicitement prononcé
sur ce point dans un passage où il prouve que : « Ceux
« qui nourrissent, habillent et logent tout le corps de la
« nation doivent avoir, dans le produit de leur propre
« travail, une part assez large pour être suffisamment
« nourris, logés et vêtus [3]. »

---

[1] M. Cherbuliez, *Dict. de l'Écon. polit.*, de Guillaumin. V° *Bienfaisance publique.*

[2] *Rich. des nat.*, liv. I, ch. x; liv. V, ch. I, sect. 2 et ch. III.

[3] *Rich. des nat.*, liv. I, ch. VIII.

« Que la somme des produits augmente ou reste station-
« naire, dit M. Mill, c'est ce qui, au delà d'une certaine
« quantité, doit inspirer au législateur un médiocre inté-
« rêt; mais il est de la plus haute importance que la somme
« des produits augmente par rapport au nombre des per-
« sonnes qui y prennent part... Je ne reconnais ni comme
« juste ni comme bon un état de société dans lequel il
« existe une classe qui ne travaille pas ; où il y a des êtres
« qui, sans être incapables de travail, et sans avoir acheté
« le repos au prix d'un travail antérieur, sont exempts de
« participer aux travaux qui incombent à l'espèce hu-
« maine [1]... »

Qu'importe donc que des économistes d'ordre inférieur
dénient le droit de l'indigent à l'assistance ! Qu'importe
qu'ils se révoltent contre une idée consacrée par les plus
grands philosophes, comme par d'immortels monuments
législatifs et religieux ! Mais admirons la présomption
de quelques auteurs de notre temps, qui affirment que
leurs doctrines seules sont *économiques ;* qui font pom-
peusement de leurs opinions l'*économie politique !* C'est
un sophisme dont on est trop souvent la dupe. Un groupe
quelconque d'écrivains ne peut pas plus constituer ou
reconstituer l'économie politique qu'il n'appartient à
quelques rédacteurs de journaux de refaire la politique ;
ou à quelques faiseurs de soi-disant *bons livres* de refaire
la morale. Les principes de toutes ces sciences ont été po-
sés par des écrivains dont les livres et le nom sont passés
avec honneur à la postérité. Ils sont immuables : quiconque en voudra altérer le texte ou l'esprit, quiconque
y substituera les petits intérêts d'une coterie ou d'une
faction passera inaperçu, quels que soient les titres pom-
peux qu'il se donne.

[1] *Principes,* II, 360.

Au fond, l'assistance n'augmente pas l'imprévoyance ; car elle ne va jamais que jusqu'au strict nécessaire. Or, il n'est pas dans la nature de l'homme de s'en contenter, lorsqu'il peut obtenir mieux.

Et quand même elle augmenterait l'imprévoyance, elle est obligatoire, comme l'accomplissement d'un devoir. La société doit compassion à la faiblesse et aux fautes de ses enfants. Elle est en majorité composée de ceux qui vivent du salaire ; ceux-ci ont bien le droit de ne protéger ceux qui vivent du superflu qu'à la condition que c'est avec une partie du superflu que l'on pourvoira aux dépenses d'utilité publique, et la plus urgente est la subsistance du peuple. « Nul n'est responsable de sa naissance, « dit très-bien M. J.-S. Mill [1], et quiconque possède plus « que le nécessaire ne peut jamais faire un trop grand « sacrifice, dès qu'il s'agit d'assurer l'existence de ses con- « citoyens. »

En Angleterre, l'aristocratie ayant confisqué à son profit les biens des communes et des églises, qui étaient consacrés aux pauvres, devait naturellement une compensation au peuple qui en était exclu. Je sais qu'il y a eu abus et mauvaise administration ; mais les abus ne prouvent rien contre les principes. L'une des causes de l'extension du paupérisme dans ce pays est la trop grande concentration de la propriété. Voilà sans doute pourquoi les meilleurs économistes anglais plaident si longuement les avantages de rendre les paysans propriétaires. D'ailleurs, sans la taxe des pauvres, les malheurs seraient plus grands.

Il n'y a que des écrivains français connaissant peu l'Angleterre, et le suppôt de l'aristocratie Malthus qui aient prétendu que l'assistance légale augmente le nombre

[1] *Principes*, I, 416.

des indigents en Angleterre. J'ai déjà dit que Smith et
M. J.-S. Mill approuvent ces secours donnés aux pauvres.
M. Mac-Culloch les approuve aussi sans hésitation. Il distingue entre les pauvres invalides et les pauvres valides; quant aux premiers, il dit : « que la politique, aussi
bien que l'humanité, ne semble guère laisser de doute
qu'il ne faille leur accorder un droit légal aux secours;
qu'on a peine à se figurer qu'aucune fraction considérable d'une population soit jamais tentée de se relâcher dans ses efforts pour épargner, lorsqu'elle en a les
moyens, dans la prévision que la maison de travail la recevra dans sa vieillesse. Mais quelles qu'aient été les fautes
des individus, il répugnerait à tous les sentiments d'humanité de leur laisser souffrir les extrémités du besoin.
Quant aux pauvres valides dans les pays agricoles, tels
que l'Autriche et la Russie, leur misère ne se fait pas
sentir d'une manière aussi terrible que dans les pays avancés sous le rapport industriel et commercial. Dans ces derniers pays, une assistance obligatoire peut être regardée
comme une partie essentielle de leur économie. Si la détresse était à la fois très-grave et très-étendue, il est probable que la tranquillité publique courrait des périls sérieux. « *Les révoltes du ventre*, dit Bacon, *sont les pires
de toutes* [1]. »

Ainsi, en Angleterre, la taxe des pauvres est établie
non-seulement en conformité des lois naturelles et fondamentales de la nation, mais aussi par une nécessité politique et économique. Sans la taxe officielle, le nombre
des indigents serait probablement bien plus considérable
encore; et, en outre, des révolutions violentes pourraient
bouleverser l'agriculture, l'industrie et le commerce. Dans

---

[1] *Princ. d'Écon. polit.*, 3ᵉ partie, p. 80 et suiv.

un pays aussi libéral, aussi éclairé et aussi riche, on ne peut passer les indigents sous silence, ainsi qu'on le fait en Russie et en Autriche. On les inscrit donc ; et de là le chiffre qui paraît extraordinaire!... Mais tout calculé, je crois qu'il y en a un plus grand nombre encore dans les pays arriérés, et qu'on se laisse prendre à de menteuses statistiques [1].

Est-il nécessaire de réfuter ce motif qu'*il faut laisser aux riches le mérite de soulager les indigents?* Mais si les riches s'y refusent, les indigents n'auront donc qu'à en appeler à la Providence! Parce que le pauvre aura sa récompense dans l'autre monde, faut-il que la loi le délaisse en celui-ci! Parce que les coupables seront châtiés dans l'éternité, nos tribunaux les absolvent-ils?

Deuxième objection. — « Que sert d'examiner s'il y a « quelque chose qui s'appelle le droit au travail, lorsque « la liberté du travail est pleinement garantie, et que « chacun jouit pleinement du fruit de ses labeurs? Quel « est l'intérêt de discuter le droit à l'assistance, dans un « temps où la prévoyance des gouvernements s'occupe de

---

[1] Quoique la législation des États-Unis se soit peu occupée des pauvres, la charité y est très-grande. Dans toutes les grandes villes, il suffit que l'on signale une infortune pour que la bienfaisance publique s'émeuve. Un *meeting* procure toutes les sommes dont on a besoin. Il n'y a guère que deux États qui ont dû se préoccuper d'établir la charité officielle : ce sont ceux où l'émigration amène le plus d'étrangers : le Massachussetts et le New-York. Dans le budget du Massachussets, les sommes destinées à l'indigence s'élèvent, en moyenne, à 60,000 dollars (300,000 fr.). Dans celui du New-York, à 20,000 dollars. En outre, dans tous les États de l'Union, de fortes sommes figurent aux budgets pour l'entretien des hôpitaux et des maisons d'asiles. Dans les États à esclaves, le paupérisme est plus rare ; parce que la classe ouvrière est presque exclusivement esclave, et les esclaves sont toujours à la charge du maître.

« réparer les accidents généraux sans porter atteinte à
« l'activité individuelle? »

C'est supposer ce qui est en question. Non, les gouvernements ne s'occupent point assez de réparer les accidents généraux : ils ne favorisent que trop le monopole
et l'absorption. Sans cela, y aurait-il des insurrections?
Les économistes feraient-ils de si vives censures des lois
et règlements anti-économiques? N'avouent-ils point l'indigence de plusieurs millions de nos compatriotes?

Troisième objection. — « Si l'État accepte le droit au
« travail, il se constitue pourvoyeur de toutes les exis-
« tences et entrepreneur de toutes les industries... En
« outre, avec ce principe, chacun exigerait le travail au-
« quel il est propre. Pouvons-nous donner des tableaux à
« faire aux peintres, des opéras aux compositeurs!... Et
« veut-on que nous ayons des magasins encombrés de
« produits?... Le droit au travail suppose donc nécessai-
« rement le monopole du travail dans les mains de l'État.
« C'est le communisme indirect. »

Tout cela est de la dernière fausseté. On nous montre le communisme, comme Antoine agitait la toge en-
sanglantée de César, comme les Brissotins rappelaient
septembre, comme les coquins, en 1848, rappelaient l'é-
chafaud et la Terreur auxquels nul républicain ne son-
geait.

Il est clair que si l'on entend, par droit au travail, l'o-
bligation imposée à l'État de fournir des travaux largement payés à quiconque en réclame, la théorie serait
folle. Mais les ennemis du peuple prétendent qu'il faut
laisser languir dans l'inaction cette multitude d'infortunés
qui n'ont pour vivre d'autre ressource que leur travail
quotidien. Ainsi, ce mot *droit au travail* s'appliquant à
ces deux solutions, dont l'une est ridicule et l'autre

cruelle, il s'ensuit que le problème a été mal posé et qu'il faut le poser autrement.

Le droit au travail n'est en réalité que le droit de chaque citoyen d'être toujours occupé dans son industrie, moyennant un salaire fixé par le cours normal, et non arbitrairement. La société, ne devant que le nécessaire, n'est point obligée de fournir d'autres travaux que ceux qui le procurent. L'individu ne peut exiger davantage. Tant pis s'il a une profession libérale ou de luxe qui ne lui donne pas la richesse à laquelle il aspirait. Or, il y a toujours des travaux nécessaires.

Quant à l'encombrement des produits, dont on affecte aussi de présenter un ridicule tableau, le danger n'en serait pas si grand ; car je suppose que l'on n'occuperait pas ces millions de citoyens à fabriquer des bijoux et des broderies.

Quatrième objection. — « Le droit au travail est l'ac-« tion accordée à l'individu contre la société. C'est sup-« poser entre l'individu et la société un contrat, aux termes « duquel la société devrait l'existence à chacun de ses « membres, contrat qui n'engagerait qu'une des parties. « Car, tandis que l'État devrait fournir aux individus les « moyens de vivre en travaillant, il n'aurait pas le pou-« voir de les contraindre à chercher dans le travail leur « subsistance. Quand on donne un droit aux individus « contre la société, on prépare et même l'on justifie la « révolte. Ainsi les ateliers nationaux de Paris ont fait « les sanglantes journées de juin. »

L'on n'a jamais prétendu que le droit au travail n'engendre point le devoir de travailler. *Que celui qui ne veut point travailler ne mange point*, dit un apôtre. Quand donc cessera-t-on de calomnier ses adversaires et de leur supposer des projets auxquels ils n'ont point songé?

La seconde partie de l'objection est le sophisme de la peur du peuple. *On ne guérit pas de la peur*, disait un célèbre publiciste. Mais ce n'est pas l'accumulation des travailleurs qui a ouvert le combat en juin ; c'est la faction impitoyable qui, n'osant point attaquer en face le bon ordre, a favorisé une épouvantable révolte !...

> Illi robur et æs triplex
> Circà pectus erat.

§ V. — Contradiction d'un économiste anglais. — Résumé. — Maxime de Joseph de Maistre.

M. J.-S. Mill, tout en admettant le droit au travail et à l'assistance, y apporte une restriction.

« Si tout homme a le droit de vivre, dit-il, nul n'a le droit de faire des enfants pour les mettre à la charge d'autrui. Si donc l'État assure du travail et un salaire suffisant à tous ses citoyens, il doit pourvoir à ce que personne ne vienne au monde sans son consentement, et mettre des obstacles au mariage. Il peut nourrir les pauvres s'il règle leur multiplication ; mais s'il la laisse à la discrétion des citoyens, il doit leur abandonner le soin de les faire vivre. S'il laisse le peuple dans une situation où il comprenne que son bonheur dépend du nombre, le peuple sera prudent ; mais s'il n'a pas à s'occuper de son salaire, si un minimum lui est garanti, aucun bien ne le déterminera à respecter la continence... L'accroissement du capital ne serait pas plus rapide qu'auparavant, et les impôts destinés à combler le déficit ouvriraient bientôt un abîme. Il faudrait donc obtenir du travail et des produits en échange du salaire ; mais qu'est-ce que l'ouvrage donné pour le salaire ? Il ne vaut jamais celui du salaire donné pour l'ouvrage ; car l'ouvrier qui ne peut être congédié ne peut travailler que sous la menace dont on use envers

le serf et l'esclave. Les produits et le capital n'augmenteraient donc jamais en proportion de la civilisation : les
taxes pour l'entretien des pauvres absorberaient tout le
revenu; et bientôt les obstacles que la prudence ou la mort
opposent au progrès de la population se feraient sentir
partout à la fois [1]. »

N'est-ce pas une concession faite par cet écrivain au
parti de l'égoïsme qu'il flétrit souvent dans son remarquable livre? Quel est en effet le législateur qui ait le droit
de dire : *Tu n'auras que tel nombre d'enfants. Si tu en as
davantage, je veux qu'ils meurent de faim !...* Si ces arguments sont spécieux, ils ne sont point assez nets ni assez
francs. D'ailleurs ce serait combattre un mal par une
iniquité, par une chose anti-naturelle. Il vaut mieux,
tout en moralisant les prolétaires, ne laisser abandonné
aucun membre de la famille humaine.

D'ailleurs, et au fond, ces craintes sont chimériques.
Lorsque le prolétaire verra que l'on s'occupe sérieusement de son sort, il craindra autant que la classe favo-
risée l'accroissement excessif de la population, puisque
c'est surtout la misère qui en est la cause.

Ainsi, puisque le travail est un devoir du citoyen, il
est aussi le droit de chacun; donc c'est un devoir pour la
société de chercher à éteindre par tous les moyens la
misère, l'indigence, la mendicité; et tant qu'il restera un
riche jouissant du superflu, il doit être forcé de concourir
à cette œuvre sainte.

L'examen de ce problème est d'autant plus urgent
qu'il est la cause réelle, profonde, intime de la révolution qui a commencé le 24 février 1848, et de la sourde
fermentation qui gronde au sein des masses. Mais ce n'est

[1] J.-S. Mill, *Principes.*

que par de grands moyens que l'on peut parvenir à l'extinction de la misère. Il faut d'abord en atteindre la
cause; car tant qu'elle durera, les effets seront inévitables.
Il vaut mieux faire en sorte qu'on n'ait pas besoin d'hospices ni de prisons, que de disserter à perte de vue sur la
façon dont on construira ces édifices.

Je me résume en rappelant qu'il y a des principes élevés au-dessus de l'économie politique. L'un de ces principes, qui est la fraternité, un autre, qui est le salut public, prescrivent l'assistance sociale. Plusieurs des auteurs que j'ai réfutés ont été de bonne foi, parce qu'ils
ont cru que l'économie est une science complète par elle-
même et indépendante. Voyant que l'assistance diminue
le capital, ils en ont conclu qu'elle est anti-économique;
ce qui n'était pas difficile à reconnaître; mais ils auraient
dû se borner à constater le fait. Comme la chose paraissait triviale, ils ont cherché tous les motifs possibles,
même dans l'ordre politique et moral; et voilà où est leur
tort. Pour avoir voulu relever l'économie politique, ils
l'ont rabaissée. J'ai répondu péremptoirement aux objections formulées jusqu'aujourd'hui. Si ultérieurement on
en suscitait d'autres, j'invite le lecteur à se pénétrer de
cette maxime : *Toutes les fois qu'une proposition est prou-
vée par le genre de preuves qui lui appartient, l'objection
quelconque, même insoluble, ne doit plus être écoutée* [1].

---

[1] De Maistre, *Soirées de Saint-Pétersbourg*, I, 287.

CHAPITRE V.

DES MOYENS DE SUPPRIMER LA MISÈRE.

§ I. — De la suppression des secours. — Des mariages tardifs. — Qu'il faut rendre la femme moins dépendante. — De la liberté absolue de concurrence. — Erreur de M. Bastiat.

Dans le but d'abolir la misère, on a proposé de nos jours une foule de projets, dont chacun est exclusivement vanté par son auteur. Avant d'indiquer un système général, il convient d'y jeter un coup d'œil rapide.

M. Rossi propose des moyens *directs* et *indirects*. Les premiers sont : une bonne éducation nationale, ou la vulgarisation pratique de l'économie politique ; la cessation de tout encouragement direct, soit religieux, soit moral, soit politique ; la cessation de tout encouragement indirect, comme l'aumône officielle, la taxe des pauvres, la charité imprudente, etc. ; enfin les mariages tardifs ou prudents, c'est-à-dire ceux dans lesquels les contractants ont attendu le capital ou l'industrie nécessaire pour entretenir une famille. Mais il n'entend pas, dit-il, prohiber les mariages des jeunes hommes, qui préviennent les naissances illégitimes. Le principal des moyens indirects est l'établissement de la liberté du travail et du commerce.

M. Bastiat pense même qu'il suffirait de développer le système actuel de la concurrence illimitée, en la poussant à ses dernières conséquences. « L'ordre doit naître

« de la gravitation naturelle des forces sociales. Laissez à
« l'action individuelle sa pleine liberté, son indépen-
« dance absolue en ce qui concerne la production et la
« distribution des richesses, et l'harmonie résultera d'elle-
« même du jeu combiné de toutes les forces naturelles. »

Parmi ces moyens, il en est d'inhumains; ainsi la cessation de tout encouragement n'est pas un moyen admissible dans une société qui se dit chrétienne ou démocratique. D'autres sont exposés trop vaguement pour être
discutés.

Quant au mariage, le Code Napoléon, qui l'autorise à
dix-huit ans pour les hommes, n'est-il pas en contradic-
tion avec l'article qui fixe à vingt et un ans la majorité?
Quel acte plus important que le mariage? Et en autori-
sant celui des femmes à quinze ans, il laisse s'engager
dans des liens perpétuels un enfant dont la raison n'est
point formée, et qui obéit souvent à un caprice ou à la
cupidité de sa famille.

Ne conviendrait-il pas aussi de rendre la femme moins
dépendante qu'elle ne l'est? Ne peut-on pas lui offrir des
travaux plus lucratifs? car trop souvent celle qui n'a
pas de patrimoine ne peut vivre que par la prostitution
ou par le mariage avec un homme qui l'humilie ou la
maltraite... « Cette dépendance absolue de la femme,
dit M. J.-S. Mill [1], est un des plus grands obstacles à tout
progrès moral et intellectuel, et par conséquent social. Si
l'on n'employait pas exclusivement à faire des enfants la
moitié du genre humain, l'instinct animal ne prendrait
pas des proportions si alarmantes... »

Et puis n'y a-t-il pas de la barbarie à laisser de mal-
heureuses femmes, faites pour les travaux de l'intérieur,

---

[1] *Principes*, II, 367.

obligées de se livrer aux travaux les plus durs et les plus
fatigants de la campagne et des manufactures? Les Américains du Nord sont surpris de voir de pareilles choses
dans un pays dont on leur vante la galanterie, la douceur
et la civilisation.

Aux économistes qui voient un remède souverain dans
la concurrence illimitée, je réponds qu'il y a une différence
entre les lois du monde physique et les lois du monde
moral. Le monde physique se maintient par la gravitation
naturelle de ses forces, parce que jamais celles-ci ne s'é-
cartent ni ne peuvent s'écarter de la route qui leur a été
tracée. L'homme au contraire n'est pas mû par une loi
fatale : il est composé de corps et d'esprit. La loi de sa
destinée est une obligation morale à laquelle il doit obéir,
mais à laquelle il peut désobéir et désobéit souvent. Il y
a antagonisme continu entre son corps et son âme. En
politique, c'est la loi de la résistance et du progrès: en
économie, c'est la lutte de la matière contre l'ordre, de
l'individu contre la société. Le législateur peut donc intervenir dans les questions de population [1].

Il faut une intervention de la force sociale pour maintenir l'individu quand il désobéit, quand il veut faire de
sa liberté un usage nuisible à autrui. Or, s'il veut affamer
ses voisins par l'accaparement, la force sociale, qui est
obligée de les nourrir, ne doit-elle pas s'y opposer? Ce
n'est pas sans de graves motifs que l'instinct des hommes
les a réunis en corps de nations; *ce n'est pas en vain*, dit
Pascal, *que les princes portent l'épée* [2]. D'ailleurs, *aide-toi,
le ciel t'aidera.* M. Bastiat répète donc au fond le so-

---

[1] *Esprit des lois*, II, p. 42, 77.

[2] Le mot *prince* est pris dans l'acception générale : c'est le chef
légitime ; soit démocratique, soit aristocratique.

phisme de J.-J. Rousseau : *tout est bien sortant des mains de l'Auteur des choses : tout dégénère entre les mains de l'homme.*

« L'expérience, dit M. Blanqui, n'a infirmé jusqu'à ce jour qu'une seule doctrine d'Adam Smith; je veux parler de celle qui attribue à la liberté absolue de l'industrie le soin de suffire à toutes les nécessités sociales, et la possibilité de réaliser toutes les sortes de progrès. Ce grand économiste avait dit quelque part : « Pour élever un État du « dernier degré de barbarie au plus haut degré d'opu- « lence, il ne faut que trois choses : la paix, des taxes « modérées et une administration tolérable de la justice. « *Tout le reste est amené par le cours naturel des choses.*» Nous avons vu, depuis, le cours naturel des choses produire des effets désastreux et créer l'anarchie dans la production, la guerre pour les débouchés, et la piraterie dans la concurrence. La division du travail et le perfectionnement des machines, qui devaient réaliser pour la grande famille ouvrière du genre humain la conquête de quelques loisirs au profit de sa dignité, n'ont engendré, sur plusieurs points, que l'abrutissement et la misère[1] ! »

§ II. — De la fixation d'un minimum des salaires. — Du système de subvention. — Utopie de M. de Sismondi. — Du partage de la propriété foncière. — Les propriétaires sont les économes du corps social. — De l'épargne individuelle et de l'abolition du prêt à intérêt.

Quelques-uns, attribuant la misère à l'insuffisance du salaire, ont prétendu qu'on ne pouvait le maintenir à un taux suffisant que par la fixation légale de son minimum. Ce moyen est contraire aux vrais principes; le prix

[1] *Notice sur la vie et les travaux* d'Adam Smith.

des marchandises ne s'abaissant par la concurrence que
jusqu'au point nécessaire pour qu'elles trouvent des acheteurs, les salaires ne peuvent baisser que jusqu'à ce que
tous les ouvriers aient obtenu une part dans le fonds qui
leur est destiné. S'ils tombaient au-dessous, une partie
du capital resterait sans emploi faute d'ouvriers. Si le
capital destiné aux ouvriers tenait les salaires au-dessus
du taux de la concurrence, beaucoup d'ouvriers reste-
raient sans emploi et mourraient de faim. Il ne suffit donc
pas de fixer le minimum des salaires, si l'on ne trouve un
emploi ou un salaire pour tout le monde.

D'autres proposent de donner à l'ouvrier un supplément pour le garantir contre l'insuffisance du salaire
abandonné à la concurrence. C'est ce que l'on fit en Angleterre au commencement de ce siècle, après une suite de
mauvaises années qui avaient élevé le prix des subsistances.
Mais ce n'est encore qu'une manière déguisée de fixer un
minimum de salaire ; seulement ici la différence est fournie à l'ouvrier aux dépens du public ; tandis que, dans
l'autre système, l'entrepreneur achète le travail au prix
du marché [1].

Le système de subvention diminue d'un côté les salaires qu'il accorde de l'autre. Quand l'ouvrier ne compte
que sur son salaire, il existe un minimum de fait ; parce
que s'il tombe au-dessous de ce qui est nécessaire, la dépopulation le ramène à ce taux. Quand la différence est
comblée par des contributions, le salaire peut tomber à
rien, ainsi que l'expérience l'a démontré. Néanmoins,
M. J.-S. Mill, en attribuant à ce système l'énorme vileté
des salaires en Angleterre, au commencement de ce siècle,
a conclu d'un fait unique à une règle générale, et a pris

---

[1] J.-S. Mill, I, 418.

un effet pour une cause. A cette époque, ce ne fut point la subvention qui fit tomber si bas les salaires et causa tant de privations, mais la série de mauvaises récoltes et la guerre continentale. Les souffrances eussent été plus intenses sans la subvention nationale.

Si, en principe, le gouvernement ne doit pas intervenir directement dans les opérations particulières de l'industrie, il peut assurer au travail une rémunération suffisante, soit en provoquant la demande des bras par une impulsion communiquée à certains travaux, soit en augmentant la puissance réelle du salaire par la baisse de prix des subsistances, au moyen de perfectionnements dans l'agriculture ou dans l'échange.

En 1848, le gouvernement provisoire, qui devait se mettre en devoir d'appliquer le principe du droit au travail, en compromit le succès en abolissant le marchandage, et en interdisant au patron et à l'ouvrier de débattre librement les conditions du salaire. M. Louis Blanc, rêvant une prétendue *organisation du travail*, effraya les capitalistes, en parlant d'exproprier les usines pour le compte de l'État. « Aux entrepreneurs, dit-il, « qui, se trouvant aujourd'hui dans des conditions dé- « sastreuses, viennent à nous, et nous disent : « *Que* « *l'État prenne nos établissements et se substitue à nous !* » Nous répondrons : « L'État y consent ; vous serez large- « ment indemnisés. Mais cette indemnité qui vous est « due, ne pouvant être prise sur les ressources du pré- « sent, lesquelles seraient insuffisantes, sera demandée « aux ressources de l'avenir ; l'État vous souscrira des « obligations, portant intérêt, hypothéquées sur la valeur « même des établissements cédés, et remboursables par « annuités ou par amortissements. »

Les ouvriers, n'ayant plus d'emploi, demandèrent que

l'on fit cesser le chômage; et le gouvernement, au lieu d'organiser des travaux utiles, décréta ces monstrueux ateliers nationaux, où l'on établit l'égalité des salaires, et le droit à la fainéantise. L'aumône faite sans discernement à cette armée épuisa promptement les ressources disponibles. Les chantiers, qui ne contenaient que six mille hommes en mars 1848, en réunissaient quatre-vingt-huit mille en juin [1].

Sismondi croit que l'on peut exiger des chefs d'entreprises qu'ils prennent eux-mêmes soin de leurs ouvriers et des familles de ceux-ci jusqu'à extinction. C'est une utopie communiste, ou une réminiscence des premiers temps de la féodalité. On grèverait la production de frais extraordinaires et inconnus; car l'habit auquel aurait travaillé un ouvrier frapperait tous les habits de la même fabrique d'une quote-part de l'entretien des ouvriers qui ne peuvent plus travailler; et la concurrence serait abolie de fait. En outre, les familles d'ouvriers, croyant avoir une existence assurée, multiplieraient tellement que l'offre du travail serait avilie. Pour parer à ce danger, Sismondi voudrait empêcher l'ouvrier de se marier sans le consentement des chefs de sa communauté. Ce serait violer la plus sacrée de toutes les propriétés : celle de la personne.

On a proposé de diviser encore, et partager la propriété foncière. Or, il n'y a en France qu'environ quarante millions d'hectares productifs, ce qui ne donnerait guère qu'un hectare à chacun. Il est constant que le sol produirait moins qu'il ne peut produire par masses convenables;

---

[1] M. Marie et M. L. Blanc se sont réciproquement accusés de la création et de l'administration des ateliers nationaux. C'est une question historique que je dévoilerai dans un ouvrage ultérieur.

car nul ne pourrait faire de l'agriculture sa profession spéciale et la bien connaître. Si l'on divisait le capital industriel et mobilier, les inconvénients seraient semblables. Nul n'aurait un capital suffisant pour la production, et la misère s'en accroîtrait bientôt. *Les propriétaires sont les économes du corps social*, dit Mirabeau.

Selon M. Rossi, les propriétaires et les capitalistes doivent s'associer pour remédier au fractionnement de la propriété, qui est reconnu excessif; et alors la grande exploitation deviendrait compatible avec la division des capitaux. La terre serait cultivée en commun; chaque propriétaire ne serait qu'actionnaire au prorata de sa propriété, et prendrait part au produit dans le même prorata.

Ce ne serait pas donner à l'ouvrier l'instrument de travail recherché, ni faire cesser le partage inique des fruits du travail entre le capital et le travail. Ce n'est pas le sort des capitalistes et des propriétaires qui nous embarrasse. D'ailleurs, trouverait-on un grand nombre de propriétaires et de capitalistes qui consentissent à s'associer sans avoir la certitude d'un bénéfice?

D'autres affirment que l'épargne individuelle suffit. N'est-ce pas une amère dérision que de proposer l'épargne à des hommes qui n'ont pas même le nécessaire?

C'est en vain que plusieurs ont vu la question de la misère résolue par le crédit. Le crédit étendu est sans doute un élément essentiel de la prospérité publique et de l'abolition de la misère, mais il n'est point la panacée universelle. Il n'est guère qu'un moyen transitoire et accessoire, quoique indispensable.

M. Ch. Chevé propose d'abolir le prêt à intérêt, sous toutes ses formes, y compris le fermage. Tous les intérêts actuellement exigibles cessant de l'être, on imputerait

sur le capital, pour l'amortir, ce que les débiteurs payeraient. Les ouvriers participant à l'exploitation industrielle seraient considérés comme associés de l'entrepreneur, et partageraient le bénéfice.

L'on peut sans iniquité abolir le prêt à intérêt; mais
on ne peut, sans violer le droit de propriété, forcer
quelqu'un à prêter gratuitement. Y a-t-il beaucoup de
citoyens qui consentiraient à prêter leur argent sans intérêt? Presque tous aimeront mieux le garder que de
l'exposer, ou de se priver de l'avoir sous la main; de
sorte que les travailleurs, manquant d'avances, seraient
en peu de temps ruinés[1]. Les rentiers eux-mêmes qui ne
peuvent plus travailler, se ruineraient bientôt, en man-
geant leur capital. Quant à l'association forcée des ouvriers avec les maîtres, elle n'est que la théorie de la
communauté. L'association doit être volontaire, ainsi qu'il
sera démontré plus loin; et l'on ne peut transformer, par
un décret, les lois et les coutumes d'une grande nation.

Les socialistes ont vu, dans le loyer ordinairement
excessif des instruments de travail, la cause de l'inégalité
sociale, tandis que cet excès n'est que l'effet de l'inégalité. Plus l'inégalité diminue, plus le loyer s'abaisse. C'est
ce qui leur a fait croire que les producteurs peuvent
se créditer réciproquement, tandis qu'il ne peut y avoir
dans un échange deux créditeurs; et qu'il n'est pas possible de créer un capital futur sans un capital présent. Puis,
reconnaissant qu'il est impossible de renoncer au concours du capital existant, ils veulent l'associer au travail
en lui déniant sa puissance reproductive; et lui offrent
une espèce de commandite sans intérêt annuel, et dans
laquelle le capitaliste ne trouverait qu'une rémunération

[1] Ott., *Écon. soc.*

proportionnée aux bénéfices de l'entreprise. Mais l'intérêt résulte de la nature même des choses; il est une loi nécessaire, parce que le temps est un des éléments indispensables de la production. Quels que soient les efforts auxquels on se livre, la valeur des services échangés entre le capitaliste et le travailleur sera toujours fixée selon les lois de l'offre et de la demande; et, par conséquent, déterminée en raison de l'abondance ou de la rareté des objets nécessaires à la production, et en raison des chances de pertes et des frais généraux [1].

§ III. — Des vices et de la suppression des hôpitaux et hospices. — Dans quelle proportion il convient de les conserver. — Du placement des vieillards à la campagne. — Exemple de la Suisse. — De la vente des immeubles des hôpitaux.

Quelques personnes croient que l'organisation actuelle de l'assistance est une des causes qui empêchent l'extinction de la misère. Ainsi, elles blâment l'institution des hôpitaux et des hospices en proposant de les remplacer par des *diaconies*, ou distribution de secours à domicile.

Il y a longtemps que l'on a signalé les vices des hôpitaux et des hospices. Saint Grégoire les appelait par ironie *des gymnases de pauvres*. « Il ne faut pas laisser « fermenter la misère, dit M. Marbeau, les réunions de « pauvres ne valent jamais rien. » — « Cette vie commune « et disciplinée, appliquée à des hommes de mœurs, « d'humeurs, d'états si différents, devient pour eux un « supplice, dit M. Melun. Enfermé loin du foyer domes- « tique avec des hommes que leur âge, leurs infirmités « rendent tristes et moroses comme lui, que de fois le « vieillard regrette le jour d'une admission imposée par « sa famille, et quelquefois même par les bureaux de

[1] *Org. com.*, p. 217 et suiv.

« bienfaisance qui cherchent à se débarrasser de lui ! »

En 1786, Dupont (de Nemours) et plusieurs autres constataient qu'aucune maladie d'hôpital n'est pure ; car, le mélange des miasmes, qui s'échappent de tous les malades, leur nuit à tous. On a remarqué dans plusieurs hôpitaux que le voisinage des fiévreux envenimait, et rendait souvent mortelles les plaies des blessés. D'ailleurs, l'influence qu'exerce sur un malade la vue d'un mourant peut être fatale. Je ne parle pas de l'erreur qui est souvent arrivée dans la distribution des remèdes, parce qu'avec une grande attention, que plusieurs croient néanmoins impossible, on peut l'éviter.

Chaque indigent, secouru dans un hôpital ou un hospice, coûte, par jour, 1 franc, pour son loyer ; outre 1 fr. 50, pour son entretien. Avec le tiers de cette somme totale, l'indigent malade ou infirme serait plus efficacement secouru à domicile.

Dans quelques grandes villes, notamment à Paris, l'on distribue des *secours d'hospice*, qui rentrent dans la catégorie de l'assistance à domicile. La mortalité qui sévit à la Salpêtrière, en 1849, força l'administration à faire évacuer plusieurs salles, et à remplacer l'assistance hospitalière par une pension, aux termes d'un arrêté ministériel du 10 octobre 1801 portant : « Qu'il pourra être accordé une pension représentative d'admission aux indigents qui demanderont à se retirer des hospices. » Le 2 juillet suivant, un arrêté du conseil accordait : « 150 *francs, une fois payés, à tout malade qui voudrait sortir de la Salpêtrière pour n'y plus rentrer.* » Plusieurs acceptèrent.

Les secours d'hospice, à Paris, varient selon l'âge et les infirmités. Ils sont de 8 francs, par mois, pour les octogénaires ; de 5 francs pour les septuagénaires et les aveugles, et de 3 francs pour les paralytiques de deux membres[1]. En 1852, ces secours ne montèrent qu'à la somme de 185,000 francs.

Mais les conditions exigées pour l'inscription sont difficiles à remplir. Il ne suffit pas d'être vieux, estropié ou dans la dernière misère. Ainsi, le vieillard qui survit à tous les siens n'y a pas droit, parce qu'il faut qu'il vive en famille. En outre, il doit avoir au moins soixante-dix ans, avec une année d'inscription sur le grand-livre de l'indigence.

Les sommes énormes englouties par l'entretien des hôpitaux et hospices, et leurs frais inutiles augmenteraient le bien-être des indigents, si elles étaient mieux administrées. C'est dans ces vues qu'un écrivain, longtemps fonctionnaire supérieur de l'administration des hôpitaux, M. Moreau-Christophe a proposé la suppression des hôpitaux et hospices, avec le rétablissement des diaconies. Selon lui, avec la même dépense, les indigents et les malades seraient mieux traités; ou bien, l'on en secourrait un plus grand nombre. En effet, la dépense du loyer serait évitée; le malade vivrait dans un air salubre, et recevrait les soins de ses proches ou de ses amis, au lieu des soins d'étrangers mercenaires. Le vieillard ni le jeune orphelin ne se corrompraient point par la fréquentation continue d'autres infortunés, souvent vicieux.

En ajoutant à ce moyen l'extension des sociétés de secours mutuels, des monts-de-piété gratuits comme en Espagne, des écoles rurales comme en Suisse, des écoles professionnelles comme en Angleterre et en Allemagne, des maisons de préservation comme à Genève, on pourrait, sans inhumanité, interdire la mendicité et le vaga-

---

[1] Hubert-Valleroux, *de l'Assistance sociale.*

bondage sous des peines sévères; et comme sanction, prohiber et punir l'aumône faite dans les rues.

Nous avons à présent un indigent sur douze individus; mais si, avec une bonne administration de l'aumône, ces onze individus qui, en moyenne, ont de l'aisance, donnent les uns, 2 sous, les autres, 1 sou par jour, l'indigence sera abolie; car le malheureux sera suffisamment entretenu avec près de 1 franc; tandis que dans le système actuel, chaque indigent assisté ne reçoit pas 1 sou par jour, aumône évidemment dérisoire

A l'objection que ceux qui n'ont ni famille, ni domicile, ne pourront être ainsi traités, M. Moreau-Christophe répond que la diaconie les placera chez un parent ou un voisin qui, recevant ce secours, sera intéressé à garder et à soigner le malade ou le vieillard. Quant aux malades qui ne peuvent être traités à domicile, à cause des remèdes difficiles à administrer, ils seront placés dans un dispensaire établi au chef-lieu du canton; mais ce dispensaire ne sera point un somptueux édifice; il suffira d'une simple maison louée ou achetée, et gardée par une ou deux sœurs de charité.

Il en faudrait à deux ou trois degrés; par exemple, une sous-diaconie dans la commune, et une au chef-lieu de canton. Cette dernière diaconie correspondrait avec celle du chef-lieu de département, qui la surveillerait et la réglerait. On trouverait des philanthropes pour exercer ces fonctions gratuitement, comme on trouve des maires. Dans chaque chef-lieu de canton, la diaconie aurait un dispensaire avec une pharmacie et des médecins, qu'elle enverrait aux malades de sa circonscription; ou elle enverrait dans son dispensaire ceux qui ne pourraient être traités à domicile. Le décret du 22 floréal an II sur les boîtes de remèdes, et sur l'invitation civique

aux citoyens de cultiver les plantes médicinales les plus
usuelles, pourrait alors être appliqué. D'ailleurs, quelle
ressource immense n'aurions-nous pas dans nos huit mille
sœurs de Charité pour la tenue des dispensaires !... »

Quelle que soit la valeur de ces raisons, il y a beaucoup
d'exagération, dans la part qu'aurait le rétablissement
des diaconies, à l'abolition de la misère.

Sans doute, il est mauvais que la classe la plus pauvre
soit toujours soignée dans les hôpitaux, car il est des
vices qui leur sont intrinsèques, et ne pouraient disparaître, même après leur réforme si urgente. Mais les hôpitaux seront toujours nécessaires pour le traitement de
cette multitude de malheureux qui n'ont ni feu ni lieu.
En outre, on ne trouvera pas toujours, en nombre suffisant, des citoyens dévoués, comme l'entend M. Moreau-
Christophe, et qui soient toujours prêts à subvenir à
toutes les misères ; car, s'il y avait beaucoup de ces citoyens, la fraternité serait établie de fait, et il n'y aurait
plus de misère à soulager.

Ainsi, je voudrais voir conserver une partie des hôpitaux. Des dispensaires établis à peu de frais dans les villes
et les campagnes remplaceraient utilement ceux que l'on
supprimerait. Quant aux hospices, je demande la suppression des trois quarts au moins de leurs lits, que l'on
porte en France au nombre d'environ cent cinquante-
cinq mille, sans compter ceux que l'État et les particuliers fondent chaque jour. Avec les 2 fr. 50 que coûte
chaque lit, deux vieillards ou infirmes seraient mieux
entretenus dans leur famille ou chez leurs amis

En Suisse, et dans la plupart des pays protestants,
l'hospice n'est pas connu ; mais les vieillards pauvres sont
placés par les administrations cantonales chez les cultivateurs ; et la mortalité est moindre de plus de moitié de ce

qu'elle est dans les hospices de France. Ainsi, dans le canton de Genève, le prix de pension des vieillards pauvres et infirmes ne s'élève pas à 200 francs par an, c'est-à-dire au quart de ce que coûterait leur entretien dans un hospice[1]. Le département du Loiret a essayé de ce système, dont chacun s'est bien trouvé; les vieillards, parce qu'ils sont mieux traités; le public, parce que la dépense est moindre.

On pourrait donc donner à la plupart des vieillards pauvres de Bicêtre et autres hospices une pension de 200 francs par an, en leur laissant la liberté d'aller vivre à la campagne. Les trois quarts des lits d'hospice devenant libres serviraient aux malades accidentels, qui ne peuvent être traités à domicile[2]; car il y aurait toujours un quart des vieillards que leur état d'infirmité ou les soins continus qu'ils exigent, forceraient à tenir dans un hospice.

Il serait urgent aussi de vendre les immeubles des hôpitaux et hospices, qui sont évalués à 500 millions, et qui ne rapportent que 2 un quart pour 100. Le produit de ces biens, placé en rentes sur l'État, rapporterait le double. Cette réforme, si facile à opérer, et dont l'utilité est si généralement reconnue par quiconque s'est occupé de la bienfaisance publique, ne rencontre de résistance que parmi la tourbe des directeurs, administrateurs, etc., etc. Car une rente à toucher sur l'État ne demanderait aucun frais; tandis que l'administration d'immeubles urbains et ruraux procure de larges salaires aux administrateurs[3].

---

[1] Hubert-Valleroux, de l'Assistance sociale.

[2] Malheureusement le défaut de place dans les hôpitaux fait refuser chaque année des milliers de malades et blessés.

[3] On estime que les revenus réels des hôpitaux et hospices, pro-

§ IV. — De la guerre. — Des armées de l'antiquité. — Dépenses occasionnées par l'entretien des armées permanentes. — Des réformes à opérer.

Des publicistes ont proposé de diminuer par la guerre le nombre des hommes et la concurrence.

Si c'est pour les détruire, il vaudrait mieux donner les enfants à manger aux cochons, comme on le fait dans une province de la Chine... Car chaque soldat qui, par sa mort, diminue la concurrence, n'en a pas moins coûté jusque-là, en moyenne, 1,000 francs par an à la société.

Si c'est pour leur faire acquérir des richesses, je réponds que la guerre n'avait une raison d'être qu'autrefois. Les nations antiques et du moyen âge, partagées en petites peuplades, poussées par la nécessité, étaient forcées de se disputer par les armes un territoire resserré. La nation qui ne voulait pas conquérir ne pouvait rester désarmée, sous peine d'être bientôt conquise et détruite, ou réduite en esclavage. Il fallait donc qu'elle achetât sa sûreté au prix de la guerre, qui, d'ailleurs, était alors un moyen de s'enrichir.

Les richesses de la Perse provenaient de la conquête de la Médie; celles de la Grèce, de la conquête de la Perse et de l'Inde par Alexandre le Grand; celles de Rome, de la conquête de la Grèce et de la Sicile. Alexandre s'empara, dans le seul château de Suze, de 50 millions en argent, et de pourpre d'Hermion et d'effets précieux pour une somme aussi forte. Ce conquérant fit faire à

venant de fermages et rentes sur l'État ou particuliers, montent à la somme de. . . . .   24,500,000 fr.
Les revenus accidentels à   16,000,000
Les allocations départementales, etc., à.   13,500,000
                                                    ——————————
                    TOTAL, ...   54,000,000 fr.

son lieutenant Ephestion des funérailles que Diodore de
Sicile évalue à plus de 60 millions. Le char qui portait
les restes mortels d'Alexandre était couronné par une
voûte d'or, sous laquelle on voyait un trône d'or massif.
Athénée rapporte la magnificence de Ptolémée Philadelphe. Dans une des chambres de son palais, cent
trente lits, supportés par des pieds d'or massif, recevaient
les convives; et, sur le toit, l'on voyait de grands aigles
d'or de vingt-deux pieds de hauteur. La vaisselle seule
valait 50 millions.

Crassus avait amassé dans son généralat plus de 55 millions ; il disait qu'un homme n'était pas riche s'il n'avait
pas de quoi entretenir une armée. Apicius, renommé
pour sa gourmandise, s'empoisonna lorsqu'il n'eut plus
que 3 millions. Hérode-Atticus fit cadeau à un sophiste,
pour une seule harangue, de dix chevaux, dix bœufs, dix
échansons, dix secrétaires et 100,000 livres d'argent.
Ces riches Romains avaient, dans leurs maisons, un temple, un théâtre, des bains pavés en argent, des tables
incrustées d'or et de pierres fines.

La prompte acquisition de ces richesses avait introduit
promptement le faste qui corrompit les mœurs et détruisit
cette fière et noble république. Car si des particuliers
étaient plus opulents que les modernes, il y avait des esclaves et des citoyens misérables en plus grand nombre
qu'aujourd'hui.

Maintenant le monde est partagé en grandes nations,
qui toutes sont assez fortes pour n'avoir rien à craindre
des hordes barbares; et assez civilisées pour ne point
considérer la guerre comme un état normal. La plupart
sont adonnées au commerce, à l'industrie, à l'agriculture,
qui sont essentiellement antipathiques à la guerre. En
effet, la guerre et le commerce sont bien tous deux des

moyens d'arriver au but de posséder ce que l'on désire ;
mais, quand il y a civilisation, le commerce, qui est le
moyen le plus sûr et le moins dangereux, est généralement préféré. Qui pourrait nier qu'il le soit aujourd'hui
par les peuples d'Europe, et surtout par la France? Il y a
quarante-deux ans déjà qu'un publiciste le constatait[1]. Et
quels immenses progrès ont été faits depuis cette époque?
De quelles richesses la paix n'a-t-elle pas enrichi les nations?

« La paix est l'état propre de l'homme, dit Puffendorf,
et celui qui le distingue des bêtes[2]. » La guerre ne doit
donc être entreprise qu'en un cas de nécessité absolue,
lorsqu'il s'agit de défendre l'indépendance nationale
contre les brigands qui veulent la dompter. Mais en ce cas
elle doit être sérieuse, énergique ; et non point une espèce
de mélodrame, ou de comédie, que des rois jouent devant ce parterre de peuples.

En outre, les armées immenses de Sésostris, de Cyrus,
de Darius n'étaient rassemblées qu'au besoin ; en Orient,
les subsistances étaient à bon marché, et la population bien plus nombreuse que dans le Nord et l'Occident[3]. Ces armées n'étaient dispendieuses qu'en temps de
guerre, qui ne durait pas si longtemps, parce que l'on
en venait promptement à une bataille décisive. Les soldats, comme leurs chefs, étaient animés par l'espoir du
butin qui les enrichissait quelquefois pour le reste de leur
vie. A Rome même, un simple centurion, après un acte
de bravoure, recevait quelquefois 20 ou 30,000 fr.[4].

Mais depuis deux siècles, en Europe, des armées permanentes ont été organisées, même en temps de paix.

[1] B. Constant, *Esp. de conq.*, ch. II.
[2] *Devoirs de l'homme et du citoyen*, liv. II, ch. XVI.
[3] Sénac, p. 66.
[4] *Comment. de César.*

L'invention de la poudre et de l'artillerie, et la nécessité de formidables fortifications ont rendu la guerre infiniment plus dispendieuse que dans l'antiquité et le moyen âge. L'on n'a rien acquis dans la guerre même la plus heureuse : c'est à peine si l'on a pu simplement nourrir une partie de l'armée sur le territoire ennemi. De quoi, par exemple, a servi à l'Europe la guerre de 1792 à 1815, presque non interrompue, allumée par de cruels et sots courtisans?... Elle a englouti 4 millions d'hommes dans la fleur de l'âge, et plus de 100 milliards!...

Après que la paix fut rétablie, l'on entretint encore en France de deux à trois cent mille hommes constamment armés qui coûtaient, par an, 263 millions, en moyenne[1]. Sous le gouvernement de Louis-Philippe, la dépense moyenne de l'armée montait annuellement à 455 millions[2]. Telle est l'une des principales causes de la misère que nous déplorons en ce pays.

En effet, supposez 350 millions par an, durant quarante ans; la dépense de la première année, avec les intérêts composés, se trouve être de plus de 2 milliards aujourd'hui. Si l'on veut additionner ainsi la dépense faite chaque année en pure perte, on trouvera que, sans cette armée permanente, la richesse de la nation serait aujourd'hui de moitié en sus de ce que nous la trouvons. Quelles incalculables conséquences[3]!!!

[1] 206 millions pour l'armée de terre, 57 millions pour la marine militaire.

[2] 341 millions pour l'armée de terre, 114 millions pour la marine militaire.

[3] Déjà, dans le dernier siècle, Sénac de Meillan, malgré les préjugés de son temps, avait éloquemment remontré les inconvénients des armées permanentes, sous le rapport de la richesse, comme des publicistes les avaient remontrés sous le rapport politique.

Mais elle serait plus considérable encore ; car non-seulement la dépense infructueuse n'eût pas été faite, mais trois cent mille des bras les plus valides, employés annuellement aux travaux utiles, auraient produit, chacun en moyenne, une valeur d'au moins 600 francs, soit environ 180 millions par an! Si l'on ajoute ces produits capitalisés durant quarante ans aux 50 milliards que l'on aurait pu épargner, l'on reconnaîtra que la richesse nationale serait aujourd'hui presque doublée.

En tout cas, si l'on voulait absolument une armée permanente, pourquoi ne l'occupait-on point à de grands travaux utiles? Les uns répondent que c'eût été *dégrader l'armée, les nobles défenseurs de la patrie*, etc. Les autres prétendent que le temps manquerait pour l'instruire ; et que d'ailleurs le travail relâcherait les liens de la discipline. J'oppose à ces objections l'exemple des armées romaines, les premières incontestablement du monde antique et moderne, par l'intelligence des chefs, la discipline et la bravoure des soldats. Ces ponts, ces routes, ces amphithéâtres, ces thermes, ces aqueducs, que nous voyons en France, en Italie et en Allemagne, et qui font l'admiration de nos architectes, étaient construits par les soldats, sous la direction des chefs. Les consuls et les tribuns de Rome étaient aussi instruits dans la politique et dans les sciences que dans l'art militaire.

Aujourd'hui, au contraire, nos états-majors sont généralement inférieurs ; et nos soldats, faute d'un travail pénible en temps de paix, peu capables de supporter les fatigues, les privations des camps et les épidémies. Une guerre récente a montré que leur force physique est inférieure à leur bravoure.

Mais, dit-on, si vous n'avez pas d'armée permanente,

vous serez attaqués par vos voisins et vaincus par eux, car il faut se mettre à l'unisson de l'Europe.

Je réponds :

1° Que tant que l'on craint la guerre, on peut entretenir les armes qui exigent une longue habitude et l'instruction, telles que celles du génie, de l'artillerie et de la cavalerie, ainsi qu'un certain nombre d'officiers. Et encore doit-on les occuper utilement en temps de paix. Ainsi, qui empêcherait l'artillerie ou la cavalerie de faire le service de sûreté dans les grandes villes, pour épargner la dépense des gardes municipales et de la gendarmerie.

2° Que l'on instruirait tous les citoyens majeurs au maniement des armes et aux manœuvres essentielles ; et toutes ces dépenses n'iraient pas au quart de celles que l'on fait. Une guerre n'éclate pas dans un jour. Les armées de l'Europe ne peuvent pas en un instant être organisées et se transporter à Paris dans un ballon. L'on a donc toujours un temps suffisant pour lever une armée d'infanterie qui serait déjà exercée.

En vain l'on objecterait que les armées sont nécessaires pour maintenir l'ordre à l'intérieur.

L'expérience démontre qu'elles sont inutiles ou vaines, même pour cet objet. Ainsi, quoique Paris fut rempli et cerné de troupes royales le 14 juillet 1789, le 10 août 1792, le 24 février 1848, chaque fois l'insurrection y a triomphé. En 1793 et 1794, au contraire, le comité de sûreté générale y maintenait l'ordre avec trois mille cinq cents hommes.

§ V. — Danger des fausses doctrines qui ont perverti l'opinion. — Ensemble de mesures qu'il est urgent de prendre. — De l'instruction
publique et de son efficacité. — De la culture et des défrichements.
— Du délaissement désastreux de la propriété foncière.

On rencontre des publicistes s'écriant : *A quoi bon vous
occuper de soulager les misérables? Ne sont-ils pas mieux
nourris et mieux vêtus que dans le dernier siècle?*

Si, dans la patrie, des millions d'hommes manquent du
nécessaire, que nous importe de savoir si leur nombre est
plus ou moins considérable que dans le dernier siècle?
C'est surtout à l'économiste philanthrope que doit s'appliquer cette maxime d'un des plus grands hommes de l'antiquité : qu'*il n'y a rien de fait tant qu'il reste quelque chose à faire.* « Le but de l'économie politique est
« de rendre l'aisance aussi générale que possible, » dit
M. Droz.

L'homme heureux ne doit pas couler ses jours agréa-
blement sans songer à son semblable. La civilisation n'est
pas autre chose que la lutte de l'esprit contre la matière,
de l'intelligence et du sentiment contre les penchants et
les instincts animaux, dont elle peut toujours venir à bout.
« Si donc elle n'a pas encore dompté l'instinct de la population, c'est qu'elle ne l'a pas sérieusement essayé, dit
M. Mill[1]. La religion, se croyant à un autre âge du monde,
la politique ne songeant qu'à avoir des armées de parade,
ont, au contraire, constamment encouragé une aveugle
multiplication. »

En outre, à l'exception des pauvres, nul dans la société
n'a sincèrement désiré de voir élever les salaires, ainsi,

---

[1] *Principes*, I, 435.

les propriétaires et les entrepreneurs préfèrent même les voir bas, afin de s'enrichir davantage.

En ce qui concerne la population, l'intérêt des capitalistes est directement opposé à celui des pauvres. Plus les ouvriers sont nombreux et affamés, plus ils s'offrent, et moins leurs salaires sont élevés. « Les habiles savent que plus il y a de travailleurs, dit Rossi, plus les salaires sont bas et les profits élevés. » Les riches, tout à fait indépendants, aiment à répéter qu'il faut bien des pauvres, que c'est Dieu qui le veut. Les entrepreneurs et administrateurs de philanthropie et de bureaux de charité seraient fâchés de n'avoir plus leur emploi salarié ou honorifique.

Les fausses doctrines répandues ont perverti le jugement populaire qui trop souvent se forme sans examen. Mais si l'opinion publique estimait qu'une des causes de la misère est le trop grand nombre de bouches à nourrir, il y aurait bientôt une autre direction ; d'autant plus que cette opinion nouvelle aurait pour elle la majorité des femmes qui, rarement, consentent à voir trop augmenter leur famille ; parce que ce sont elles qui en supportent le principal fardeau, et parce qu'elles ont plus de prévoyance que les hommes.

Pour changer l'opinion et les habitudes, il faut agir : 1° par l'éducation donnée aux enfants pauvres, et même aux pères de famille, afin d'élever leur intelligence et leurs sentiments ; 2° par un ensemble de mesures qui détruisent pour toute une génération l'extrême misère, comme ont fait nos législateurs de 1789 à 1794.

Mais il ne faut pas que cette éducation se borne à leur apprendre les premières notions de la lecture, de l'écriture ; il faut surtout développer leur sagacité et leur sens moral. Pour augmenter incessamment l'instruction, la loi devrait, par exemple, n'accorder les droits politiques qu'à ceux qui auront consenti à en profiter. Alors les masses seront moins disposées à se laisser conduire par le prestige des classes élevées. Elles voudront se gouverner par elles-mêmes, et s'habitueront à la prévoyance. Il en résultera qu'elles comprendront que la population ne doit que suivre, et non devancer l'accroissement des capitaux; puisque les riches et les instruits le comprennent et le pratiquent. « La science, dit Bacon, bannit des âmes humaines la barbarie et la férocité. Elle bannit aussi la légèreté, la témérité, et cette présomption qui accompagne l'ignorance; car, en présentant les choses, elle les montre environnées de dangers et de difficultés; elle balance les raisons et les arguments de part et d'autre : elle tient pour suspect tout ce qui se présente d'abord à l'esprit, et lui sourit; elle apprend à bien reconnaître la route avant de s'y hasarder... Elle détruit ou du moins diminue beaucoup la crainte de la mort et de l'adversité, crainte si préjudiciable à la vertu et aux mœurs[1]. »

Quant aux moyens matériels, les plus efficaces sont : 1° la culture et les défrichements; 2° la colonisation nationale, qui consiste à transporter et établir aux frais du public une portion notable de la jeune population agricole; 3° l'association ouvrière.

Mais il faut que ces trois mesures soient adoptées sur une échelle assez vaste pour que les citoyens indigents ou pauvres en éprouvent une notable augmentation de salaire et d'aisance. Les petits moyens ne produisent pas même de petits effets, et ne servent qu'à gaspiller des ressources qu'il vaut mieux réserver jusqu'à ce qu'on puisse faire de grandes choses. C'est le droit autant que le devoir de l'homme d'État de les exécuter; comme c'est le droit et

---

[1] *Dig. et Ac, des sciences*, liv. I.

le devoir de l'économiste de rechercher les moyens et de les signaler. Si l'écrivain porte le flambeau qui éclaire l'administrateur, il ne tient point en sa main l'outil qui défriche le sol de la misère.

Malheureusement la plupart des auteurs ergotisent longuement sur des questions sans considérer l'ensemble. Un bon médecin traite par une réforme complète du sang le mal qui paraît n'affecter qu'une petite partie du corps, et assure ainsi une guérison radicale. L'empirique, ne traitant qu'un seul point, paraît avoir guéri le mal qui se porte ailleurs avec plus de violence; et l'on découvre alors qu'il n'avait apporté qu'un palliatif...

En ce qui concerne l'amélioration des terres et les défrichements, on a objecté que l'effet en serait trop lent et souvent incertain; que d'ailleurs la population n'en tendrait pas moins à dépasser leur produit.

Cette objection est mal fondée : les prétendus *conservateurs* ont parfois trop de prévoyance. Il est constant que l'amélioration du sol est possible et serait efficace.

L'Angleterre fait produire à son sol vingt-cinq hectolitres de grains par hectare, et nourrit quatre-vingt-sept habitants par kilomètre carré [1]. La Belgique en nourrit cent quarante-trois, et obtient de ses terres un rendement

[1] On a essayé de prouver par de récents calculs que la Grande-Bretagne pourrait alimenter 129 millions d'habitants. Sans admettre cette prétendue démonstration d'économistes, qui n'avaient sans doute rien à faire, il est certain que l'on peut augmenter la fécondité de toute contrée. Déjà le Parlement anglais a voté des avances considérables en faveur des propriétaires qui voudront drainer leurs terres et prés. Quand ceux-ci le désirent, ils ont la faculté de capitaliser les intérêts avec le principal, et de se libérer en vingt et un ans. Comme il y a beaucoup de terres soumises à l'usufruit pour trois générations, cette avance peut grever le fonds dans une certaine proportion.

double des nôtres. L'Allemagne récolte vingt-deux hectolitres par hectare. La Lombardie et le Piémont nourrissent cent soixante-seize habitants par kilomètre carré.
La France ne peut en nourrir soixante-sept, et ne fait
produire à son sol que treize hectolitres par hectare,
quoiqu'il soit au moins aussi bon que celui de ces pays.
Année moyenne, elle souffre un déficit de huit cent mille
hectolitres de blé ; dans les années de disette, ce déficit
dépasse quatre millions d'hectolitres. Elle a consommé,
en trente-trois ans, quarante millions d'hectolitres de blé
étranger, coûtant plus d'un milliard ; c'est, en moyenne,
par année, 31 millions de francs, dépensés pour cet
objet [1].

Si le chiffre de la population va toujours croissant,
dans un demi-siècle il sera augmenté de onze millions
d'individus. Le déficit des subsistances deviendra énorme ;
il faudra se procurer trente-cinq millions d'hectolitres de
blé de plus qu'aujourd'hui. Mais bientôt les contrées d'où
l'on en tire seront dans l'impossibilité d'en fournir ; parce
que leur population croît beaucoup plus vite que celle de
la France. En Angleterre, par exemple, cet accroissement
est de quinze pour cent en dix ans ; de quarante pour
cent aux États-Unis ; de dix pour cent en Prusse, tandis
qu'il n'est en France que de cinq pour cent [2].

Sur trente-deux millions d'hectares de terres cultivées
en France, il y en a six millions huit cent mille en ja-
chères. La superficie des terres arables est six fois plus
considérable que celle des prairies naturelles. Sur trente
et un millions huit cent sept mille hectares cultivés, on
n'en compte que quatre millions cent quatre-vingt-dix-huit

[1] *Statistique officielle de la France,* par M. Moreau de Jonnès, 1848.
[2] Marchal, *Quest. des Subsist.*

mille en prairies naturelles, et un million cinq cent soixante-quinze mille en prairies artificielles. C'est le triple qu'il faudrait pour tripler la quantité de viande consommée aujourd'hui.

Le Français ne mange, en moyenne, que quinze kilogrammes de viande par an; on pense qu'en tenant compte du lait, des œufs et du poisson, cette quantité s'élève à peu près à trente-sept kilogrammes, ou environ cent grammes par jour. Or, l'ouvrier, en Angleterre, en mange deux cents grammes et les riches en consomment bien davantage. La quantité totale des bestiaux que nourrit la France s'élève à cinquante-deux millions de têtes équivalant à onze millions de bœufs ou vaches. Elle en nourrirait le triple, si elle triplait l'étendue de ses prés naturels; ce qu'elle pourrait faire, de l'avis des plus célèbres agronomes, sans rien distraire de la culture des céréales. On y parviendrait sûrement si l'on utilisait des milliers de ruisseaux perdus, ou si l'on se donnait la peine de drainer les terrains noyés.

Quoique le travail doive être en général abandonné au concours individuel, l'État doit, pour les temps de chômage, de troubles politiques ou physiques, multiplier les moyens de travail en les indiquant et les favorisant. Mais c'est dans les temps de prospérité qu'il doit prévoir ce qu'il y aura à faire dans les temps de calamité. Et, sans recourir aux maisons de travail forcé, aux dépôts de mendicité, aux refuges, dont on n'aurait jamais dû se servir, on aura des ateliers domiciliaires et des maisons de travail libre [1].

Les chemins vicinaux peuvent occuper utilement les indigents; d'autant plus que c'est dans la morte-saison

---

[1] Moreau-Christ., II, p. 545.

que les nivellements de terrains et l'amas des pierres et cailloux s'effectuent.

Les rues, qui sont infectes et malsaines dans les villages et les petites villes, pourraient être entretenues et balayées par les indigents inscrits qui ne font rien, parce qu'on n'a pas, dit-on, d'ouvrage pour eux.

La construction des canaux, le curage et le redressement du lit des ruisseaux, le drainage des prairies et des terres, le repeuplement des forêts qui ont été défrichées à tort, le boisement des coteaux stériles, et une foule d'autres travaux, qui tripleraient la production du sol, procureraient la subsistance aux indigents valides, tout en les moralisant par le travail. Ainsi la population surabondante des villes se déverserait naturellement dans les campagnes.

L'administration, en fournissant ces travaux aux ouvriers sans ouvrage, devra les salarier au-dessous du prix moyen de la journée de travail dans les localités, afin que les industries du pays ne tombent point sous cette concurrence. En outre, si les entrepreneurs agricoles ou industriels voulaient faire tomber le prix des journées à un prix inférieur aux besoins de l'ouvrier, l'administration aura ainsi un moyen de rétablir l'équilibre au profit de la classe la plus nombreuse.

Avec de tels moyens, on arriverait à l'abolition du chômage et de la misère ; car le chômage ajoute, selon les uns 25, selon les autres 50 p. 0/0, aux frais généraux de la production. La France produirait donc le double de ce qu'elle produit; mais ne produisît-elle que le quart en sus, ce quart d'indigents dont nous déplorons le sort ne manqueraient plus des choses nécessaires à la vie.

Mais à quoi bon m'occuper de l'amélioration du sol ? Depuis quatre ans, la propriété rurale est délaissée, sur-

tout par la fureur croissante de la spéculation sur les chemins de fer, la rente, les actions industrielles, etc. En
vain l'augmentation du prix du blé faisait croire que les
immeubles ruraux seraient plus honorés ; les cultivateurs
achètent beaucoup moins d'engrais qu'auparavant, car
ils réservent leur argent pour les actions industrielles, et
commencent à rechercher les moyens de s'enrichir sans
travail. « Ce sont moins les hommes que les richesses
qu'on doit attirer dans les campagnes, dit le sage Quesnay[1]; car plus on emploie de richesses à la culture, moins
elle occupe d'hommes, plus elle prospère et plus elle
donne de revenu. Telle est, par exemple, pour les grains
la grande culture des riches fermiers, en comparaison de
la petite culture des pauvres métayers qui labourent avec
des bœufs ou des vaches. »

Où cette fureur nous conduira-t-elle? Nos compatriotes
ressemblent maintenant à ces foules du douzième et du
quinzième siècles qui couraient chercher l'or d'Orient et
des Indes. La bourse est l'Inde moderne, et va engendrer
de nouvelles croisades. Mais si l'on ne sait plus tirer la
subsistance du sol qui la peut produire, je rappellerai que
la vieille monarchie s'est écroulée en 1792, sous les cris
de famine poussés par la multitude. Le premier empire
lui-même périclita dès le terrible hiver de 1812. La
grande cherté de 1829 à 1830 fut l'avant-coureur de la
chute de la Restauration ; et le gouvernement de Juillet
succomba quelques mois après la disette de 1847.

---

[1] *Max.*, XII.

§ VI. — De l'émigration intérieure et de l'émigration extérieure. — Objections et réponses. — Distinction entre l'émigration et la colonisation.

L'émigration est la sortie libre, soit individuelle, soit en masse de citoyens qui vont s'établir dans une autre contrée.

On distingue l'émigration intérieure de l'émigration extérieure. Depuis que le travail est libre, la première est très-fréquente, surtout vers la capitale. Paris est composé d'éléments très-variés, qui sont l'une des causes de sa supériorité; parce que les émigrants se classent dans les industries où leur vocation les entraîne.

Lorsque l'industrie était dans l'enfance, chaque localité pourvoyait chez elle à presque tous ses besoins; le même homme était à la fois laboureur et artisan; tandis qu'aujourd'hui la fabrication des instruments de l'agriculture et de l'industrie, des tissus et des meubles s'opère dans de vastes ateliers où se concentrent les industriels isolés d'autrefois, et qui peuvent ainsi s'établir aux lieux les plus favorables à leur fabrication. Le progrès industriel est donc la cause de l'agglomération des travailleurs. Si des maux accidentels peuvent en surgir, le rapprochement des masses laborieuses est favorable aux progrès sociaux.

Les émigrations extérieures se sont développées aussi, en proportion de l'accroissement de l'industrie. D'ailleurs elles ont été souvent provoquées, comme dans l'antiquité, par des guerres civiles ou religieuses. La révocation de l'édit de Nantes a rejeté de France trois à quatre cent mille protestants, parmi lesquels on remarquait d'habiles industriels. « On peut évaluer notamment,

« dit M. Weiss, à plus de soixante-dix mille le nombre
« des manufacturiers et ouvriers que la révocation de
« l'édit de Nantes répandit en Angleterre. Le plus grand
« nombre étaient originaires de la Picardie, de la Nor-
« mandie, des provinces de l'Ouest, du Lyonnais et de
« la Touraine. Les industries jusqu'alors ignorées ou im-
« parfaitement exploitées en Angleterre, et qu'importè-
« rent ou développèrent les ouvriers français, furent
« celles de la soie, du papier, du verre, de la chapellerie,
« des tissus légers de lin, de laine et de soie, des brocarts,
« des satins, des velours, des toiles peintes, des batistes,
« des serges, des flanelles, des tapisseries à l'instar de
« celles des Gobelins, des horloges, des montres, de la
« coutellerie et de la quincaillerie. L'habileté et l'expé-
« rience des nouveaux venus, jointes aux dispositions du
« bill des droits de 1689 qui, en consacrant les libertés
« du peuple, garantissait la propriété individuelle, de-
« vinrent le point de départ de l'industrie, du commerce
« et de la navigation de la Grande-Bretagne. La fabrica-
« tion des soieries et des toiles, pratiquée jusqu'alors en
« France avec le plus grand succès, passa en Angleterre.
« Le nombre des métiers de Lyon descendit, en 1698, de
« dix-huit mille à quatre mille; ceux de Tours de huit
« mille à douze cents. Ses sept cents moulins furent ré-
« duits à soixante-dix; ses quarante mille ouvriers à
« quatre mille; ses trois mille métiers à rubans à moins
« de soixante; et au lieu de deux mille quatre cents balles
« de soie, on n'en consomma plus que sept à huit cents
« dans la capitale de la Touraine. En quinze années, la
« population générale de Tours descendit de quatre-vingt
« mille âmes à trente-trois mille [1]. »

[1] Mémoire sur l'état de l'agriculture, de l'industrie et du com-

Les persécutions religieuses chassèrent d'Angleterre un nombre immense d'hommes industrieux qui allèrent chercher un refuge dans le Nouveau Monde. Néanmoins les causes économiques ont agi sur les émigrations plus efficacement que les causes politiques ou religieuses. Depuis trente ans surtout, les émigrations volontaires de l'Europe vers l'Amérique ont pris une extension prodigieuse, par le désir du bien-être [1].

Dans l'origine, on distinguait parmi les émigrants ceux qui avaient obtenu des concessions aux colonies; ensuite les religionnaires chassés par la persécution, puis les aventuriers, qui allaient chercher la fortune dans la spoliation plutôt que dans le travail. Tous ces émigrants possédaient la somme nécessaire pour payer leur passage. Mais il y avait une quatrième classe d'artisans et de laboureurs indigents qui s'engageaient dans les liens d'un esclavage temporaire, pour payer leur passage aux colonies. Ils aliénaient leur travail pour trois, sept, et quelquefois quatorze ans, au profit du capitaine du navire qui les transportait. A son arrivée, le capitaine cédait, moyennant un bénéfice, ses contrats d'engagement aux propriétaires des colonies. A l'expiration de son contrat, le malheureux, devenu libre, travaillait enfin pour son propre compte. Ce système est tombé en désuétude; les émigrants possèdent ordinairement le petit capital nécessaire pour se transporter dans le Nouveau Monde.

Objection. — « L'émigration ne serait même en théo-
« rie qu'un palliatif, dit M. Rossi. En supposant que la

_____

merce des protestants en France au dix-septième siècle, et sur l'émigration protestante après l'édit de Nantes.

[1] Les îles Britanniques et l'Allemagne sont les pays qui fournissent le plus d'émigrants.

« population actuelle puisse se diriger facilement sur les
« pays inhabités du monde, il en résulterait l'accéléra-
« tion de son principe progressif, par la facilité de nour-
« rir les hommes. Un simple calcul d'arithmétique dé-
« montre combien peu de fois vingt-cinq ans il faudrait
« à l'espèce humaine pour mourir de faim. Qu'importe à
« la science qu'un phénomène arrive aujourd'hui ou de-
« main ? La science ne considère les phénomènes que
« dans ce qu'ils ont de constant, d'éternel ; dans ce qui
« résulte de la nature même des choses : que la popula-
« tion doit dépasser les moyens de production ; que, li-
« vrée à son cours naturel, elle doit remplir le monde au
« point que l'espace manquera aux hommes pour se mou-
« voir. »

Réponse. — C'est confondre les sciences mathématiques avec les sciences morales. Les sciences morales
sont tenues d'apporter un soulagement immédiat ; tandis
que les sciences mathématiques, d'un effet plus lent et
plus calme, ne peuvent devancer l'apparition des phénomènes. Si donc le peuple est malheureux, est-ce une
raison, parce qu'on prévoit qu'après l'avoir soulagé, il
redeviendra malheureux dans cinq cents ans, pour le
laisser languir dans sa misère et son désespoir? Ce serait dire à un malade : « Vous souffrez, vous allez mou-
« rir ; le médecin peut vous sauver, mais à quoi bon?
« car vous avez déjà cinquante ans, et vous mourrez cer-
« tainement avant quarante ans : autant mourir aujour-
« d'hui que plus tard... »

Objection. — « Non-seulement, dit-on encore, l'émi-
« gration ne serait plus possible dans quelques siècles,
« parce que tout le globe serait habité ; mais pour émi-
« grer, il faut des capitaux pour se bâtir une chaumière,
« exploiter le sol et attendre les récoltes. Or, ces capitaux

« ne peuvent se former, surtout au sein des classes pau-
« vres, dans les pays trop peuplés. Si l'État les fournit, il
« ne les prendra qu'aux classes nombreuses par l'impôt ;
« et il les réduit alors à la misère. D'ailleurs, l'émigra-
« tion menace de graves périls ceux qui y sont forcés. »
« Nous prendrons par la main les hommes imprudents,
« s'écrie M. Rossi, et nous les mènerons dans le port où
« s'embarquent les émigrants, sur ces quais couverts de
« pauvres, de mendiants, livrant tout le peu qu'ils pos-
« sèdent pour payer leur passage, pour se faire entasser
« à fond de cale, comme des nègres ; laissant derrière eux
« le souvenir de l'enfance, les consolations du sol natal ;
« n'ayant devant eux que des dangers et des souffrances,
« un avenir sombre et menaçant, sans autre gage de sû-
« reté que des promesses imprudentes ou fallacieuses, les
« rêves d'un philanthrope ou les mensonges d'un spécu-
« lateur. Nous les mènerons sur les plages où sont jetés
« ces émigrants, ceux, du moins, qui survivent au pas-
« sage ; leur petit capital est consommé, et sur cette terre
« américaine, qu'on appelle la terre de la liberté par ex-
« cellence, quoiqu'il ne soit pas même permis d'y expri-
« mer un vœu pour l'abolition de l'esclavage, ils arrivent
« pauvres, inconnus, dépourvus de tout. Voilà ce qu'on
« appelle un moyen de pourvoir à l'excédant de la popu-
« lation ; c'est sans doute un moyen de rétablir le niveau ;
« mais en quoi diffère-t-il, si ce n'est par la lenteur du
« supplice et par un surcroît d'angoisses, de cet autre
« moyen bien plus simple, la mort chez soi ? MM. les phi-
« lanthropes ressemblent par trop à ceux de nos méde-
« cins qui, pour se débarrasser de leurs malades, les en-
« voient mourir au loin. »

Réponse. — La première partie de cette objection est
basée sur une fausse hypothèse ; car il est évident que ce

n'est point sur la classe pauvre que l'on doit prélever l'impôt qui servira à procurer aux émigrants les instruments de travail et le transport.

La seconde partie, qui n'est qu'une déclamation de rhétorique, est basée sur une équivoque. Il ne s'agit pas de livrer les indigents aux hasards d'une émigration désespérante et mortelle.; car, en général, l'émigration ne réussit qu'aux hommes riches ou instruits, qui pourraient s'en passer. Ce n'est donc pas l'émigration proprement dite que Machiavel, Ad. Smith, Wakefield, Blanqui, et d'autres observateurs ont recommandée : c'est la colonisation[1]. Mais avant d'en exposer les principes, il est important de jeter un coup d'œil sur les colonies antiques et modernes.

§ VII. — Des colonies antiques et modernes. — De leurs vices. — Des vrais principes de la colonisation. — Système Wakefield. — Son éloge.

Le territoire de l'Égypte, de la Phénicie, des États de l'ancienne Grèce étant restreint, une portion considérable de leurs habitants se voyaient forcés, quand la population devenait excessive, d'aller s'établir dans des pays moins peuplés. Quelquefois aussi, à la suite d'une guerre civile, la faction qui avait succombé fuyait, pour échapper à la persécution. Le nouvel établissement, fondé par les citoyens, s'appelait colonie. Athènes était une colonie égyptienne, Carthage une colonie de Tyr, Marseille une colonie grecque. Le nouvel État vivait dans une indé-

---

[1] L'émigration est la sortie individuelle ou en masse, absolument libre; et la colonisation un établissement fondé par le gouvernement de la mère-patrie, avec un certain nombre de citoyens. Des économistes ont confondu ces deux choses.

pendance absolue de la métropole, surtout quand c'était une colonie grecque ; seulement il entretenait avec elle des relations commerciales.

Les Romains, au contraire, étendant successivement leur domination en Italie, et absorbant les peuples conquis, n'auraient pas eu d'avantages à s'expatrier, pour chercher fortune dans un autre pays. Mais lorsque les prolétaires se soulevaient, le sénat les envoyait s'établir dans une province conquise, où il leur assignait des terres. Cette colonie formait une garnison qui maintenait dans l'obéissance la nation qu'on venait de conquérir. Elle ne jouissait plus des droits de citoyens romains, quoiqu'elle fût assujettie à la métropole ; et cet assujettissement ne permit point à ces colonies d'atteindre à la prospérité et à la splendeur des colonies grecques qui étaient libres.

L'on n'a point considéré comme des colonies les invasions des Barbares qui se ruèrent sur le Midi et l'Occident, parce que la colonisation suppose des relations libres ou dépendantes avec la mère-patrie. La féodalité empêcha toute colonisation. Les barons, les princes, retranchés dans leurs châteaux-forts, pillaient le serf, le vaincu, et vivaient à ses dépens. Ce dernier, attaché à la glèbe, ne pouvait quitter le pays.

Les croisades furent le résultat d'un mouvement religieux et politique. D'une part, les populations souffrantes, inquiètes, cherchèrent des aventures, de l'or et de nouveaux pays plus fertiles ; d'autre part, les princes du monde et de l'Église voulurent leur débordement, pour empêcher leur soulèvement, et, en même temps, laisser la subsistance à ceux qui restaient dans le pays. Les croisés furent exemptés de la taille et du payement de leurs dettes ; on ne sait combien de milliers d'hom-

mes, même de femmes et d'enfants qui les suivirent, pé-
rirent dans ces guerres lointaines. Les survivants rap-
portèrent en Europe la lèpre et la peste. Néanmoins, ces
guerres produisirent quelques avantages que des écrivains
placent, à tort, au-dessus des inconvénients et des malheurs qui s'ensuivirent.

Les croisés ayant enrôlé des hommes de métier, ceux-
ci apprirent à Damas à travailler les métaux et les tissus;
en Grèce, à cultiver le mûrier et à fabriquer les étoffes
de soie; Venise perfectionna ses verreries, après avoir vu
celles de Tyr; les moulins à vent, inconnus en Europe
jusqu'aux croisades, y furent établis sur le modèle de
ceux de l'Orient. Les relations continues des peuples
chrétiens entre eux les rendirent moins barbares ; le commerce extérieur prit de l'extension et la navigation fut
perfectionnée. La commune acquit de nouvelles fran-
chises; et la servitude diminua dans les campagnes,
comme dans les villes. La bourgeoisie put acheter les
terres des seigneurs, qui étaient forcés, pour subvenir à
leurs dépenses lointaines, de les vendre à vil prix.

Les croisades avaient excité, dans toute l'Europe, une
curiosité et une ambition extraordinaires. Les soieries, les
métaux précieux, les perles, les parfums d'Orient étaient
l'inépuisable sujet des conversations. L'appât de ces richesses donna aux Européens l'idée de chercher par mer
la route de l'Inde, puisqu'il leur était impossible d'y aller
par terre au milieu de tant de peuples ennemis. Barthé-
lemy Diaz, jaloux des Vénitiens, qui avaient le monopole
du commerce de l'Inde par terre, en découvrit le premier
la route par mer, en doublant le cap de Bonne-Espé-
rance.

Christophe Colomb, en cherchant un chemin plus court
pour arriver dans l'Inde, découvrit l'Amérique. Les ter-

ritoires immenses de cette partie du monde étaient fertiles, et recélaient surtout les plus abondantes mines d'or
que l'on ait vues. N'étant occupés que par des peuples
barbares, ils devinrent facilement la proie de quelques
aventuriers espagnols. Des colonies furent bientôt établies
dans les empires du Mexique et du Pérou, par l'Espagne
et le Portugal. Leur système colonial se ressentit naturellement de la politique d'oppression et d'exclusion qui ré-
gnait en Europe au seizième et au dix-septième siècles.

Ces colonies furent considérées comme des établissements que la métropole devait exploiter à son seul profit.
Toutes relations leur furent interdites avec les étrangers,
sous peine de mort; et les navires espagnols pouvaient
seuls aborder dans les ports coloniaux, d'où l'on repous-
sait même les navires étrangers chassés par la tempête.
En outre, l'inquisition, les dîmes, les couvents et les fainéants s'y étaient établis comme dans la mère-patrie.
L'on se mit à détruire les naturels, de sorte que, les bras
manquant pour les travaux pénibles, on eut l'idée d'ame-
ner des nègres en état d'esclavage, ce qui en recula de
plusieurs siècles la civilisation.

Pendant longtemps, l'Espagne, alors l'une des premières puissances, eut seule l'exploitation du Nouveau
Monde, dont elle revendiquait au surplus la propriété,
conformément à une bulle du pape ; les autres nations
d'Europe n'osaient point encore s'y aventurer. Sa décadence, l'insurrection des Provinces-Unies, la révolution
anglaise, la puissance d'Henri IV et de Richelieu déci-
dèrent les Hollandais, les Anglais et les Français à s'établir aussi dans l'Inde et dans l'Amérique, à l'imitation
des Espagnols, des Portugais et des Italiens. Ils firent
d'abord le commerce de leurs colonies, au moyen de
compagnies privilégiées, utiles dans les commencements,

parce qu'elles pouvaient se livrer à des entreprises au-dessus de la portée des particuliers.

L'Angleterre est le pays qui réussit le mieux dans ses colonies, par le régime libéral qu'elle leur accorda ; mais malheureusement, elle leur interdit l'exercice de certaines industries, telles que la fabrication de l'acier et le laminage du fer. Elle perdit sa principale colonie (celle de l'Amérique du Nord), à la fin du dix-huitième siècle, pour avoir voulu la taxer sans son consentement.

On avait cru, en Europe, que l'asservissement des colonies à leur métropole était beaucoup plus favorable à celles-ci que leur indépendance ; mais on reconnut le contraire[1]. L'indépendance éleva tout à coup les États-Unis d'Amérique à la plus haute prospérité. Le commerce de l'Angleterre même s'en accrut prodigieusement, parce qu'auparavant elle déboursait chaque année pour les frais de leur gouvernement près de 50 millions de francs, sans compter l'entretien de ses navires et de ses armées, soit pour contenir, soit pour protéger sa colonie.

Nonobstant ce mémorable exemple, la France et l'Espagne ont voulu maintenir le vieux système colonial. Il en est résulté qu'elles ont perdu honteusement la plupart de leurs colonies, qui ont fini par s'émanciper. L'Espagne, de ses immenses possessions transatlantiques, n'a pu conserver que les îles Philippines, Porto-Rico et Cuba. La France, qui avait aussi d'immenses possessions tant dans l'Amérique que dans l'océan Indien, n'a conservé que quelques méchants établissements d'une population d'un demi-million d'habitants, sans compter à la vérité l'Algérie.

[1] Voyez sur ce point important la lumineuse dissertation d'Adam Smith.

En interdisant aux étrangers de s'établir dans une colonie, on entrave le développement de la production; on
la livre exclusivement à des hommes souvent incapables
de la féconder. Ne vaut-il pas mieux appeler des étrangers
plus instruits ou plus laborieux? Les calvinistes bannis
de France n'ont-ils pas porté leur industrie dans des contrées plus libres?

Et quand on forçait les colons à acheter les denrées de
la métropole plutôt que celles des autres pays, on les sou-
mettait à un impôt déguisé, égal à la différence de prix
des denrées achetées et des denrées étrangères. Le même
impôt déguisé pèse sur les habitants de la métropole, lorsqu'on les force à consommer les produits de leurs colonies plutôt que les similaires des colonies étrangères.

Il faut donc laisser aux colonies la liberté du travail et
de l'échange; mais ce n'est point une raison pour abandonner les émigrants que la faim et le désespoir chassent
de leur patrie vers des pays lointains, presque toujours
barbares et malsains.

La colonisation opérée sur une grande échelle ne peut
être entreprise que par le gouvernement; car l'émigration spontanée et partielle a peu d'influence sur l'excès
de la population, quand même elle parviendrait à rendre
le nouveau pays prospère. Mais comme les masses qui
émigrent sont ordinairement indigentes ou pauvres, il faut
leur avancer les frais du voyage. Les capitalistes de la
colonie qui ont besoin de travail ne peuvent faire cette
avance, n'étant pas assurés d'obtenir le travail en échange.
Il serait donc essentiel de recourir à la contribution volontaire des communes et des particuliers, pour se débarrasser de l'excédant des travailleurs qui pourraient bientôt tomber à leur charge. L'exportation du travail et des
capitaux étant généralement lucrative et compensant en

peu de temps les frais de transport, le gouvernement
peut prendre de quoi payer avec intérêt les avances
qu'elle aura coûté, sur l'accroissement annuel des richesses qui en est le résultat.

La terre et le travail produisent d'autant plus qu'ils
sont plus exactement proportionnés l'un à l'autre. Si un
petit nombre d'hommes occupe un vaste terrain dans un
pays nouveau, chaque travailleur devenant trop tôt propriétaire et cultivateur, il y a retard dans les progrès de
la colonie en richesse et en civilisation ; cependant l'a-
mour de la propriété rend chaque travailleur avide de
l'acquérir. Si l'on pouvait réprimer ce penchant excessif,
et retenir l'ouvrier comme salarié pendant quelques années pour faire tous les travaux d'amélioration de la terre
et de l'industrie, il aurait une terre de bien plus grande
valeur quand il en deviendrait propriétaire.

Telle est l'observation faite par M. Wakefield [1], qui,
en conséquence, a proposé de mettre obstacle à l'occupa-
tion prématurée de la terre, et à la dispersion des colons,
par le prix élevé des terres sans propriétaires. Quant aux
frais de transport des émigrants, cet observateur a proposé de vendre les terres inoccupées, et d'y en appliquer
le prix.

Ce système présente deux avantages principaux : 1° il

[1] M. Wakefield (qui n'est pas le même dont je parlerai au livre suivant), est célèbre en Angleterre et en Australie, par ses profondes
études sur la colonisation et ses persistants travaux. Il avait em-
mené à Londres un sauvage de la Nouvelle-Zélande d'une famille
de chefs de tribus, et qui l'accompagna volontairement. Il le fit instruire dans les sciences et les langues d'Europe ; puis, espérant
s'en faire un interprète près de sa tribu, il l'y renvoya avec une colonie. Mais dès que le Zélandais aperçut son pays natal, il quitta ses
habits et se jeta à la nage. Les Anglais n'eurent plus de ses nouvelles.

ne soulève pas les mécontentements qui résultent d'un impôt levé, que des colons qui commencent leur exploitation ne pourront pas payer; et dont les frais de perception excéderaient le produit. 2° Il met un obstacle à la tendance qu'ont les colons à se disperser, au point de perdre les avantages du commerce et de la division du travail. En obligeant ceux qui émigrent gratuitement à amasser un capital avant que de devenir propriétaires, on maintient dans la colonie un groupe de travailleurs salariés qu'on rapproche suffisamment; et peu à peu se forment les grands centres industriels. Depuis l'établissement du système Wakefield dans l'Australie du Sud, à Port-Philippe, à la Nouvelle-Zélande, les obstacles opposés à la dispersion des colons ont produit une prospérité rapide et inouïe, tandis qu'auparavant les colonies languissaient durant de longues années[1].

Tant que le pays n'est pas assez peuplé, chaque travailleur épargne assez pour suffire au transport d'un autre; et ainsi successivement jusqu'à ce que la population soit à son maximum. Ce système fournit donc incessamment de quoi favoriser de nouvelles émigrations que la métropole a avantage à accélérer en prêtant aux colonies les fonds destinés au transport des émigrants, et en assurant ces frais à ceux-ci. Du reste, ce prêt est remboursé plus tard sur le produit de la vente des terres.

J'approuve donc en principe le système de M. Wakefield. Mais des économistes anglais vont beaucoup trop loin en prétendant qu'il est le seul bon : le meilleur système de colonisation dépend du pays qui colonise, des lieux où l'on veut fixer la colonie et des temps où l'on veut la fonder. S'il s'agissait de fonder une colonie en tel

---

[1] J.-S. Mill, *Principes.*

pays et telles circonstances données, l'économiste pourrait indiquer les moyens; mais le faire à l'avance serait perdre son temps et sortir du cadre de cet ouvrage; car les moyens pratiques sont surtout du ressort de l'administration. Les écrivains ne peuvent ni ne doivent qu'indiquer les principes, afin de la prévenir des fautes graves qu'elle pourrait commettre. Ces principes sont :

1° La protection efficace du gouvernement, quand il s'agit de fonder la colonie;

2° Un gouvernement colonial conforme au pays et au temps, et non point systématiquement conforme à celui de la métropole;

3° La liberté laissée à la colonie lorsqu'elle est fondée, et que son existence est assurée.

Une colonie d'hommes civilisés, qui prend possession d'un pays désert ou mal peuplé, arrive beaucoup plus facilement à la richesse qu'aucune autre société humaine. En effet, les colons apportent avec eux : 1° toutes les connaissances de leur pays; 2° une organisation toute faite; 3° une activité, un courage plus ardent que celui des compatriotes qu'ils ont laissés dans la mère-patrie; car l'homme indolent n'ose point aller chercher au loin la richesse ou la liberté. Souvent des auteurs n'ont vu, que dans la virginité d'un pays, une source de richesse qui était plutôt dans la détermination des hommes qui l'exploitaient. 4° Enfin, les colons possèdent autant de terres qu'ils en peuvent cultiver. Voilà pourquoi la colonisation est efficace, tant pour laisser à la métropole plus de terres, que pour donner l'aisance à ceux qui s'en vont, et qui sont ordinairement les plus pauvres. Le second avantage est de fermer l'ère des révolutions qui, presque toutes, sont faites par ceux qui manquent du nécessaire.

« Parmi les grands et admirables principes des républi-

ques et des monarchies de l'antiquité, oubliées de nos
jours, dit Machiavel, on distinguait celui de fonder en
tout temps de nombreux États et de nouvelles cités. Il
n'est rien de plus digne d'un excellent prince ou d'une
république bien gouvernée, il n'est rien de plus avantageux pour une province que la fondation de nouvelles
villes où les hommes puissent sans peine se défendre, ou
se livrer à la culture de leurs champs. C'est ce que les
anciens pouvaient faire aisément, parce qu'ils avaient
coutume d'envoyer dans les pays vaincus ou dépeuplés de
nouvelles populations qu'ils nommaient colonies. A l'a-
vantage d'élever de nouvelles villes, cette coutume joi-
gnait celui d'assurer la possession du pays vaincu ou vainqueur, de repeupler les lieux inhabités, et de maintenir
dans la contrée une répartition bien entendue des habitants. Il en résultait que, jouissant plus facilement de
toutes les commodités de la vie, les hommes y multi-
pliaient, et se montraient plus hardis pour l'attaque et
plus rassurés pour la défense. La fausse politique des
républiques et des princes de nos jours, qui ont aban-·
donné cette coutume, a enfanté la ruine et la faiblesse
des États [1]. »

§ VIII. — But de l'association. — Qu'elle peut avoir lieu entre patrons
et ouvriers, et entre ouvriers seulement. — Exemples d'associations
entre patrons et ouvriers.

L'ouvrier indépendant, isolé, n'a que ses moyens individuels ; il ne peut ni diviser le travail, ni employer de
machines, ni exploiter en grand. Quand le travail est fait
en commun, sous la domination d'un homme qui possède

---

[1] *Histoire de Florence*, liv. II.

l'instrument de travail et s'en approprie le principal profit, les ouvriers ne voient en cet homme qu'un exploitant, auquel ils adressent d'incessantes réclamations. Ils manquent d'émulation, parce que, simples salariés, ils n'ont point un vif intérêt au travail qu'ils exécutent.

L'association est le meilleur moyen de concilier les avantages de la division du travail et de l'ampleur de son instrument avec l'égalité des travailleurs. Lorsque tous seront tout à la fois producteurs et travailleurs, l'émulation viendra naturellement. Les vices diminueront, parce que chacun aura un surveillant; tandis qu'aujourd'hui l'ouvrier n'a pas contrôle sur ses compagnons, et le patron s'inquiète peu de leur moralité. L'association peut avoir lieu soit entre les ouvriers et le maître, soit entre les ouvriers seuls. Le premier mode est, pour ainsi dire, l'enfance de l'association ; le second en est le perfectionnement. Je vais citer quelques exemples de l'un et de l'autre mode.

Les matelots des navires américains, qui font le commerce de la Chine, se font remarquer par leur bonne conduite et la rareté des collisions qu'ils ont avec le peuple ou les autorités du pays. On l'attribue généralement à ce qu'ils reçoivent une part des profits du voyage.

Les mines de Cornouailles sont exploitées en participation entre des bandes de mineurs et un agent qui représente le propriétaire de la mine ; ceux-là font l'extraction du minerai, et le vendent moyennant tant pour cent du prix. Le docteur Barham a observé que ces mineurs ont une intelligence et un caractère supérieurs à leur classe. « Ils ont, dit-il, un caractère et une indépendance qui « ont quelque chose d'américain : les contrats laissent « aux entrepreneurs la liberté absolue de faire entre eux « tels arrangements qui leur conviennent; si bien que « chacun sent, comme associé de sa petite entreprise,

« qu'il traite avec celui qui l'emploie sur le pied d'éga-
« lité. Des 281,541 liv. sterl. déposées aux caisses d'é-
« pargnes de Cornouailles, les deux tiers leur appartien-
« nent [1]. »

En mars 1847, M. Paul Dupont, gérant d'une imprimerie de Paris, eut l'idée d'associer ses ouvriers en leur
promettant le dixième des bénéfices. Il en emploie habituellement trois cents, dont deux cents travaillent aux
pièces et cent à la journée. Il emploie, en outre, cent
auxiliaires qui ne font pas partie de l'association.

La part de bénéfice avenant aux ouvriers ne leur vaut
guère, en moyenne, qu'une quinzaine de jours de travail ; mais ils reçoivent leur salaire ordinaire suivant le
tarif établi dans toutes les grandes imprimeries de Paris ;
et, de plus, ils ont l'avantage d'être soignés dans leurs
maladies aux frais de la communauté et de recevoir
1 fr. 50 cent. de salaire par jour d'incapacité de travail.
Les ouvriers ne peuvent retirer leur part dans les bénéfices que quand ils sortent de l'association. Chaque année, cette part, qui est représentée tant en matériel
qu'en rentes sur l'État, s'augmente par la capitalisation
des intérêts et crée ainsi une réserve à l'ouvrier.

M. Dupont et les capitalistes, ses commanditaires,
trouvent dans cette association un profit bien supérieur
à celui qu'ils auraient ; les ouvriers, de leur côté, se féli-
citent chaque jour de l'heureuse idée de leur patron.
Plusieurs d'entre eux, encouragés à la réussite de l'établissement, lui ont fait obtenir une médaille d'or en 1849,
une médaille d'honneur à l'Exposition universelle de
1855 ; et quelques-uns même ont reçu personnellement
la récompense de leurs découvertes et de leurs travaux.

---

[1] Samuel Laing ; Babbage, *Écon. des mach. et manuf.*

Chez un patron ordinaire, ces braves gens n'auraient pas eu le loisir de poursuivre leurs inventions, à moins que d'en laisser tout l'honneur à celui qui n'en était pas l'auteur ; tandis qu'étant associés, si le patron eût été injuste, deux cents hommes eussent fait redresser ses torts.

J'ai visité moi-même cet établissement, et j'ai pu m'assurer du perfectionnement que cette association apporte aux habitudes des ouvriers.

M. Gisquet, ancien préfet de police, est propriétaire depuis longtemps d'une fabrique d'huile à Saint-Denis, qui est la plus importante de France, après celle de M. Darblay, de Corbeil. Lorsqu'en 1848 il prit le parti de la diriger lui-même, il rencontra des ouvriers habitués à s'enivrer plusieurs fois par semaine, et qui, pendant le travail, chantaient, fumaient et quelquefois se disputaient. On avait maintes fois essayé sans succès de changer cet état de choses ; il y parvint par la prohibition faite à tous ses ouvriers de s'enivrer les jours de travail, sous peine d'exclusion ; et par la promesse de partager entre eux, à titre de gratification annuelle, 5 p. 100 de ses bénéfices nets, au *prorata* des salaires qui, du reste, sont fixés aux prix courants. Depuis ce moment, la réforme a été complète ; il se voit entouré d'une centaine d'ouvriers pleins de zèle et de dévouement. Leur bien-être s'est accru de tout ce qu'ils ne dépensent pas en boissons, et de ce qu'ils gagnent par leur exactitude au travail. La gratification que M. Gisquet leur accorde leur a valu, en moyenne, chaque année, l'équivalent de leur salaire pendant six semaines.

L'un des patrons qui comprirent le mieux l'association avec les ouvriers est M. Leclaire, entrepreneur de peinture en bâtiments, à Paris. Dès 1842, sur les conseils de

quelques économistes, il associa ses deux cents ouvriers,
en leur promettant la moitié du bénéfice net outre leur
salaire, qui était toujours au moins égal au taux courant.
Une amélioration extraordinaire se manifesta tout à coup
dans les habitudes de ses ouvriers, qui devinrent des mo-
dèles d'exactitude et de probité. M. Leclaire introduisit
l'usage du blanc de zinc au lieu du blanc de céruse, qui
était souvent mortel pour les ouvriers. Les immenses
travaux que lui nécessita cette heureuse innovation
l'ont tellement fatigué, qu'il se vit forcé de s'adjoindre
deux associés en titre qu'il choisit parmi ses anciens ouvriers ; et depuis 1853, la part du bénéfice partagée entre
les ouvriers n'est plus que du quart , ce dont ceux-ci sont
encore satisfaits. Quant à M. Leclaire, quoiqu'il ait toujours banni la fraude, qui n'est que trop fréquente dans
sa profession, il a toujours pu soutenir la concurrence et
acquérir une belle aisance, malgre l'abandon d'une si large
part de ses profits. Assurément, il n'y est parvenu que
parce que l'activité inusitée de ses ouvriers, et la surveillance qu'ils exerçaient les uns sur les autres dans les
nombreux chantiers, avaient compensé la diminution de
ses profits personnels.

Mais cet homme honorable qui mérita doublement de
l'humanité, et par sa charité vis-à-vis le pauvre , et par
l'introduction d'une substance inoffensive, au lieu d'une
substance mortelle, n'a point été à l'abri des censures,
des calomnies et des menaces. Faut-il s'en étonner. Un
homme doit-il s'attendre à faire le bien sans avoir à lutter
incessamment contre les sots, les envieux et les fripons[1] ?

---

[1] On trouvera, à la fin de ce volume, des détails sur l'entreprise
de M. Beslay, ancien représentant du peuple, qui s'occupe avec zèle
des associations ouvrières.

Les expériences faites par ces patrons pourraient être
tentées par beaucoup d'autres, avec profits pour eux,
comme pour leurs ouvriers. Mais il faut aller plus loin,
et prouver, par le raisonnement, comme par l'exemple,
que l'association peut réussir entre les ouvriers eux-
mêmes.

C'est à M. Buchez que revient l'honneur d'avoir le premier proposé l'association ouvrière. Dès 1830, il s'en
fonda, sous ses auspices, une qui ne réussit point. Quelques années plus tard, eurent lieu d'autres tentatives in-
fructueuses. Mais l'idée avait germé et fait son chemin.
Ce ne fut qu'après le 24 février 1848 qu'on l'analysa ; car
son auteur avait entrevu trop vaguement le principe.

Il avait proposé l'association sur les trois bases suivantes :

1° « Elle sera perpétuelle ;

2° « Il sera formé un capital social qui n'appartiendra
« pas aux associés individuellement, mais à la société
« elle-même, et qui ne pourra être divisé tant qu'elle
« durera. Lorsqu'un associé se retirera ou mourra, ni lui
« ni sa famille n'auront droit à la quote-part de cette pro-
« priété. La société conservera son capital intact, et
« pourra admettre un autre membre à la place du pré-
« cédent, et ainsi de suite, de génération en généra-
« tion.

3° « Tous les associés auront également droit à l'usage
« gratuit de ce capital, quelle que soit l'époque de leur

« entrée dans la société; ils ne seront tenus à aucune
« mise. »

Je n'hésite pas à réprouver ce système d'association
perpétuelle qui enchaîne la liberté du travailleur, et n'est
autre chose que l'esclavage des castes inférieures atta-
chées au même travail toute leur vie, et y vouant fatalement leurs fils. Ce n'est que du communisme que l'on ne
s'avoue point.

Le sentiment de la famille est si puissant chez l'ouvrier,
que l'on n'en trouverait que bien peu qui consentissent
à déshériter leur famille au profit d'une communauté.
L'association des ouvriers en fauteuils l'a tellement compris, que ses statuts avantagent même les héritiers de
l'ouvrier. Ainsi, quand l'un d'eux se retire volontairement, il perd 30 p. 100 sur son avoir social, outre que
la société se réserve dix ans pour le rembourser par annuités. Mais s'il meurt, ou devient incapable de travail,
ses héritiers sont remboursés intégralement et immédiatement, ou, au plus tard, dans le courant de l'année.

L'association doit être soumise aux cinq principes suivants :

1° Elle ne doit avoir lieu que pour le travail, et non
pour la consommation;

2° Elle doit être indépendante ; et les associations dans
le même corps de métier doivent se multiplier librement,
autant que la raison l'indique, et ne point redouter leur
propre concurrence;

3° Chacun y doit être rémunéré selon son travail, qui
doit être fait aux pièces, quand la profession le permet ;

4° Elle doit être libre; et chaque associé doit pouvoir
se retirer quand bon lui semble, avec sa part de capital
acquise, sauf les légères restrictions qu'exige le salut de
l'association;

5° Tous les associés doivent participer à la direction ; mais il faut éviter que celle-ci soit trop mobile, car autrement, quelques ambitieux ou impatients, voulant sans cesse changer de directeurs, empêcheraient la maison d'acquérir la solidité et l'esprit de suite si nécessaires en affaires. Les chefs doivent être élus pour un temps illimité, mais toujours révocables pour causes graves.

Des écrivains ont combattu l'association avec presque autant d'acharnement que le droit à l'assistance. Ils ont entassé des objections qu'il importe de passer en revue. La première, que l'on peut appeler préjudicielle, consiste à affirmer que l'association n'est pas nécessaire, parce que « l'entrepreneur n'a pas d'intérêt à abuser de la po-
« sition des ouvriers. Hors les cas de monopole, il ne peut
« pas plus profiter de l'abaissement du salaire, qu'il ne
« pourrait vendre ses produits plus cher que ses concur-
« rents : avec l'entière liberté de concurrence, une ré-
« duction dans le prix de revient des produits serait tou-
« jours suivie d'une réduction équivalente dans leur prix
« de vente. Donc on ne peut supposer que les entrepre-
« neurs puissent gagner à l'abaissement des salaires, dont
« les consommateurs seuls profitent. L'abaissement du-
« rable du salaire ne provient que, 1° de l'augmentation
« du nombre des ouvriers qui offrent leur travail ; 2° de
« la diminution de quantité demandée du travail. Ces
« deux causes ne provenant que du mouvement général
« de la population, des revenus et des consommations,
« sont indépendantes de la volonté de l'entrepreneur [1]. »

Cette objection n'est que spécieuse. Trop souvent l'abaissement du salaire provient de la cupidité du capitaliste et de l'entrepreneur. Ceux-ci peuvent chômer et

---

[1] *Dict. de l'Écon. polit.*, de Guillaumin. V° *Association.*

résister quelque temps; ils dominent l'ouvrier qui ne
peut attendre, parce que la faim est impérieuse. « Il se
« peut à la longue, dit Smith, que le maître ait autant
« besoin de l'ouvrier que celui-ci ait besoin du maître;
« mais le besoin du premier n'est pas si pressant. »

En outre, les ouvriers, ayant moins de frais généraux,
retireront un profit supérieur. D'ailleurs, s'ils gagnent
moins dans l'association, ils la cesseront; mais l'expérience a démontré qu'elle est bien plus fructueuse pour
eux que le salariat.

En juillet 1848, l'Assemblée nationale, mise en demeure par l'opinion publique, vota un crédit de 3 millions
pour aider à la fondation des associations ouvrières. Cette
somme était bien mesquine pour une chose si importante,
surtout si l'on considère que ce n'était qu'un prêt fait par
l'État. *Mais, dit-on, ce crédit ne les fit pas prospérer; donc
elles sont impossibles.*

Cela n'est pas étonnant. Un conseil d'encouragement
avait été installé pour la distribution du crédit. Le ministre ayant mis au moins de la mollesse à l'acceptation
des travaux de ce comité, près de la moitié des membres
se retirèrent avant d'avoir terminé leur travail. L'un
d'eux, après s'être démis, sollicita et obtint pour lui-
même une allocation considérable. Peu à peu, le comité
fut livré à la réaction, c'est-à-dire aux ennemis des associations. Si des sociétés honnêtes et pouvant faire un bon
emploi du crédit en sollicitaient une miette, des spéculateurs libellaient à la hâte des statuts, et en obtenaient une
large part...

Ainsi, l'on a subventionné trois associations d'impri-
meurs lithographes, en repoussant cinq compagnies d'im-
primeurs sur étoffes. On a subventionné des métiers qui
n'intéressent que peu d'hommes, comme les peintres sur

porcelaines; tandis qu'on a refusé tout secours aux maçons, aux menuisiers en bâtiments, aux tailleurs qui composent la moitié des ouvriers de la capitale, et qui s'é-
taient, dès l'origine, constitués en association. Mais les
associations composées seulement de sept ou huit membres, qui n'étaient que des patrons réunis, ont reçu jusqu'à 11 mille francs par individu. Le rapport d'un comité
de l'Assemblée législative [1] à dépeint en ces termes ces
fausses associations ouvrières : « Nous n'avons trouvé dans
« près des deux tiers des associations, que de très-petites
« maisons de commerce formées de trois à quatre associés
« en minimum et de sept à huit en maximum. »

En définitive, quelle qu'ait été la mauvaise distribution
des 3 millions, les pertes éprouvées par l'État n'ont pas
dépassé 330 mille francs; tandis que sur les 30 millions
prêtés en 1830 aux commerçants et chefs d'industries, il
est encore redu 6 millions que l'on n'espère pas récu-
pérer! L'objection tirée de ce crédit n'est donc pas même
recevable, puisqu'il a été distribué contrairement à l'in-
tention du législateur.

Dès 1851, il existait à Paris environ cent cinquante
associations d'ouvriers qui avaient réussi, la plupart
même sans aucun secours. Les événements politiques de
la fin de cette année, et les rivalités de patrons jaloux en
firent dissoudre le plus grand nombre. L'on n'en compte
plus en 1857 que vingt-trois à Paris qui, presque toutes,
prospèrent. Je vais brièvement examiner la situation de
quelques-unes.

Après les journées de juin 1848, le travail était sus-
pendu dans le faubourg Saint-Antoine, occupé surtout,
comme on le sait, par les fabricants de meubles. Quelques

---

[1] Voyez le rapport de M. Lefèvre-Duruflé, depuis ministre.

menuisiers en fauteuils firent un appel à ceux qui seraient disposés à travailler ensemble. Sur six à sept cents de cette profession , quatre cents se firent inscrire. Mais comme le capital manquait, neuf hommes des plus zélés commencèrent l'association[1] avec tout ce qu'ils possédaient; savoir, une valeur de 369 francs en outils, et 135 francs 20 centimes en argent.

Leur bon goût, leur loyauté et l'exactitude de leurs fournitures augmentant leurs débouchés , les associés furent bientôt au nombre de cent huit. Ils reçurent de l'État une avance de 25 mille francs, remboursables en quatorze ans par annuité, à raison de 3 fr. 75 c. pour cent d'intérêt.

En 1857, le nombre des associés est de soixante-cinq, celui des auxiliaires de cent en moyenne. Tous les associés votent pour l'élection d'un conseil d'administration de huit membres, et d'un gérant, dont le nom représente la raison sociale. La distribution et la surveillance du travail dans les ateliers sont confiées à des contre-maîtres choisis par le gérant et le conseil. Il y a un contre-maître pour vingt ou vingt-cinq hommes.

Le travail est payé aux pièces, suivant les tarifs arrêtés en assemblée générale. Le salaire peut varier entre 3 et 7 francs par jour, selon le zèle et l'habileté de l'ouvrier. La moyenne est de 50 francs par quinzaine. Ceux qui gagnent le moins touchent près de 40 francs par quinzaine. Un grand nombre gagnent 80 francs. Des sculpteurs et mouluriers gagnent jusqu'à 100 francs , soit 200 francs par mois. Chacun s'engage à fournir cent-vingt heures par quinzaine, soit dix heures par jour. Aux termes du règlement, chaque heure de déficit soumet le délinquant à

[1] En octobre 1848.

une amende de 10 centimes par heure en deçà de trente
heures, et de 15 centimes au delà. Cette disposition avait
pour objet d'abolir l'habitude du lundi, et elle a produit
son effet. Depuis deux ans, le système des amendes est
tombé en désuétude, à cause de la bonne conduite des
associés.

Quoique l'apport des associés n'ait été que de 369 francs,
le matériel d'exploitation appartenant à l'établissement [1]
s'élevait déjà, en 1851, à 5,713 francs, et l'avoir social,
y compris ses créances, à 24,000 francs. Depuis lors cette
association est devenue plus florissante, ayant résisté à
tous les obstacles qui lui ont été suscités.

> Tout homme de courage est maître de son sort ;
> Il range la fortune à son obéissance.
> Théophile, *Amours de Pyrame et Thisbé* (1826).

Cette maison est la plus forte de Paris dans son genre,
et la plus considérée. Elle fait des affaires pour 400 mille
francs par an. Voici son inventaire de décembre 1855.

Actif.

Espèces.	445 70	
Marchandises.	82950 »	fait d'avance, ce qui empêche le chômage.
Salaires payés d'a- vance.	2421 70	
Matériel.	20894 35	
Portefeuille.	9711 75	
Meubles consignés. . .	211 »	
Loyer d'avance. . . .	4953 10	
Débiteurs divers. . . .	48286 95	
	169851 55	

[1] Il est situé dans la rue de Charonne, cour Saint-Joseph, au faubourg Saint-Antoine.

Passif.

Effets à payer.	8655 »	
Fonds d'association. .	155 »	
100 fr. à chacun. . . .	7600 »	ne la doivent qu'à eux-mêmes.
Fonds de retenue indi-		
visible.	9205 84	pour l'État qui prend 10 p. 100
		par an sur les bénéfices, le tout
		payable au bout de 14 ans.
Caisse de secours. . .	1544 30	ne la doivent qu'à eux-mêmes.
Prêt de l'État, prin-		
cipal et intérêt. . .	27055 »	
Créanciers divers. . .	12559 51	

66752 65

Différence active.

100,398 90. La société possède en réalité 123,000 fr.

L'association des maçons fut fondée le 10 août 1848.
Elle a son siége rue Saint-Victor, 155. Le nombre de ses
membres est de 85, et celui de ses auxiliaires de trois à
quatre cents. Elle a deux gérants à sa tête; l'un, chargé
spécialement des constructions; l'autre, de l'administration. Les deux gérants passent pour les plus habiles
entrepreneurs de maçonnerie de Paris, et ils se conten-
tent d'un modeste traitement. Cette association vient de
construire trois ou quatre des plus remarquables hôtels de
la capitale. Bien qu'elle travaille avec plus d'économie
que les entrepreneurs ordinaires; comme on ne la rem-
bourse qu'à des termes éloignés, c'est surtout pour elle
qu'une banque serait nécessaire, car elle a des avances
considérables à faire. Néanmoins elle prospère, et la preuve
en est dans le dividende de 56 pour 100 qu'a produit

cette année son propre capital ; et qu'elle a payé aux citoyens qui se sont associés à ses opérations [1].

§ X. — L'association ouvrière augmente le salaire par la suppression
du chômage et des intermédiaires inutiles, et moralise l'ouvrier. —
Réfutation de deux objections. — Des avances qu'il est important
de faire aux associations ouvrières. — Bienfaits qui en résulteraient
pour la richesse nationale et la tranquillité publique.

Il résulte d'observations consciencieuses qu'au moyen
des associations ouvrières :

1° Le chômage cessera presque entièrement ; si le salaire quotidien, dans les moments de travail, n'est pas
toujours aussi élevé, du moins il ne sera pas interrompu,
et l'ouvrier, à la fin de l'année, aura gagné bien davantage. Mais un patron s'inquiète peu du chômage qu'il a
prévu. Il le préfère même, car il ne s'agit pour lui que
d'un profit net au bout de l'année ; s'il chôme six mois,
c'est un moment de repos pour lui ; d'ailleurs les ouvriers,
étant plus pressés de s'offrir pendant les six mois de travail, se contenteront d'un moindre salaire. Le spéculateur n'ira pas risquer son capital pour les occuper constamment. Il ne songe qu'à réduire son prix de revient
ou coût de production ; il profite donc toujours autant
qu'il peut de la concurrence des ouvriers qui s'offrent.

Les ouvriers associés ont des tendances opposées. Leur
principe est la concurrence pour la qualité des produits,
et non pour le bon marché. La base de leur système est
de maintenir le taux des salaires à un niveau convenable.
Le produit net, destiné à l'enrichissement de la société,

---

[1] Cette association est formée d'ouvriers qui n'apportent que leur
travail ; d'autres qui apportent leur travail et un capital quelconque ; enfin de citoyens qui ne travaillent point, mais qui se sont
associés en fournissant un capital.

n'est pour eux qu'en second ordre. Ils ne songent point
à profiter de la détresse d'un ouvrier, afin de le moins
payer. Comme c'est surtout le chômage qui cause la détresse, c'est contre lui que tous leurs efforts se portent.
Ainsi, ils se livrent, durant la morte-saison, à des travaux
accessoires. Les ferblantiers, n'ayant que des lampes à faire
l'hiver, fabriquent l'été des ustensiles de ménage. Les
tailleurs font, durant la morte-saison, des habits confec-
tionnés. Un spéculateur, au contraire, ne veut pas prendre deux métiers, et l'on n'a pas le droit de l'exiger
de lui.

2° Avec les patrons, un tiers tout au plus du prix de
revient d'un objet fabriqué appartient à l'ouvrier ; avec
l'association, les deux tiers seront pour lui [1].

3° Rien n'est aussi capable de moraliser l'ouvrier que
l'association. Les maçons se livrent le soir à un enseigne-
ment mutuel. Chez eux, comme chez les fabricants de
fauteuils, le malade est soigné aux frais de la société, et
reçoit en outre un salaire durant sa maladie ; chacun est
protégé par l'association dans tous les actes de sa vie. Les
fabricants de fauteuils auront bientôt chacun un capital de
deux ou trois mille francs à leur disposition, soit pour do-
ter leurs filles, soit pour commencer une réserve pour l'a-
venir. Quant aux maçons, quelques-uns possèdent déjà
4,000 francs d'épargnes qui restent au fonds social.

Avant qu'ils fussent associés, ces ouvriers étaient pau-
vrement vêtus de la veste et de la blouse ; parce que, faute
de prévoyance, et surtout à cause du chômage, ils n'a-
vaient jamais une somme disponible de 60 francs pour
acheter une redingote. Aujourd'hui, la plupart sont vêtus
aussi bien que les bourgeois ; quelquefois même avec

---

[1] And. Cochut, *les Assoc. ouvrières.*

plus de goût. Cela tient à ce que l'ouvrier, ayant un crédit dans son association, trouve partout ce dont il a besoin
sur un bon qu'il souscrit ; et la caisse retient chaque
quinzaine une partie de la somme à éteindre. De la sorte,
l'épargne se fait, pour ainsi dire, malgré l'ouvrier. Plusieurs même, n'ayant plus de dettes, se souscrivent à eux-
mêmes des bons de 100 francs payables en cinq mois, afin
de résister à la tentation des dépenses inutiles. On leur
retient 10 francs par quinzaine ; et, au bout des cinq mois,
bon gré, malgré, ils trouvent ce petit capital épargné.

Objection. — « Si l'association est facultative , les
« hommes se sentant les qualités d'un entrepreneur n'y
« resteront qu'autant qu'ils y trouveront les mêmes avan-
« tages qu'en dehors de l'association. Les autres seront
« donc obligés d'attribuer sur le produit commun, aux
« services des agents capables d'être entrepreneurs, une
« part proportionnelle à leur valeur ; dans ce cas, il ne
« leur restera à partager qu'une somme équivalente à
« celle de leurs salaires actuels [1]. »

Réponse. — Chaque ouvrier, dans les associations, est
payé selon sa capacité. Le gérant a presque toujours été
choisi parmi les plus capables, et cette marque de confiance , cette espèce de dignité, l'engage à se contenter
d'un salaire peu élevé. Le gérant de l'association des ouvriers en fauteuils, qui conclut tous les jours des affaires
importantes, n'a pour lui que 2,000 francs par an, quoiqu'il y ait des associés dans l'établissement qui gagnent
davantage. Et nul ne contestera qu'il ne soit aussi capable que les entrepreneurs les plus renommés de la capitale. Le gérant de l'immense association des tailleurs,
en 1849, quoiqu'il fût l'un des plus habiles et des plus

---

[1] *Dict. de l'Écon. polit.*, de Guillaumin. V° *Association.*

laborieux tailleurs de Paris, se contentait de 3 francs par jour, quand chez Humann ou chez Cheyrepil il en pouvait gagner 15. Ainsi un magistrat se contente de 1,500 francs par an, quand il faut 4 ou 5,000 francs à certains fonctionnaires, parce que la considération dont on jouit dans une place rend moins exigeant sur le salaire.

J'ai pu me convaincre par moi-même de l'habileté du choix des gérants et des conseils d'administration des associations ouvrières. Ces gérants sont bien supérieurs pour l'intelligence, le zèle et même pour la politesse à la plupart des patrons ou entrepreneurs particuliers. Et chez les ouvriers associés, les funestes habitudes d'intempérance disparaissent peu à peu, avec la grossièreté et la rudesse qui sont la conséquence de la trop incomplète éducation de leur classe.

Objection. — « Dans toute opération, le succès dépend « entièrement de l'action de l'entrepreneur, dont toutes « les facultés sont vivement stimulées par cette raison. « Ses soins ne peuvent que devenir moins assidus à me-« sure que son intérêt s'affaiblit, et qu'il est moins passi-« ble du résultat des opérations. Il est donc probable que « si l'on associait les ouvriers aux éventualités en les fai-« sant participer aux pertes et aux bénéfices, on diminue-« rait les chances de succès. Le surcroît d'intérêt qu'au-« raient les ouvriers à la réussite ne compenserait pas ce « qui manquerait à l'action du gérant, car ils ne pour-« raient intervenir dans la direction à moins qu'on ne « renonçât à l'unité de gestion, ce qui serait une cause « de ruine. »

Réponse. — L'unité de gestion est aussi absolue dans l'association que chez un entrepreneur. Ce dernier peut être incapable ou fantasque ; et alors tout autour de lui doit céder jusqu'à sa faillite. Dans l'association, au contraire, chacun veillant à l'intérêt commun est en droit de redresser les erreurs du gérant. Tous étant copropriétaires de la chose, et personnellement intéressés, ils y apportent bien plus de zèle que s'ils n'attendaient qu'un salaire. Ce principe est tellement évident, qu'il n'a pas besoin de démonstration; mais des faits nombreux sont venus le confirmer depuis quinze ans. Les ouvriers de M. Leclaire, les maçons et les menuisiers associés produisent bien davantage que les simples salariés.

On a calculé qu'en France les ouvriers reçoivent 4 milliards par an dans la répartition des fruits du travail. Si l'on ajoute seulement 15 p. 0/0 de mieux value par l'effet de l'association, ils obtiendront 600 millions de plus, soit une somme bien supérieure au budget de l'assistance. Les bienfaits en seront immenses. Sur trente-neuf enfants qui viennent au monde, il s'en trouve un d'abandonné. L'État en a quatre-vingt-dix-sept mille à entretenir; ce qui paraît si onéreux que ces pauvres petites créatures, mal soignées, meurent le plus souvent avant l'âge. Et comme la misère est la cause de l'abandon, si l'association la diminue, c'est une grande immoralité et une énorme dépense nationale de moins.

M. Thiers, dans un acte officiel, déclare que : « la misère est la condition inévitable de l'homme dans le plan « général des choses... Que la société actuelle, reposant « sur les bases les plus justes, ne saurait être améliorée, « si ce n'est dans quelques accessoires; mais qu'en con- « damnant l'homme à la misère, Dieu a placé, pour cor- « rectif, la bienfaisance dans le cœur de l'homme[1]... »

Ainsi, la misère publique serait une condamnation *providentielle*, l'affaissement de certaines classes au milieu

---

[1] *Rapp. sur l'assist. publique.*

d'un peuple riche, une chose fatale ou toute naturelle!
Voilà pourquoi l'on approuve un régime fiscal qui augmente artificiellement le prix des objets indispensables à
l'existence; le monopole du crédit afin qu'une espèce
d'ignoble aristocratie en profite seule; et d'iniques règlements industriels qui ne tendent qu'à rendre le prolétariat soumis... ·

Le même concluait de ces prémices que l'association
est une rêverie; le droit au travail une monstruosité; le
chômage un excès de production résultant des facilités
excessives du crédit; et il déclarait solennellement qu'il
était impossible aux banques de faire des crédits individuels à des millions d'ouvriers. Mais comme il suffit d'un
petit capital aux mains d'un entrepreneur pour faire
travailler un grand nombre d'ouvriers, il suffirait d'une
centaine de millions avancés avec sagacité pour rendre indépendante presque toute la classe ouvrière de France. Et
qu'est-ce que cette somme (qui d'ailleurs ne serait pas
perdue), en comparaison de ce que gagne la classe sa-
lariée? Elle représenterait tout au plus dix journées de
travail, car le salaire gagné chaque jour par les ouvriers
industriels et ruraux monte environ à 10 millions.

D'ailleurs, l'aisance acquise par cette classe nombreuse
diminuerait tellement les dépenses de l'assistance, pour
les enfants, les adultes et les vieillards, que ce serait au
fond une épargne considérable pour la nation, outre la
dignité rendue à ceux qui la perdent par l'assistance. Les
hommes du passé n'ont jamais voulu comprendre que
l'abnégation, le dévouement, l'économie d'ouvriers qui
s'associent, augmentent l'importance du capital; et que
les frais généraux de ceux-ci ne vont pas au quart de
ceux d'un gros entrepreneur.

On a commis une erreur grossière en disant que les capi-

talistes n'ouvriraient point de crédit aux associations ouvrières. Pourquoi le refuseraient-ils, puisqu'il y a beaucoup
plus de sécurité à leur en ouvrir, qu'à des individus qui par-
viennent souvent à dissimuler leur situation? Les associations ne pouvant travailler qu'au grand jour, l'état de leur
caisse, de leur actif et de leur passif est toujours connu,
comme celui d'un receveur de l'enregistrement, que le
moindre inspecteur peut vérifier en une minute. Le comp-
toir national avait ouvert des crédits à plusieurs associations de Paris, et il n'a pas eu à s'en plaindre. On a vu plus
haut le bon usage que l'association des maçons fait des
fonds qu'on lui confie.

Il est évident qu'en mettant une centaine de millions à
la disposition des associations ouvrières, pour toute la
France, ce crédit serait plus que suffisant. Ce n'est point
un don que les ouvriers laborieux réclament, c'est un
simple prêt avec intérêt. Donner, d'ailleurs, ne serait
qu'un faible et insignifiant palliatif. En attendant, il serait
possible, non pas de suppléer à cet immense et bienfaisant
crédit, mais d'améliorer la situation au moyen d'une banque
spéciale. Les détails organiques de cet agent de crédit ne
rentrent point dans le cadre d'un traité général d'économie
politique, et j'exhorte les bons citoyens à s'occuper de sa
fondation. Il suffit d'avoir mis au néant ces inductions tirées
de Malthus par les *hommes d'État* de notre temps, « que
c'est en vain qu'on s'occuperait de la multitude, 1° parce
qu'il est impossible d'améliorer les conditions du travail;
2° parce que, si l'on y parvenait momentanément, le bien-
être général n'aurait d'autre résultat que de ramener la
misère, en provoquant un nouvel excès de population. »

Ce qui épouvante le plus les entrepreneurs et les capitalistes, c'est que, dit-on, *tout ce que les ouvriers gagne-*
raient en richesse serait pris sur eux.

C'est une erreur. La part moyenne du salaire actuel est de 30 pour 100, tandis que celle du capital, de la spéculation et de la direction s'élève à 70 pour 100. Une augmentation de 4 et demi pour 100 à l'avantage du prolétariat mettrait la relation entre les parties rémunérées de 34 et demi à 65 et demi. Mais la perte de 4 et demi pour 100, que paraîtraient supporter les classes riches, ne serait qu'apparente. En effet, la consommation devenant plus étendue par la diffusion de l'aisance, il leur suffira de faire un peu plus d'affaires. Par exemple, aujourd'hui cinq cents pendules à 100 francs procurent aux classes capitalistes, à raison de 70 pour 100, une somme de 35,000 francs. Si ces capitalistes ne retirent plus que 65 et demi pour 100, il leur manquera 2,250 francs. Mais s'ils vendent trente-quatre pendules de plus, ils auront gagné la même somme de 35,000 francs. Et ils en vendront bien davantage, puisqu'il y aura un plus grand nombre de personnes capables d'acheter.

Il est hors de doute qu'il en serait de même pour tous les produits. Le prolétariat gagnant 600 millions de plus par an, il suffirait que la production et la consommation s'accrussent de 6 et demi pour 100 ; mais elle irait bien au delà, et la rente des terres augmenterait au profit des grands propriétaires. *Qu'on ne diminue pas l'aisance des dernières classes de citoyens*, dit Quesnay ; *car elles ne pourraient pas assez contribuer à la consommation des denrées qui ne peuvent être consommées que dans le pays ; ce qui serait diminuer la reproduction et le revenu de la nation*[1].

Les plus grands ennemis des associations y trouveraient donc un jour, outre la sécurité, beaucoup d'avantages

---

[1] *Maximes*, XX.

pour eux-mêmes. Quand on comprendra généralement ces vérités, les agents d'affaires du vieux monde seront ridiculisés, sinon honnis comme les Maury, les Cazalès, les d'Esprémenil le sont aujourd'hui, pour avoir soutenu la corruption du clergé, des parlements et du généralat qui exploitaient la France au dix-huitième siècle.

§ XI. — Résumé sur l'abolition de la misère.

On a vu l'exposé et la réfutation des propositions faites dans le but d'une nouvelle distribution des instruments de travail. J'ai montré que la division égale de la propriété mobilière ou immobilière ne serait d'aucun avantage, même pour les indigents, dont la situation serait bien plus malaisée, si l'on n'avait pas un capital accumulé qui permît de leur procurer un salaire suffisant. Mais leur état serait amélioré par des associations libres avec les entrepreneurs, et surtout entre eux-mêmes. Toutefois, si l'association est une idée féconde, elle n'est point la panacée universelle, comme l'ont cru certains socialistes ou communistes honteux. Elle ne doit point être perpétuelle, comme ils l'ont proposé, parce qu'elle deviendrait tyrannique, et qu'il n'y a de perpétuel dans une bonne organisation politique que la liberté et la morale. Au surplus, les objections faites par les ennemis du peuple ne sont que la répétition des lieux communs qu'ils ont lancés contre le droit à l'assistance, contre le droit au travail et contre toutes les réformes nécessaires.

J'ai insisté sur l'utilité de la concurrence, tout en réfutant les déclamations des publicistes à vues étroites contre le *maximum*, qui ne fut qu'une mesure politique et transitoire comme la dictature elle-même. Mais si la concurrence est nécessaire en principe, elle ne doit point être absolue, parce qu'elle étoufferait le faible. C'est par une déplorable confusion que certains économistes croient que la gravitation excessivement libre de toutes les forces sociales suffira pour abolir la misère.

Quoiqu'il soit bon de supprimer une grande partie des hospices et des hôpitaux, pour les remplacer par des secours à domicile, et par des dispensaires locaux plus féconds en charité, ce moyen n'est point encore suffisant.

L'abolition des armées permanentes en temps de paix; les défrichements et drainages appliqués sur une large échelle; la colonisation exécutée avec intelligence et de puissants capitaux, par le gouvernement ou des sociétés libres; le développement incessant et infini de l'instruction publique et de l'association ouvrière, avec la diminution du taux légal de l'intérêt de l'argent, sont des moyens qui, combinés, peuvent achever l'œuvre commencée par nos pères à la fin du dix-huitième siècle.

Les remèdes contre la misère ne doivent donc point se prendre dans un seul ordre d'idées, mais dans un ensemble de mesures morales et physiques dont j'ai signalé les principales.

LIVRE IV.

DE LA CONSOMMATION DE LA RICHESSE
ET DES FINANCES PUBLIQUES.

Et ecce iniquitas, et justitiam,
et ecce clamor.
(Isaïe, V, 7).

—

CHAPITRE PREMIER.

DE LA CONSOMMATION PRIVÉE.

§ I. — Définition de la consommation. — Elle est improductive ou reproductive. — Antagonisme entre le producteur et le consommateur.

Comme la production économique n'est pas la production de la matière dont Dieu seul est le créateur, mais la modification que nous lui faisons subir pour l'approprier à nos besoins, de même, la consommation n'est pas la destruction de la matière, mais des qualités qui la rendent utile [1]. Par conséquent, la consommation ne se mesure point par le poids, ou la quantité des produits

---

[1] « Nulle substance ne périt, à proprement parler. Ce qu'on appelle destruction n'est qu'une dissolution de parties. » (Port-Royal, *Logique*, liv. IV, ch. ii.)

consommés, mais uniquement par leur valeur. Elle est
synonyme d'usage; le but est l'objet de l'industrie [1]. Tous
les produits sont consommés, même quand ils ne s'usent
point. Leur exportation est aussi une consommation; de
sorte qu'on est dédommagé d'une consommation : ou par
le bien-être qui résulte d'un besoin satisfait, ou par une
production de richesse égale ou supérieure à celle consommée. Dans le premier cas, elle est appelée improductive, et dans le second reproductive [2].

Il faut distinguer entre la dépense et la consommation.
La dépense est l'achat, au moyen d'espèces, des choses
que l'on se propose de consommer. Elle est productive
lorsqu'elle donne lieu, par son action directe ou indirecte,
à la reproduction d'une somme égale ou supérieure de
richesses; improductive lorsqu'elle n'est pas complète-
ment remplacée. Quand la richesse produite excède celle
consommée dans un pays, il y a accroissement de capital
national, et la population augmente ou est mieux pour-
vue. Si la consommation est égale à la reproduction, le
pays reste stationnaire; si la consommation excède la reproduction, il y a déclin.

La consommation n'a point d'autres limites que les
moyens de la satisfaire, car elle n'est point une chose fixe;
elle est élastique comme les mobiles instincts de l'humanité. L'expérience a démontré qu'on dépense, en acquisition de produits, des sommes d'autant plus fortes qu'ils
sont d'un prix moins élevé, par conséquent que les moyens

---

[1] Mac-Culloch, t. II, p. 227.

[2] Des économistes prétendent que ce mot n'est pas heureux, puisque la nourriture, les vêtements, loin d'être improductifs, sont une
condition essentielle de l'existence. Qu'importe le mot s'il rend clai-
rement l'idée? car il s'agit de distinguer entre ce qui est anéanti, et
ce qui reparaît sous une autre forme.

d'acquérir satisfont plus de besoins. Ainsi, en Angleterre, l'on a toujours vu la consommation augmenter par la diminution des droits sur certains produits. En 1824, quand les cafés importés des colonies payaient un schelling, on n'en consommait que huit millions de livres. Le droit ayant été réduit de 6 deniers, on en consomma l'année suivante le double, et vingt ans après le quadruple. La même observation a été faite sur les laines, les thés, les lettres missives, etc.

On a posé en principe que les consommations les plus utiles aux consommateurs sont celles qui satisfont à des besoins réels, et celles qui s'opèrent lentement. Franklin a dit : *Ceux qui achètent le superflu finissent par vendre le nécessaire.* La raison la plus vulgaire enseigne à préférer l'acquisition des objets durables et que l'on peut revendre avec peu de perte. On doit calculer aussi les intérêts, ce que les Français ne font pas souvent en matière de bâtiments. Si avec 25,000 francs on peut construire une maison aussi commode qu'avec 50,000, on le doit ; car, au bout de quarante-cinq ans, votre maison de 50,000 francs vous coûte 400,000 francs. Mais si vous avez épargné dessus 25,000 francs, vous aurez, dans quarante-cinq ans, 200,000 francs de capital libre ; et quoique votre maison soit usée, vous pourrez en construire une autre mieux appropriée à vos besoins ; et dans tous les cas votre ancienne maison ne vaudra pas 200,000 francs.

Quand un industriel anglais fait construire une usine, il ne dépense que ce qui est rigoureusement nécessaire, et ne s'inquiète pas si ses bâtiments ne dureront que douze ou quinze ans, parce qu'il prévoit, qu'au bout de ce temps, ou l'industrie sera transportée ailleurs, ou de nouveaux procédés exigeront d'autres bâtiments, etc... Un Français dépense 200 mille francs quand 50 mille eussent suffi, puis, au bout de quinze ans, ses bâtiments ne servent plus à rien. Ils lui reviennent à 400 mille francs, tandis que l'Anglais n'y a englouti que 100 mille francs.

Quelle est la réaction de la consommation sur la production, et celle de la production sur la consommation?

Selon un système, «plus on consomme, plus on produit, de sorte qu'il faut surtout chercher des consommateurs. » Say prétend que cette opinion est aristocratique et fausse, parce que ceux qui consomment, sans avoir préalablement produit, consomment les valeurs produites par d'autres, ce qui sanctionne l'oisiveté ; puis, partant du principe que la consommation est limitée par le revenu, il conclut à la multiplication des revenus par le développement de la production qui réagit ensuite sur la consommation.

La consommation étant l'unique but de la production, l'on ne devrait s'occuper de l'intérêt du producteur qu'autant qu'il favorise celui du consommateur [1]. C'est l'intérêt du plus grand nombre, même des producteurs pris en masse. Il est donc clair qu'on ne peut favoriser tous les producteurs, puisqu'ils sont presque tout le monde. Or, si l'on en favorise quelques-uns, on lèse les autres. Bastiat a montré l'antagonisme qu'il y a entre leur intérêt et celui des consommateurs, à cause du sentiment d'égoïsme naturel.

« Prenons un producteur quel qu'il soit, quel est son intérêt immédiat? Il consiste en ces deux choses : 1° que le plus petit nombre possible de personnes se livrent au même travail que lui ; 2° que le plus grand nombre possible recherchent le produit de ce genre de travail, ce que

[1] Adam Smith.

l'économie politique exprime plus succinctement en ces termes : *que l'offre soit très-restreinte et la demande très-étendue;* en d'autres termes encore : *concurrence limitée, débouchés illimités.*

« Quel est l'intérêt immédiat du consommateur? Que l'offre du produit dont il s'agit soit étendue et la demande restreinte. Puisque ces deux intérêts se contredisent, l'un d'eux doit nécessairement coïncider avec l'intérêt social ou général, et l'autre lui être antipathique. Mais quel est celui que la législation doit favoriser comme étant l'expression du bien public, si tant est qu'elle en doive favoriser aucun? Pour le savoir, il suffit de rechercher ce qui arriverait si les désirs secrets des hommes étaient accomplis.

« En tant que producteurs, il faut bien en convenir, chacun de nous fait des vœux antisociaux. Sommes-nous propriétaires de forges? nous désirons qu'il n'y ait sur le marché d'autre fer que celui que nous y apportons, quel que soit le besoin que le public en ait, et précisément pour que ce besoin, vivement senti et imparfaitement satisfait, détermine à nous en donner un haut prix ; c'est la théorie de la disette. Sommes-nous laboureurs? nous disons : que le pain soit cher, c'est-à-dire rare, et les agriculteurs feront bien leurs affaires ; c'est toujours la théorie de la disette.

« Nous passerions toutes les industries en revue, et nous trouverions toujours que les producteurs, en tant que tels, ont des vues antisociales. « Le marchand, dit « Montaigne, ne fait bien ses affaires qu'à la débauche de « la jeunesse ; le laboureur à la cherté des blés ; l'archi- « tecte à la ruine des maisons; les officiers de la justice « aux procez et aux querelles des hommes. L'honneur « même et pratique des ministres de la religion se tire

« de nostre mort et de nos vices. Nul médecin ne prend
« plaisir à la santé de ses amis mêmes, ni soldat à la paix
« de la ville; ainsi du reste. » Il suit de là que si les vœux
de chaque producteur étaient réalisés, le monde rétro-
graderait rapidement vers la barbarie. La voile proscrirait
la vapeur ; la rame proscrirait la voile et devrait bientôt
céder les transports au chariot, celui-ci au mulet, et le
mulet au porte-balle. La laine exclurait le coton, le coton
exclurait la laine, et ainsi de suite, jusqu'à ce que la
disette de toutes choses eût fait disparaître l'homme même
de dessus la surface du globe...

« Si nous venons maintenant à considérer l'intérêt immédiat du consommateur, nous trouverons qu'il est en
parfaite harmonie avec l'intérêt général, avec ce que réclame le bien-être de l'humanité. Quand l'acheteur se
présente sur le marché, il désire le trouver abondamment
pourvu. Que les saisons soient propices à toutes les récoltes; que des inventions de plus en plus merveilleuses
mettent à sa portée un plus grand nombre de produits et
de satisfactions; que le temps et le travail soient épar-
gnés; que les distances s'effacent ; que l'esprit de paix et
de justice permettent de diminuer le poids des taxes; que
les barrières de toute nature tombent; en tout cela, l'intérêt immédiat du consommateur suit parallèlement la
même ligne que l'intérêt public bien entendu. Il peut
pousser ses vœux secrets jusqu'à la chimère, jusqu'à
l'absurde, sans que ces vœux cessent d'être humani-
taires.

« On dira peut-être que si ces vœux étaient exaucés,
l'œuvre du producteur se restreindrait de plus en plus,
et finirait par s'arrêter faute d'aliment. Mais pourquoi?
Parce que, dans cette supposition extrême, tous les besoins et tous les désirs imaginables seraient complétement

satisfaits. L'homme, comme la toute-puissance, créerait toutes choses par un seul acte de sa volonté. Veut-on bien me dire, dans cette hypothèse, en quoi la production laborieuse serait regrettable?... »

§ II. — Qu'il y a des fonctions improductives. — Si la dépense improductive des riches est nécessaire. — Distinction entre le luxe et le faste. — Équivoque de Montesquieu et de Fénelon. — Mot inédit du chansonnier.

On a souvent discuté la question de savoir s'il y a des classes improductives. Smith prétend que les fonctionnaires publics, ainsi que les domestiques, sont improductifs. Bastiat soutient, au contraire, qu'il n'y a point de classes improductives. Il en donne pour raison que les services ne s'échangent que contre des services, et qu'on ne donne rien pour rien dans la société. Chacun de ces deux auteurs a raison dans un sens, et tort dans l'autre.

Le fonctionnaire, indispensable pour donner aux producteurs la sécurité qui favorise leurs travaux, n'est point un consommateur improductif. A-t-on jamais qualifié ainsi l'ouvrier qui plante des pieux pour protéger la récolte d'un champ contre les déprédations? De même, le domestique n'est point improductif, s'il est utile à son maître; car ce dernier perdrait pour ses travaux intellectuels le temps qu'il serait forcé de consacrer à préparer ses aliments, etc... Mais celui qui a quatre serviteurs, quand un seul lui suffirait, entretient trois hommes improductifs.

Il ne faut pas que les producteurs immatériels soient institués en vue de stimuler la production par leur consommation; car on ne produit que lorsqu'on peut facile-

ment échanger ses produits contre d'autres. Une consommation ruineuse n'est jamais un encouragement efficace.
Par conséquent, toute fonction qui n'est point nécessaire
est non-seulement improductive, mais nuisible. Bastiat
s'est donc trompé à son tour, puisqu'il n'y a que trop de
fonctions parasites ne donnant rien aux travailleurs en
échange de ce qu'elles reçoivent d'eux. Tant que la société payera des valeurs fictives, il n'y aura point égalité
dans l'échange. Cette égalité ne peut exister là où un
homme s'enrichit de l'appauvrissement d'un autre ; et il
ne peut y avoir profit réciproque dans l'échange que quand
les deux parties sont également libres.

On affirme que la consommation improductive des
riches est nécessaire pour donner aux pauvres de l'emploi. « Si les riches ne dépensent pas beaucoup, les pauvres mourront de faim, » dit Montesquieu lui-même.
L'on considère comme un philantrope l'individu qui dépense sa fortune en consommations improductives. Malthus, Sismondi et une foule d'autres croient que si les
consommateurs épargnaient, pour la capitaliser, une partie
plus considérable de leur revenu, au lieu de le dépenser
improductivement, l'accumulation serait une perte réelle,
puisqu'il ne se trouverait pas de marché pour les objets
fabriqués avec ce capital.

Ce n'est qu'un préjugé vulgaire. En épargnant dans le
but de la reproduction, on commence par une consommation, comme celui qui dépense. Le premier consomme
des outils et des salaires ; le second des vins, des chevaux
et pis encore... Dans ce second cas, la dépense n'a rien
laissé après elle ; tandis que dans le premier, tant qu'a
duré la destruction, il y a eu des travailleurs employés à
la contre-balancer ; et, après l'opération, la richesse s'est
trouvée plus considérable. De sorte que tout accroisse-

ment de capital peut donner un aliment nouveau à l'industrie, sans que l'on puisse y assigner de limite [1].

« La consommation augmentant la production, dit-on, il faut consommer le plus possible, et ne pas regretter la détérioration des objets parce qu'on est forcé d'en racheter, ce qui fait aller le commerce. »

Toute consommation ne se faisant qu'à l'exclusion d'une autre, le dégât fait prospérer une industrie aux dépens d'une autre plus naturelle. Les consommations improductives, qu'il faut s'efforcer d'obtenir, sont celles des classes les plus nombreuses ; car, outre le revenu de leurs petits capitaux, c'est à elles qu'aboutit, sous forme de salaire, la presque totalité du capital employé à la production. « Tant d'hommes étant occupés à faire des habits « pour un seul, le moyen qu'il n'y ait bien des gens « qui manquent d'habits? Il y a dix hommes qui man- « gent le revenu des terres contre un laboureur : le « moyen qu'il n'y ait bien des gens qui manquent d'ali- « ments [2]? »

Ainsi, les classes laborieuses n'ont point intérêt aux dissipations des riches ; si le luxe fait travailler certaines classes d'ouvriers, l'épargne procure du travail à un plus grand nombre d'autres ; car le capital qu'on refuse à ses fantaisies peut alimenter des industries utiles. Le bijoutier rend moins de services à la société que le laboureur. « Il vaut mieux, dit Say, habiller trois ou- « vriers que de faire, avec la même somme, le galon « d'un laquais. La consommation des capitalistes fait « augmenter le loyer du capital en en diminuant la « masse, puisque, plus une marchandise est abondante,

[1] J.-S. Mill, *Principes.*
[2] Montesq., *Esprit des lois.*

« plus elle est offerte; et plus elle est offerte, moins elle
est chère. »

Objection. — Si tous les capitalistes ne dépensaient pas
plus pour leur entretien qu'un ouvrier, les produits pour-
riraient dans les magasins, jusqu'à ce que le capital fût
revenu à sa première limite.

Réponse. — Je conviens que, dans ce cas, la production des articles de luxe serait arrêtée; mais les capitalistes, au lieu d'user leur puissance de consommation, la
transféreraient ainsi aux travailleurs auxquels viendrait
en aide le surplus du capital. De deux choses l'une : ou
leur nombre s'accroît en raison de l'accroissement du
capital, ou il ne s'accroît point. Au premier cas, la production d'objets indispensables a pris la place des objets
de luxe, et a fourni la même quantité de travail. Au second cas, la dépense faite par les capitalistes en objets de
luxe augmentera nécessairement le salaire des travailleurs productifs; et si les anciens salaires satisfaisaient à
tous leurs besoins, ils auront du luxe avec le surplus; de
sorte que le luxe, au lieu d'être un privilége, sera le partage de toute la population.

Ainsi, tout accroissement de capital augmente la rémunération du travail. Les philosophes ont raison de
vanter l'homme sobre et modeste. Néanmoins, il faut éviter les excès. Celui qui épargne sagement est économe;
celui qui épargne trop est avare; celui qui dissipe folle-
ment est prodigue.

L'avare entasse machinalement par excès de prévoyance,
et non dans le but d'accumuler pour faciliter au travail
des moyens de reproduction.

L'économie sait se refuser le superflu pour se ménager
le nécessaire. Elle compare ses besoins futurs avec ses devoirs envers sa famille, ses amis et l'humanité. Un avare

n'a ni parents, ni amis, ni aucun sentiment d'humanité.

La prodigalité est l'excès opposé à l'avarice; elle est encore plus nuisible à la société, car tout capital dissipé prive de salaire un homme laborieux. Mais le capital improductif de l'avare, revenant plus tard favoriser la production, l'on attend avec impatience la mort d'un pareil homme. Le prodigue ne sait que détruire, *c'est tout juste,* dit Say, *ce que savent faire les bêtes*[1], Adam Smith a vanté l'homme économe, et traité le prodigue d'ennemi public.

« Ne poussez pas l'économie jusqu'à la lésine, dit Bacon; les richesses ont des ailes; quelquefois elles s'envolent d'elles-mêmes pour ne plus revenir, mais quelquefois aussi il faut les faire voler au loin, afin qu'elles en rapportent d'autres. L'économie est un des plus sûrs moyens pour s'enrichir, mais il déroge un peu aux devoirs qu'imposent l'humanité et la charité. La perfection des méthodes d'agriculture et leur amélioration en ce genre sont la voie la plus naturelle et la plus simple; car les présents que fait la terre aux hommes, qui savent les mériter par leur travail et leur industrie, sont les dons de la mère commune des mortels. Cette voie, à la vérité, est un peu lente; cependant lorsque des hommes déjà riches appliquent leurs fonds à la culture, leur fortune, à la fin, prend un prodigieux et rapide accroissement[2]. »

Il ne s'ensuit pas que l'on doive proscrire le luxe, si l'on entend par là les agréments de l'existence. C'était du luxe, il y a quarante ans, d'avoir des planchers, et c'est devenu un objet d'utilité, une prescription de l'hygiène. Le sage ne proscrit que les modes folles. Je

[1] J.-B. Say, *Traité.*
[2] *Essais de morale et de politique,* XXXIV.

ne flétrirai donc pas le luxe proprement dit, mais le faste ;
le faste, résultat de l'oisiveté, qui dépense improductivement le revenu social.

Les moralistes ont longuement déclamé contre le luxe
qu'ils ont presque toujours confondu avec le faste ; et
pourtant la distinction est nécessaire.

Voltaire, en disant que le faste est l'étalage des dépenses que le luxe coûte, a donné une définition incomplète. Le faste peut se trouver réuni au luxe ; il annonce
la supériorité du rang et se manifeste par la pompe et
l'éclat. Le luxe est plus particulièrement l'attribut des
riches, de quelque ordre qu'ils soient. L'un semble indiquer l'amour des grandeurs, l'autre le goût de la mollesse
et l'empire de la volupté. Si le faste convient dans les
monarchies, il doit être proscrit dans la démocratie. Il
se rencontre surtout chez les nations les plus misérables,
et il est l'une des causes de leur misère. Ainsi, en Italie,
en Turquie, en Russie, il y a du faste et peu ou point de
luxe ; car le luxe est enfant du commerce et de l'industrie
publiques. En France, durant la féodalité et la monarchie
absolue, il y avait beaucoup de faste chez le monarque et
les seigneurs, et peu de luxe dans la nation. En général,
la possession par un petit nombre des richesses immobilières produit le faste ; c'est leur division et la richesse
mobilière qui amènent le luxe. Ainsi quand le commerce
et l'industrie ramenèrent une sorte de niveau dans les
richesses en égalant les enrichis aux seigneurs, le faste
diminua peu à peu, et les seigneurs renvoyèrent leurs
gentilshommes et leurs pages[1].

---

[1] Le duc François de Guise avait des pages, un aumônier, un ar-
gentier, huit secrétaires. Plus de quatre-vingts officiers ou gens de
service mangeaient à ses tables. Son gentilhomme ordinaire, son

Lorsque les richesses proviennent du commerce, de l'industrie et de l'agriculture, elles se répartissent assez convenablement ; mais lorsqu'elles arrivent subitement par la prodigalité du prince, ou par les profits excessifs de la finance, de l'agiotage et du jeu, elles engendrent un luxe destructeur et des désirs déréglés. Du temps de Law, des goujats, subitement enrichis, faisaient chauffer les ragoûts avec des billets de banque, pour pouvoir dépenser 50,000 livres dans un souper. De nos jours, nous avons vu des enrichis briser tous les cristaux et les porcelaines après leur dîner, afin de pouvoir y dépenser une somme énorme.

Le luxe provenant du travail n'a rien de dangereux ; il ressemble à un fleuve qui féconde les champs par ses débordements réguliers ; mais quand il est alimenté par l'impôt ou des moyens illicites et immoraux, il est destructeur comme le torrent qui ravage les campagnes et entraîne les plantes alimentaires. « Le luxe des États, dit « Sénac de Meilhan, est l'emploi stérile des hommes et « des matières [1]. »

Montesquieu dit que moins il y a de luxe dans une république, plus elle est parfaite. « A mesure que le luxe s'établit dans une république, l'esprit se tourne vers l'intérêt particulier. A des gens à qui il ne faut que le nécessaire, il ne reste à désirer que la gloire de la patrie

---

maître d'hôtel et son valet de chambre étaient flattés par les courtisans.

Sully entretenait quatre-vingts gentilhommes qui faisaient partie de sa domesticité. Le duc d'Épernon en avait sept à huit cents. L'abbé de Retz en avait huit, dont quatre chevaliers de Malte, etc.

[1] *Consid. sur les richesses et le luxe*, XII. Il entend sans doute par *État* le monarque ; car de son temps cette confusion était commune.

et la sienne propre ; mais une âme corrompue par le luxe
a bien d'autres désirs : bientôt elle devient ennemie des
lois qui la gênent... Sitôt que les Romains furent corrompus, leurs désirs devinrent immenses... Une cruche
de vin de Falerne se vendait 100 deniers; les jeunes gar-
çons n'avaient point de prix [1]... »

Ce grand publiciste n'a pas suffisamment distingué non
plus entre le faste et le luxe [2], et entre le luxe du prince
et celui des particuliers. Fénelon a fait une pareille équivoque dans ce tableau éloquent des mœurs de la cour de
Louis XIV.

« Comme la trop grande autorité empoisonne les rois,
« le luxe empoisonne une nation. On dit que le luxe sert
« à nourrir les pauvres aux dépens des riches, comme si
« les pauvres ne pouvaient gagner plus utilement leur vie
« en multipliant les fruits de la terre, sans amollir les ri-
« ches par les raffinements de la volupté. Toute une nation
« s'accoutume à regarder comme des nécessités de la vie
« des choses superflues. Ce sont tous les jours de nouvelles
« nécessités qu'on invente, et on ne peut plus se passer
« des choses qu'on ne connaissait pas trente ans aupara-
« vant. Ce luxe s'appelle bon goût, perfection des arts et
« politesse de la nation. Ce vice, qui en attire une infi-
« nité d'autres, est loué comme une vertu. Il répand sa
« contagion jusqu'aux derniers de la lie du peuple. Les
« proches parents du roi veulent imiter sa magnificence,

---

[1] *Esprit des lois*, liv. VII, p. 2.

[2] Un jour, un de nos poëtes, fameux par ses talents comme par
ses inconséquences et ses étourderies administratives, politiques
et littéraires, disait à Béranger : « Que voulez-vous, j'aime le luxe
« et ne puis m'en priver ! — Ce n'est pas le luxe que vous aimez, ré-
« pondit le spirituel et judicieux chansonnier; moi, je l'aime aussi;
« mais c'est le faste, et à quoi vous sert-il ?... »

« les grands celle des parents du roi ; les gens médiocres
« veulent égaler les grands : car, qui est-ce qui se rend
« justice? Les petits veulent passer pour médiocres. Tout
« le monde fait plus qu'il ne peut : les uns par faste et
« pour se prévaloir de leurs richesses; les autres par
« mauvaise honte et pour cacher leur pauvreté. Ceux
« même qui sont assez sages pour condamner un si grand
« désordre ne le sont pas assez pour oser lever la tête
« les premiers, et pour donner des exemples contraires.
« Toute une nation se ruine ; toutes les conditions se
« confondent.... Ceux même qui n'ont pas de bien veu-
« lent paraître en avoir ; ils dépensent comme s'ils en
« avaient. On emprunte, on trompe, on use de mille ar-
« tifices indignes [1]. »

§ III, — Des rapines de quelques courtisans et agioteurs. — Enrichissement soudain et faste insolent de ces gens-là.

Le faste et le luxe des courtisans sous l'ancienne monarchie française fut scandaleux. Quelques détails mon-
treront jusqu'où peut aller la corruption des gouvernements et la prodigalité de leurs chefs, et tiendront peut-
être en garde, à l'avenir, contre les abus de cette nature.

Sous Henri II, le connétable de Montmorency, la du-
chesse de Valentinois et le maréchal de Saint-André se faisaient instruire par les médecins de la mort prochaine de
ceux qui possédaient des emplois et des bénéfices pour se
les faire attribuer. Leurs richesses devinrent immenses.

Le maréchal d'Ancre avait acquis par la concussion et
la prévarication, en peu d'années, une fortune de 15 mil-

---

[1] *Télémaque*, liv. XXIII.

lions, soit près de 40 millions de francs de notre monnaie [1], sans compter le revenu de ses charges et de ses
gouvernements. Le duc d'Albert de Luynes, favori de
Louis XIII, persuada à ce dernier de faire exécuter le
maréchal; ce conseil fut suivi par le roi, qui en rendit
compte en ces termes au Parlement:

« Il a volé mes finances et baillé mes fermes à qui
« bon lui a semblé, pour tel prix qu'il a voulu; s'est fait
« engager les tailles de la Normandie depuis la mort du
« feu roi mon père; a tiré de mon épargne 12 ou 15 mil-
« lions de livres; et, depuis sa mort, on a trouvé dans
« ses pochettes pour 1,963,000 livres de promesses de
« Feydeau, Camus et autres, ses confidents. »

Louis *le Juste*, au lieu de restituer le vol au trésor public le transporta à Luynes, ne faisant que changer le
nom du possesseur de ces richesses *volées*.

Le cardinal de Richelieu donnait pour étrennes, chaque année, à un de ses favoris, la permission secrète de
prendre 400,000 livres, soit 900,000 francs de notre
monnaie, sur les premiers fonds qui rentreraient au
trésor.

Fouquet faisait au roi, chaque année, des avances qu'il
payait 5 p. 100 à ses créanciers, et dont il recevait du roi
15 p. 100; ce qui lui procurait un bénéfice annuel de 2 à
3 millions de francs, sans compter ses charges et étrennes
qui lui rapportaient 1,500,000 livres de notre monnaie.
Mais outre ces bénéfices presque légaux, il volait le trésor public avec la complicité de tous les principaux employés. Plus de trente d'entre eux amassèrent en peu
d'années 12 ou 14 millions de biens; sans compter les

---

[1] Le marc étant à 21 livres et aujourd'hui à 52 livres. Sous François Ier il était à 13 livres. Sous Charles VII à 9 livres.

millions qu'ils engloutirent par le faste le plus insolent [1]. Ainsi on les voyait, dans une seule nuit, perdre chacun 5 à 600,000 livres au jeu [2]. Fouquet dépensa 50 à 60 millions en peu d'années ; il épargna en outre un énorme capital et enrichit ses parents, ses maîtresses et ses courtisans. Il avait gagné à poids d'or toutes les personnes qui approchaient la famille royale et le cardinal, il savait tout ce qui se passait. De 1656 à 1659, un déficit de 320 millions, soit 600 millions de notre temps, sur ce qu'on appelait *les ordonnances de comptant*, se manifesta dans le trésor au lieu du déficit ordinaire de 10 millions par an.

Le cardinal Mazarin avait un revenu de 16 millions de notre monnaie, en abbayes, places, etc. Il avait capitalisé, en dix années, 66 millions de notre monnaie, qu'il laissa par son testament ou dont il dota ses nièces ; et, en outre, il dépensait par an, en moyenne, 5 à 6 millions ; de sorte qu'on évalue ce qu'il vola à la France à 148 millions de notre monnaie [3]. On ne comprend point dans ces sommes la fondation du collège Mazarin, ni sa bibliothèque, ni les dix-huit gros diamants qu'il laissa à la couronne.

Louis XIV donnait à la Fontange, chaque année, 7 millions de notre monnaie, sans compter ce que lui coûtaient la Montespan, la Maintenon, etc. Il n'est pas nécessaire de rappeler les autres dépenses fastueuses de Louis XIV qui, dans la construction du palais de Versailles, engloutit 188 millions ; ce qui, à 27 francs le marc, ferait aujourd'hui plus de 380 millions. Et toutes ces dépenses stériles n'avaient d'autre objet que de satis-

[1] *Mémoires* de Colbert.
[2] Ce qui fait presque le double aujourd'hui, le marc étant alors à 28 livres.
[3] Sénac, p. 215.

faire la vanité d'un homme qui possédait déjà plusieurs palais somptueux!

Colbert, que l'on représente comme une espèce de puritain, laissa 30 millions, malgré les dépenses qu'il fit en bâtissant Sceaux, et en vivant somptueusement durant les vingt-trois ans qu'il occupa le ministère.

Louvois, en bâtissant Meudon, disait : *Je suis sur mon quatorzième million* (26 de notre temps), et il avait, en outre, d'autres biens qui valaient 15 ou 20 millions de ce temps-là.

Le fameux cardinal Dubois avait plus de 2 millions de rente, soit près de 4 millions d'aujourd'hui.

Parlerai-je des richesses de Necker, cet autre faux puritain, cet agioteur hypocrite qui profita de ses ministères pour acquérir plus de 40 millions. Depuis ce temps, des courtisans, maréchaux, ministres, ambassadeurs, agioteurs, etc., acquirent en peu d'années, les uns 20, les autres 50 millions!...

§ IV. — Des lois somptuaires. — Qu'elles étaient utiles à certaines époques et dans certains pays. — Réfutation d'un préjugé trop répandu sur l'utilité du luxe. — Quelle doit être sa limite.

Il y a eu dans la plupart des pays des lois somptuaires, tendant à proscrire ou à limiter certaines consommations et à restreindre les dépenses extravagantes des citoyens.

La république de Gênes interdit l'usage des diamants et des étoffes d'or.

Au treizième siècle, Jacques Ier d'Aragon ordonna que le roi ni aucun de ses sujets ne pourraient manger plus de deux sortes de viande à chaque repas, et que chacune ne serait préparée que d'une seule manière ; à moins que ce ne fût du gibier qu'on eût tué soi-même. En Suède, on a prohibé les vins fins et d'autres marchandises précieuses; mais ce fut par un motif différent : on dut craindre que l'importation de marchandises étrangères d'un prix trop élevé n'exigeât une trop grande exportation des indigènes; ce qui priverait les classes pauvres d'objets indispensables pour satisfaire les fantaisies des riches. La loi d'Aragon voulut rendre la population frugale, l'arrêter sur la pente de la corruption et ramener autant que possible à l'égalité. C'était un but politique; tandis que la loi suédoise était simplement économique. Les anciens rois de France ont souvent aussi réglé les repas comme Jacques Ier et Lycurgue. Élisabeth, cette glorieuse reine d'Angleterre , proscrivit les carrosses, les larges fraises, les longs manteaux, les longues épées, les longues pointes sur la bosse des boucliers, et tout ce qui était superflu dans les vêtements et les armes.

« Ces lois eurent un mauvais résultat, dit-on, parce
« qu'elles étaient une infraction au droit de propriété et
« rendaient les citoyens moins actifs, en leur enlevant la
« libre disposition des fruits de leur industrie. De plus,
« les lois somptuaires sont tout à fait partiales et vexa-
« toires. Ce qui est folie et prodigalité pour l'un n'est
« qu'une dépense raisonnable pour l'autre. Si donc on
« interdit cette dépense au prodigue, on retranche à
« l'autre des jouissances légitimes et qui l'ont encouragé
« à augmenter son capital. N'oublions jamais que l'État
« n'a été institué que pour protéger les droits et les libertés
« de tous. Si l'État n'est pas ruiné par sa propre extrava-
« gance, il ne le sera jamais par celle de ses sujets. »

Ce bon mot est juste ; mais, en général, les économistes blâment trop légèrement les législations anciennes.
La plupart des lois somptuaires avaient pour but, ou de

diminuer le faste des riches et l'envie des pauvres, ou de
forcer les riches à répandre leurs richesses en objets de
consommation plus utiles au peuple, ou, enfin, de protéger l'hygiène publique. Ainsi, Mahomet interdit l'usage
du vin et du porc, parce que les mahométans ne sont que
trop disposés à s'adonner à cette consommation qui, dans
leur pays, est aussi nuisible qu'elle est utile aux peuples
du Nord.

Le docteur Jonhson a commis une erreur, tout en se
moquant des autres.

« Une foule de choses qui sont fausses, dit-il, se trans-
« mettent de livre en livre et obtiennent crédit dans le
« monde. Parmi ces choses, il faut compter les déclama-
« tions contre les maux qu'entraîne le luxe. Or, la vérité
« est que le luxe produit beaucoup de bien. Un individu
« donne une demi-guinée pour un plat de petits pois. A
« combien de travaux de jardinier cela ne donne-t-il pas
« lieu? Combien de travailleurs la concurrence doit-elle
« employer pour avoir de bonne heure cette denrée sur le
« marché? Vous entendez dire très-gravement : Pourquoi
« n'a-t-on pas donné à un pauvre cette demi-guinée dé-
« pensée ainsi pour une denrée de luxe? Hélas ! cette
« demi-guinée n'est-elle pas parvenue au pauvre indus-
« trieux, qu'il vaut mieux soutenir que le pauvre pares-
« seux? Vous êtes bien plus assuré de faire le bien en
« donnant de l'argent à ceux qui travaillent, qu'en le
« donnant par pure charité. »

Son raisonnement n'est pas exact ; car il n'est pas ici
question d'opter entre l'aumône mal placée et le travail.
Le jardinier employant une semaine à produire un plat
de petits pois, qui ne fait pas le quart du dîner d'un riche,
aurait pu produire de quoi alimenter dix hommes pendant une journée. Le docteur Jonhson est donc réfuté par

le principe établi plus haut, qui est de tendre de plus en
plus à la production des objets nécessaires d'abord, et des
objets utiles ensuite. Ce n'est qu'après avoir satisfait à
l'indispensable et à l'utile de tous, que l'agréable ou le
luxe doit être recherché; et seulement alors sa production est utile à l'humanité.

Néanmoins, certains philosophes ont commis des exa-
gérations dans un sens contraire. Sénèque disait : « Si tu
« veux devenir riche, ne cherche pas à augmenter tes
« richesses, mais à diminuer tes besoins. » C'est une sage
maxime de philosophie, dont on peut profiter toujours.
On doit dompter l'envie et l'amour du luxe; et je crois
qu'il n'y a pas assez d'hommes qui respectent la maxime
de Sénèque. Mais si on la prenait à la lettre, les populations décroîtraient bientôt misérablement. Les hommes
qui manquent d'ambition et d'activité tombent à la charge
des autres [1]. En général, l'indolence des peuples provient
de la facilité avec laquelle ils se procurent des moyens de
vivre. Ainsi, les Mexicains, vivant de la banane et n'ayant
guère à combattre l'intempérie, par conséquent à s'occuper ni du logement, ni du vêtement, sont aujourd'hui pa-
resseux et dégradés. D'habiles observateurs croient que
la destruction du bananier pourrait seule les rendre industrieux.

On allègue encore que « le bonheur de l'espèce hu-
« maine n'est pas augmenté par l'incessante acquisition
« de nouvelles jouissances; que l'Irlandais, le Groënlan-
« dais sont aussi heureux, avec leurs pommes de terre,
« que nous, avec nos pâtés de foie gras et nos vins de
« Champagne. »

Ils ne sont point aussi heureux, puisqu'une mauvaise

---

[1] Paley, Mac-Culloch, t. II, p. 233.

récolte en fait mourir de faim des tribus entières. Les
pays civilisés et riches sont seuls à l'abri de la famine ;
car l'homme n'atteint le nécessaire continu que lorsqu'il
a recherché le superflu. En second lieu, la recherche de
jouissances nouvelles est conforme à la nature de l'homme.
Saint-Just et quelques autres se sont fourvoyés en voulant imiter Minos et Lycurgue. « L'homme est un être
progressif et non stationnaire, dit Mac-Culloch, et c'est
pourquoi le bonheur de tout peuple échappé à la barbarie
ne consiste jamais dans la paresse, mais dans un déploie-
ment continuel d'énergie intellectuelle et matérielle. »

Des philosophes, et Salluste lui-même, ont mal raisonné
en attribuant la décadence de Rome au luxe et aux arts.
Ce n'est pas la délicatesse dans les plaisirs qui engendre
nécessairement la vénalité et la corruption ; parce que le
portefaix sera aussi corrompu par une bouteille de vin
qu'un député par un festin somptueux. Le sentiment de
l'honneur et de la vertu seul éloigne la corruption ; le
mal ne vient jamais de l'espèce des articles consommés ;
mais de ce qu'ils excèdent les moyens du consommateur.
Donc, recommander la pauvreté est un bon conseil, qui
signifie que l'on ne doit pas s'enrichir par des moyens
illicites ; mais il n'exclut ni l'ambition ni le travail. Si
Rome dégénéra vers l'époque où le luxe et le faste y
furent introduits, ce fut à cause de sa mauvaise administration et de la trop vaste étendue de ses conquêtes[1].
L'Angleterre ni la France n'ont point dégénéré quand le
luxe s'introduisit dans leur sein. Au contraire, leur liberté
s'accrut ainsi que la bravoure de leurs armées. Si les milices italiennes du moyen âge étaient si mauvaises, la cause
n'en venait point du luxe et des arts qui faisaient briller

[1] David Hume, *Essai sur le luxe*.

ces républiques, mais de ce que les citoyens ne formaient pas le fond des armées remplies de mercenaires[1].

« Il importe peu, dit Paley, au but principal du commerce, que les articles fournis par lui soient inutiles, que le besoin soit réel ou imaginaire. Une montre peut être inutile à un paysan ; cependant s'il cultive la terre en vue de se la procurer, le véritable but du commerce est rempli. L'horloger, en polissant cette montre, contribue aussi efficacement à la production du blé que s'il maniait lui-même la charrue. »

Cela n'est vrai que jusqu'à un certain point ; car si le paysan achète une montre en se privant d'aliments substantiels, ou en privant ses enfants de l'instruction, son luxe est nuisible à la société comme à lui-même.

Tout ce qui tend à accroître la richesse publique doit augmenter la richesse privée, comme le travail et l'épargne des individus sont la source et la mesure de la richesse nationale. « Tout accroissement de sécurité, de liberté et d'intelligence est un bienfait, dit Mac-Culloch, comme toute diminution de l'un de ces avantages ou de tous à la fois est un malheur. » Il n'y a pas d'opposition inhérente et réelle d'intérêts entre les diverses classes de la société, qui dépendent les unes des autres ; mais toute faveur accordée à l'une aux dépens des autres est immédiatement préjudiciable au public.

En résumé, l'on doit blâmer les dépenses extravagantes et l'imprévoyance des gouvernements et de certaines catégories qui, voyant qu'ils ne consomment pas en réalité leurs propres richesses, s'entourent de faste au détriment de l'alimentation des indigents. N'oublions pas que l'État ne peut percevoir de l'argent que pour la sûreté

---

[1] Machiavel, *les Sept Discours sur l'art de la guerre. Le Prince.*

et la bonne administration de la chose publique, et que l'économie dans les dépenses est, en toute occasion, la première vertu d'un gouvernement, comme des classes riches, et le plus impérieux de leurs devoirs. « L'esprit d'économie dans une nation, dit Turgot, tend à augmenter sans cesse la somme de ses capitaux, à accroître le nombre des prêteurs, à diminuer celui des emprunteurs. L'habitude du luxe fait précisément le contraire ; on peut donc juger si le luxe enrichit une nation ou s'il l'appauvrit. »

CHAPITRE II.

DES CONSOMMATIONS PUBLIQUES ET DE L'IMPOT EN GÉNÉRAL.

§ I. — Objet de l'impôt. — Du mode de recouvrement. — Des traitants et de leurs exactions.— Chambre de justice établie contre eux
sous Louis XV.— Applaudissements du public à toute bonne justice.
—Comment la Convention nationale en finit avec les fermiers généraux.

Les consommations publiques ou dépenses nationales
sont aussi reproductives ou improductives. Les principales sont celles relatives à l'administration, à la justice,
à la défense nationale, aux secours publics, aux voies de
communication, à l'instruction publique, etc. Ceux qui
en sont chargés font des travaux spéciaux que l'on
nomme vulgairement *fonctions publiques*, qui sont exer-
cées ou doivent l'être dans l'intérêt de tous. C'est par
l'impôt que s'opère l'échange entre eux et les particuliers [1].

Les producteurs sociaux, dans les premiers temps,
percevaient la rétribution de leur travail par des rentes
en nature et des dimes. Une partie des produits publics,

---

[1] Le Trésor public ne peut être alimenté que par les impôts et les
emprunts (qui ne sont qu'un-impôt détourné, ainsi qu'on le verra
plus loin). Leur origine est dans le revenu des deux instruments de
la production, la terre et le travail. La guerre ne peut remplir un
trésor, parce qu'elle fait toujours dépenser plus que l'on n'en peut
retirer.

les routes, les monuments publics étaient obtenus au moyen de travaux individuels qu'on appelait *corvées*. Le développement de la circulation, l'abolition des castes transformèrent ce système en payement en argent.

L'impôt peut être établi sur les personnes, ou sur les immeubles, ou sur les marchandises, ou sur les capitaux mobiliers, ou sur les revenus provenant du travail; il l'est souvent sur deux ou trois de ces choses. On distingue entre sa *base*, son *assiette*, son mode de *répartition* et son mode de *recouvrement*.

La base de l'impôt est la personne ou la chose qu'il frappe. On l'appelle *contribution*, s'il porte sur des personnes libres et égales; *tribut* ou *capitation* s'il porte sur des vaincus ou des hommes privés des droits politiques.

L'*assiette* de l'impôt est la base d'estimation de la valeur sur laquelle il frappe. L'impôt foncier est assis sur le revenu net des propriétés foncières, évalué suivant certaines règles. L'impôt sur les boissons est assis en partie sur la circulation, en partie sur la vente en détail, en partie sur la fabrication.

On distingue deux manières générales d'asseoir l'impôt : le système direct et le système indirect.

Par les contributions directes, on exige directement et nominativement du contribuable une partie de son revenu, suivant certaines indications apparentes, telles que sa personne, ses propriétés foncières, son logement, son mobilier.

Par les contributions indirectes, on taxe le contribuable en raison de la marchandise qu'il achète pour son travail ou sa consommation particulière, ou qu'il fait transporter d'un lieu dans un autre. Tels sont les impôts sur les vins, sur les tabacs, etc. Certains contribuables ne font que l'avance de cet impôt, dont ils obtiennent le remboursement des mains d'autres personnes.

Les impôts sont de *répartition*, quand la somme totale est fixée d'avance pour être répartie entre les individus. Ils sont de quotité, quand c'est la part individuelle qui est fixée d'avance et que la somme totale n'est que le produit des parts individuelles. Les impôts de répartition produisent un peu moins que la somme, à cause des non-valeurs ; les impôts de quotité croissent avec la population et les revenus.

Il y a deux modes de lever les impôts : ou on les donne à ferme à des particuliers qui payent à forfait un droit fixe à l'État, et gardent pour eux tout le reste ; ou on les met en régie, c'est-à-dire que le gouvernement les lève lui-même par ses employés. Le premier mode était autrefois pratiqué en France ; mais depuis la révolution, c'est la régie qui lève les impôts.

Jusqu'en 1789, les particuliers chargés de leur recouvrement étaient appelés *traitants* ou *fermiers généraux*. Ils avaient aussi l'habitude, comme les banquiers de la cour, de faire des avances au roi sur la rentrée des impositions, moyennant un intérêt usuraire.

On a calculé que les bénéfices nets des fermiers généraux et trésoriers de France, sans compter les banquiers de la cour, depuis 1726 jusqu'en 1776, se sont élevés à 1719 millions, ce qui fait près de 3 milliards de notre monnaie. Ils se sont répartis sur quatorze cents personnes, dont deux, Samuel Bernard [1] et Montmartel acquirent chacun un capital de 33 à 35 millions ;

---

[1] C'est par erreur que la plupart des écrivains ont cru juif ce Samuel Bernard, qui était le fils d'un peintre distingué de Paris et catholique comme lui. A sa mort, on reconnut par son inventaire qu'il avait 5 millions prêtés sans intérêt. (*Dict. hist.* de Chaud. et Deland.)

Trois de 10 millions;

Cinq de 8 millions;

Cinquante de 4 millions.

Ces richesses acquises rapidement sans travail corrompirent les mœurs, scandalisèrent le peuple[1], détruisirent l'émulation, et entraînèrent nombre d'hommes à négliger le travail pour chercher à s'enrichir plus promptement. Ainsi, quand les Espagnols trouvèrent de l'or au Pérou, ils ne songèrent plus à labourer la terre ni à défricher les forêts.

Peu importait aux fermiers que les citoyens fissent banqueroute, après l'expiration de leur bail, puisque leur intérêt n'en pouvait souffrir. Ils n'avaient pas d'entrailles : les lois les plus rigoureuses leur paraissaient toujours trop douces pour les contribuables, qui, dans beaucoup de cas peu graves, étaient punis des galères et de la potence[2]. Quand l'État avait de grands besoins, le fermier menaçait de ne pas faire ses versements, et le gouvernement lui accordait toutes les lois sanguinaires et rapaces qu'il sollicitait. Il lui donnait aussi de nouveaux monopoles; car, outre que les fermiers avaient la perception, ils jouissaient en même temps de certains monopoles sur le sel, le tabac, etc.

Les ministres ne savaient rien refuser aux gros financiers, quoique ce fût alors l'usage à la cour de les mépriser, parce qu'ils étaient roturiers. Au commencement du dix-huitième siècle, Samuel Bernard était flatté plus que

---

[1] « Car, dit Smith, la sotte vanité qui accompagne presque toujours ces fortunes subites, la ridicule ostentation avec laquelle « les enrichis étalent pour l'ordinaire leur opulence, allume encore « cette indignation. »

[2] Rapport de Montesquiou à l'Assemblée constituante.

les princes eux-mêmes par Louis XIV, à qui il prêtait
à 15 p. 100, lorsque l'intérêt légal était à 5 p. 100, et que
les républiques italiennes n'empruntaient qu'à 4 p. 100.

· Je ne puis comprendre qu'un prince tolère la puissance
des traitants, car, dit Montesquieu [1], « comme celui qui a
« de l'argent est toujours le maître de l'autre, le traitant
« se rend despotique sur le prince même : il n'est pas
« législateur, mais il le force à donner des lois. Tout est
« perdu lorsque la profession lucrative des traitants par-
« vient encore, par ses richesses, à être une profession ho-
« norée. »

L'immixtion des financiers, des traitants dans les
affaires publiques fut une véritable calamité; ils les em-
brouillèrent davantage, afin de masquer leurs rapines,
comme firent les Fouquet, les Calonne, les Necker, et
tant d'autres... Sous le ministère de Fouquet, ils avaient
prêté au gouvernement avec une usure telle, que, pour y
mettre un terme, Colbert fit rendre un arrêt du conseil
qui condamnait à mort tout traitant qui prêterait au roi.
Mais il laissa tomber en désuétude cette ordonnance aussi
bizarre que cruelle, parce que les folles dépenses de son
maître l'obligèrent de recourir encore à ces usuriers.

Le régent, sous Louis XV, établit une chambre de justice [1], dont le préambule de son édit motive assez bien
l'objet. « Les rois nos prédécesseurs ont établi en diffé-
« rents temps des chambres de justice pour réprimer les
« abus et réparer les désordres commis dans leurs finan-
« ces... Les fortunes immenses et précipitées de ceux qui
« se sont enrichis par ces voies criminelles, l'excès de leur
« luxe et de leur faste qui semble insulter à la misère de

[1] *Esprit des lois*, XIII, 19.
[1] En mars 1716.

« la plupart de nos sujets sont déjà par avance une preuve
« manifeste de leurs malversations. Les richesses qu'ils
« possèdent sont les dépouilles de nos provinces, la sub-
« stance de nos peuples et le patrimoine de l'État. Bien
« loin qu'ils en soient devenus légitimes propriétaires, ces
« manières de s'enrichir sont autant de crimes publics. »
Le préambule rappelle les peines prononcées contre l'u-
sure, la concussion et le péculat sous les règnes de Phi-
lippe le Bel, de Louis X, de Charles VII, de François Ier
et de Louis XIV, et ajoute que « l'exécution de ces lois
« n'a jamais été plus nécessaire que dans un temps où les
« crimes qu'elles condamnent ont été portés au dernier
« excès. »

La chambre de justice taxa quatre mille quatre cent dix
individus dont les biens montaient à 800 millions, de leur
propre aveu, quoiqu'ils fussent entrés dans les finances
sans fortune. Elle leur laissa 493 millions, leurs dettes
payées. Le public accueillit avec faveur ces restitutions,
et il y applaudira toujours ; car, s'il ne pend plus les voleurs, il aime et a toujours aimé qu'on leur fasse bonne
justice.

En 1794, presque tous les fermiers-généraux, con-
vaincus de concussions, d'escroqueries et de complicité
d'assassinats judiciaires [1], furent suppliciés, et leurs biens
restitués au trésor public. Les fermes ayant été supprimées, et l'impôt perçu par la voie de régie, les exactions
directes des traitants cessèrent forcément, quoique le public fût souvent encore indirectement spolié par les gros
financiers...

---

[1] Rapport de Dupin à la Convention.

§ II. — Énumération des quatre règles fondamentales de l'impôt. —
Inconvénients des impôts excessifs. — Réfutation d'un préjugé de
Voltaire. — Persécution de Daniel de Foé et de Wakefield par des
ministres dilapidateurs. — Erreur de Montesquieu sur la modération des impôts dans les pays despotiques. — L'impôt doit contre-
balancer les inégalités sociales.

M. Smith a posé les quatre règles fondamentales de
l'impôt.

Première règle. Les sujets d'un État doivent contribuer au soutien du gouvernement, chacun, autant qu'il
est possible, en proportion de ses facultés.

Deuxième règle. La quote-part de l'impôt que chacun
est tenu de payer doit être certaine, et non arbitraire.

Troisième règle. Tout impôt doit être perçu à l'époque
et selon le mode qu'on peut présumer le plus commodes
pour le contribuable.

Quatrième règle. Tout impôt doit être calculé de manière à ce qu'il fasse sortir des mains du peuple le moins
d'argent possible au delà de ce qu'il rapporte au trésor de
l'État; et en même temps à ce qu'il tienne cet argent le
moins longtemps possible hors de la bourse du public[1].

En général, les gouvernements modernes ont mis les
ressources à la discrétion des besoins, tandis que la plus
importante maxime, de l'administration des finances est
de travailler avec beaucoup plus de soin à prévenir les
besoins qu'à augmenter les revenus[2]. Cette maxime, que
des écrivains de nos jours ont souvent attaquée, est pourtant d'une éternelle vérité. Mais pour briller, ou dans l'espoir de se faire des créatures, on s'inquiète peu de l'avenir et l'on dit : *cela durera autant que moi.* Néanmoins

---

[1] *Richesse des nations,* V, II.
[2] J.-J. Rousseau, *Disc. sur l'Écon. polit.*

arrive toujours le moment où le prince reconnaît qu'il a
eu tort de différer à soulager le peuple, car les impôts excessifs excitent toujours des murmures qui deviennent
fatals quand éclatent d'autres griefs.

C'est au sujet de l'impôt que les Etats-Unis se sont insurgés contre l'Angleterre : l'embarras des finances royales
a hâté l'avénement de la révolution française.

Les sophistes ont dit que l'impôt est le meilleur des placements, et qu'on ne saurait trop multiplier les contributions, pour mettre le gouvernement à même de faire jouir
les citoyens de plus d'avantages.

Si l'impôt favorise la production en donnant la sécurité
et en construisant ou entretenant de puissants instruments
de travail, il entraîne des pertes pour la société lorsqu'il
est trop lourd sans nécessité; par exemple, lorsqu'il est
consacré à de gros traitements *qui font aller le commerce.*
Quand Voltaire écrivait dans son *Dictionnaire philoso-
phique :* « Le roi d'Angleterre a un million sterling à dé-
« penser par an... Ce million revient tout entier au
« peuple, par la consommation. » Ce pauvre philosophe
commettait une étourderie [1]; car le roi d'Angleterre, recevant gratuitement des valeurs, n'en faisait pas don, mais
échange contre d'autres valeurs; *il faisait aller le commerce,* selon l'expression de Robert Hamilton, *comme
l'individu qui vole les écus d'un marchand et qui s'en sert*

---

[1] Ici Voltaire, soi-disant universel, et trop vanté de son temps,
méritait plus que jamais cette épithète de *pauvre homme,* que lui
infligea Rousseau dans ses *Confessions.* Le comte Joseph de Maistre,
dans ses *Soirées de Saint-Pétersbourg,* s'est montré moins poli en
disant de Voltaire, avec l'urbanité qui distingue tant les ultra-roya-
listes : *Il n'y a pas dans les jardins de l'intelligence une seule fleur
que cette chenille n'ait souillée.* (*Éclaircissements sur les sacrifices,*
ch. 1er, p. 386 en note.)

pour lui acheter sa marchandise. D'ailleurs, le gros traitement d'un fonctionnaire est dépensé suivant son caprice; et si moi, ébéniste, je lui paye une forte contribution, et qu'il n'achète pas de meubles, mais seulement des
tableaux, il ne m'en revient rien du tout.

L'immortel auteur de *Robinson*, Daniel de Foé, insinua
dans la *Réformation des mœurs*, que les dépenses de la
Cour étaient trop élevées. On le mit en prison. Il publia
Le court moyen contre les non-conformistes où il insistait
sur cette idée malencontreuse; on le mit au pilori. Comme
ses amis blâmaient son courage, il répondit : « Il ne dé-
« pend pas de moi de parler ou de me taire, et lorsque
« l'esprit souffle, il faut lui obéir... »

C'est ainsi que les ministres de certains rois appuient
leurs sophismes. En voici un autre exemple, résumé en ces
termes par P.-L. Courier : « Wakefield était un homme
de bien, fameux par son savoir. Les ministres, voulant
augmenter le budget, vantaient l'économie et la gloire
que ce serait à la nation anglaise de payer plus d'impôts
qu'aucune de l'Europe. Les impôts, selon eux, ne pouvaient être trop forts. Que l'on ôte à chacun la moitié de
son bien, le rapport des fortunes entre elles restant le
même, personne n'est appauvri. Si, disaient-ils, cette
maison s'enfonçait d'un étage ou deux, en gardant son
niveau, elle en serait plus solide. Ainsi, la réduction de
toutes les fortunes au profit du Trésor consolide l'État, et
cette réduction est une chose en soi absolument indiffé-
rente... *Oui, bien pour vous*, dit Wakefield dans un écrit
célèbre alors, *pour vous qui habitez le haut de la maison,
mais nous, dans les étages bas, nous sommes enterrés, mon-
seigneur !* Ce mot parut séditieux, offensant le roi, la morale, subversif de l'ordre social; et le bon Wakefield, tra-
duit devant ses juges naturels qui tous dépendaient des

ministres, avec un avocat également naturel qui dépen-
dait des juges, son procès instruit dans la forme, s'entendit
condamner à trois ans de prison. Il n'y fut pas ce temps;
au bout de quelques mois, malade, ses amis, comme il
était peu riche, avaient souscrit entre eux pour que sa
femme et ses enfants pussent loger près de la prison :
mais, l'autorité s'y opposant au nom de l'ordre social, il
mourut sans secours, sans consolation, moins à plaindre
que ceux qui le persécutaient, car il avait pour lui l'ap-
probation publique, l'assurance d'avoir bien dit et bien
fait. »

D'autres ont prétendu qu'il faut de lourds impôts pour
rendre le peuple industrieux; ils ont tiré cette belle
conclusion de ce que l'on a vu de petits États misérables qui n'en payaient presque pas, et de riches qui en
payaient d'assez élevés. Si ces petits pays pauvres
payaient de légers impôts, c'est parce qu'ils avaient été
ruinés par leur excès; et d'ailleurs on aura de la peine à
faire entendre qu'il reste au peuple d'autant plus d'argent
qu'on lui en prend.

Lorsque les productions annuelles du pays surpassent
les consommations actuelles, le capital national augmente; quand la consommation annuelle n'est pas remplacée par la production, il diminue. De sorte que l'augmentation du capital peut être due à une diminution de
consommation, comme à un accroissement de production[1]. A mesure que le capital du pays diminue, sa production diminue pareillement. Donc, si le gouvernement
et la nation continuent à faire la même dépense, les ressources nationales déclineront successivement jusqu'à la
ruine[2].

[1] Ricardo, *Principes*, ch. VIII.
[2] Say, *Cours complet*, 8e part.

On objecte que l'Angleterre, malgré les dépenses énormes de ses guerres contre la France, il y a un demi-siècle, a vu croître sa production et son capital; et l'on en conclut que c'est la surcharge de ses taxes qui en a été la cause.

C'est le sophisme *post hoc ergo propter hoc*. Il est certain au contraire que, sans ces impôts extraordinaires, la richesse de ce pays eût été bien plus considérable. En effet, outre l'évidence de cet argument, je dis que tout impôt atteint le capital ou le revenu. S'il frappe le capital, il diminue d'autant le fonds, qui est une des grandes sources de la production. S'il frappe le revenu, il affaiblit l'accumulation, et par conséquent le capital, ou il impose aux contribuables des privations pour combler le vide fait par l'État dans leur bourse.

Montesquieu a trop souvent posé un principe sur la considération d'un seul fait, par exemple, quand il dit que les impôts sont toujours modérés dans les pays despotiques, et toujours élevés dans les pays libres ! D'abord il contredit sa définition brillante du despotisme, qu'il compare aux sauvages de la Louisiane abattant l'arbre dont ils veulent le fruit. En second lieu, Montesquieu, en basant sa proposition sur la Turquie, n'a pas considéré que les pachas étaient les fermiers généraux du sultan; et que, outre la somme qu'ils lui rendaient, ils rançonnaient leur province de façon à en tirer encore autant pour eux, sans compter ce que leurs agents extorquaient pour eux-mêmes. De plus, le sultan faisait de temps en temps étrangler ses visirs et pachas pour leur prendre ce qu'ils possédaient et l'ajouter à ses revenus annuels. Ainsi, bien que le sultan parût ne percevoir qu'un impôt de 120 millions, cette somme était peut-être décuplée par la concussion

En Chine, les impôts sont très-lourds. Che-Kiat en

parle ainsi : « Ce ne sont qu'impôts, douanes et prohibitions : il y en a sur les montagnes et dans les vallées, sur
les viviers et sur les mers, sur le sel et sur le fer, sur le
vin et sur le thé, sur les toiles et sur les soieries, sur les
marchés et sur les passages, sur les vaisseaux et sur les
ponts. »

Le peuple napolitain, accablé sous les impôts et les
charges de toutes natures, députa vers le duc d'Arcoz,
vice-roi, pour s'en plaindre. — *Eh bien !* répondit le duc,
vendez l'honneur de vos femmes et de vos filles, et appor-
tez-m'en le produit.

Avant la révolution française, le peuple payait peut-
être le double de ce qu'il paye aujourd'hui, quoiqu'il
n'entrât pas dans les coffres du gouvernement le quart
des impôts actuels. Mais la dîme, les corvées, les banali-
tés, les épices et autres abus rançonnaient et ruinaient
les citoyens. Les nobles et le clergé, propriétaires de plus
des deux tiers du territoire, étaient affranchis de tout
impôt; en outre, les premiers jouissaient depuis plusieurs
siècles de toutes les fonctions richement salariées et de
ces scandaleuses pensions inscrites sur le *livre-rouge.*

Ce n'est donc pas le degré de liberté qui élève les impôts. On comprend qu'ils doivent souvent être moindres
dans certains gouvernements despotiques où la misère est
affreuse, où la dépopulation commence, où l'on ne peut
presque plus rien prélever pour l'impôt, à force d'en
avoir abusé. Montesquieu aurait dû traiter d'impuissance
ce qu'il décore du nom de modération. Mais, dans un pays
libre, la richesse est plus générale, et l'impôt mieux réparti. Chacun en profite; on le paye facilement; il peut
donc être plus élevé, surtout parce qu'il est mieux employé. Ainsi, les impôts consacrés à la production de l'indispensable et au soulagement de l'indigence ne sont

jamais excessifs. Le gouvernement doit donc incessamment s'efforcer de rendre les dépenses productives.

Chacun doit contribuer aux charges sociales en raison
des avantages qu'il trouve dans la société. L'impôt doit
contre-balancer les inégalités consacrées par les mœurs
ou les lois, et porter notamment sur les consommations
qui sont à l'usage des plus riches et sur les objets d'une
utilité secondaire. Toutefois, on doit avoir bien soin de le
modérer de façon qu'il n'augmente pas tellement les frais
de production, que la consommation en soit abandonnée ;
et qu'il ne retombe pas indirectement sur les produits
indispensables à l'usage des pauvres.

Il est avéré que l'impôt modéré et bien assis produit
davantage que celui dont le taux est élevé, et l'assiette
vicieuse. Les financiers les plus habiles, tels que Huskis-
son et Robert Peel ont procédé au dégrèvement, pour
augmenter les recettes du trésor public ; et ils ont réussi
chaque fois.

§ III. — De l'impôt fixe. — De l'impôt proportionnel. — De l'impôt
progressif. — Réfutation des objections soulevées contre ce dernier
système.

Il y a trois systèmes d'impôts : l'impôt fixe, l'impôt
proportionnel, l'impôt progressif.

L'impôt fixe est essentiellement inique. C'est évident,
car l'ouvrier qui gagne 600 francs par an ne doit pas
payer autant que le médecin qui gagne 60,000 francs.

L'impôt proportionnel est exigé en raison directe de
chaque revenu. Il est généralement pratiqué, quoique la
variabilité de la valeur le rende très-inégal. Ainsi, quand
on établit une taxe de 20 francs, elle ne pèse pas de la
même façon sur tous les contribuables, parce que la

valeur de cette somme est différente selon les localités.

L'impôt progressif est celui qui, ne prenant rien ou presque rien au citoyen malaisé, taxe les revenus privés à des taux croissant à mesure que ces revenus deviennent plus considérables. Il n'a jamais été appliqué en France qu'aux contributions municipales.

La loi d'Athènes avait partagé les citoyens en quatre classes. Ceux dont le revenu montait à 500 mesures étaient imposés à 1 talent ou 60 mines ; ceux qui avaient 300 mesures payaient 30 mines ; ceux qui avaient 200 mesures en payaient 10, et ceux de la dernière classe étaient exempts d'impôts. Le législateur avait équitablement décidé que chaque homme a un nécessaire physique égal, que l'on ne doit point taxer ; ceux qui avaient l'aisance devaient payer, mais moins que ceux qui jouissaient du superflu[1].

L'impôt progressif est approuvé par Montesquieu, A. Smith et J.-B. Say. J'y ajouterai une autorité bien plus grave encore, celle de la Convention nationale qui en décréta le principe en 1793.

On objecte que « la progression, en se développant, finirait par absorber tout le revenu. En n'exigeant rien d'un revenu de 100 francs, mais en faisant payer à un revenu de 200 francs, 10 pour 100 d'impôt ; à un revenu de 300 francs, 11 pour 100 ; à un revenu de 400 francs, 12 pour 100, et ainsi de suite, on arriverait bientôt à un revenu qui payerait 100 pour 100, c'est-à-dire à ·1 impôt qui en absorberait la totalité. »

Je ne pense pas qu'il y ait des économistes assez naïfs pour entendre ainsi la progression. Il s'agit d'établir une échelle de faibles tantièmes, afin que le maximum de

[1] Aristote, *Polit.*

l'impôt progressif s'arrête, par exemple, au quart du revenu, quel qu'il soit. Autrement, il empêcherait l'accumulation du capital. L'impôt du loyer à Paris est progressif sans être spoliateur.

« Mais, dit-on, si vous limitez la progression pour n'être pas absurde, vous tomberez dans l'arbitraire. »

Presque tout est arbitraire dans les sciences morales et politiques, puisqu'il y a fort peu de principes absolus. Sans cela y aurait-il des disputes? Ne fait-on pas de l'arbitraire, quand, depuis soixante ans, l'on impose durement la propriété foncière et des denrées de première nécessité, tandis qu'on en affranchit d'énormes capitaux mobiliers et le luxe dévorant?

D'ailleurs, l'impôt progressif ne peut être appliqué à l'impôt indirect, lequel est nécessairement proportionnel à la quantité de la marchandise consommée, qui ne suit point la proportion de la fortune. En effet, un homme, qui jouit de 2 millions de revenu, ne consomme pas deux mille fois plus de vin que l'homme qui n'en a que 2,000 francs. Les petites fortunes sont donc, en ce sens, imposées progressivement ; et c'est pour remédier à ce vice des contributions indirectes, qu'il serait opportun d'établir une progression croissante dans l'impôt direct [1].

Deuxième objection. — « La difficulté de constater les revenus est un encouragement donné à la dispersion et au déguisement des fortunes. »

On peut faire cette objection à tout système d'impôt. Il est, en effet, difficile de déterminer d'une manière rigoureuse les revenus de chacun ; et, néanmoins, tous les gouvernements ont levé des contributions. L'*income-tax*

---

[1] Say, *Cours complet*, 8e part., ch. IV,

établi en Angleterre, et tout récemment l'impôt progressif réalisé en Bavière prouvent que la constatation des
revenus n'est nullement impossible. D'ailleurs, le contribuable a intérêt à déguiser sa propriété, même quand
l'impôt n'est que proportionnel.

Tous les impôts ont présenté plus de difficultés pour
leur perception dans le commencement qu'au bout de
quelques années. D'ailleurs, ils renferment tous des exceptions fort iniques ; par exemple, dans le système actuel, l'impôt sur les successions équivaut souvent à une
confiscation, puisque l'État ne tient pas compte des dettes.
Jamais l'impôt progressif n'arriverait à une aussi mon-
strueuse iniquité.

Le plus grand obstacle, dit-on, serait de trouver la
trace des biens et des valeurs des contribuables.

La difficulté ne serait pas aussi grande qu'on le croit.
Ainsi, quant aux immeubles, nul ne peut les dissimuler.
Quant aux baux, il est facile aux agents locaux de savoir
s'ils sont dans les prix courants. Quant aux sommes d'argent placé, la plus grande partie l'est sur hypothèque ou
sur l'État ; or, le registre des hypothèques forme une
preuve certaine de la propriété desdites rentes. Le Grand-
Livre de la dette publique la constate également, et il
suffira d'abolir les rentes au porteur.

Quant aux actions dans les sociétés anonymes, la loi
peut exiger qu'elles ne soient transmissibles que par la
voie de l'endossement ou par acte public, notifié, sans
frais, à la compagnie ; et alors les livres de celle-ci, men-
tionnant le nom et le domicile des porteurs, seraient à la
disposition du fisc pour la perception de l'impôt.

Tout contribuable serait obligé de faire sa déclaration
exacte. La plupart ne dissimuleraient rien, connaissant
les moyens de vérification ; parce qu'en cas de fraude on

les soumettrait au quadruple du droit sur la partie dissi-
mulée, et à une forte amende en sus, lorsque l'état de
leur fortune les rendrait moins excusables.

Troisième objection. — « Si l'impôt était progressif,
les individus n'auraient plus d'intérêt à augmenter leur
revenu ; or, ce serait nuire à l'accroissement de la richesse
nationale qui ne peut avoir lieu : 1° que quand les efforts
de chacun pour améliorer sa position sont récompensés ;
2° quand le goût de l'épargne s'étend incessamment. Or,
l'impôt progressif affaiblit nécessairement ces deux mobiles en ôtant au travail une partie des profits dont il a
besoin pour conserver son énergie, et en atténuant le
désir d'amasser qui accroît les capitaux. C'est atteindre
et tarir les sources mêmes de la prospérité sociale. Ce
serait mettre une amende sur l'industrie et sur l'épargne ;
ce serait exciter à la dissipation plutôt qu'à l'accumulation des capitaux. »

Cette objection n'est nullement fondée. Pourquoi
l'homme, obligé de payer un peu plus en progression de
ce qu'il gagne, ne voudrait-il plus gagner ? Si, parce que
tu as 20,000 francs de rente, tu payes 2,000 francs d'impôt, ne tâcheras-tu pas d'en acquérir 40,000, parce qu'au
lieu de payer 2,000 francs en sus, tu auras à payer
2,500 francs ? Le stimulant n'est-il pas assez puissant ?

D'ailleurs, l'impôt progressif doit être appliqué pour
diminuer les inégalités de fortune. Or, la tendance à
l'égalité est le but de l'économie politique, comme de la
politique. L'objet de l'immuable justice est de réparer,
et non d'imiter les inégalités naturelles. Il est bien entendu que cette tendance ne doit pas tarir les sources de
la richesse nationale ; mais on vient de voir qu'on lui
laisserait un stimulant suffisant.

Quatrième objection. — « Les hommes veulent tirer de

leurs ressources et de leurs facultés le meilleur parti possible. Les capitaux affluent toujours où leur placement
rencontre à la fois le plus de sûreté et les plus gros bénéfices. De sorte que si l'impôt prend dans un pays une
portion des capitaux concentrés dans les mêmes mains
plus qu'aux autres, et en fait descendre le produit au-
dessous de la mesure normale, nombre de citoyens les
enverront chercher à l'étranger un meilleur profit. Aucune loi ne saura les empêcher de fuir la patrie. »

Cette objection ne concerne que certains capitaux mobiliers, tels que l'or et l'argent; car les immeubles restent toujours dans la patrie, ainsi qu'une immense quantité de mobilier qui est à l'usage quotidien des habitants.
Mais que seraient, en comparaison de la masse, quelques
capitaux que des avares, des mauvais citoyens enver-
raient dans les autres pays pour échapper à un impôt
vraiment national? Ceux qui en seraient tentés ne pré-
féreront-ils pas payer un peu plus pour avoir leurs capitaux sous la main, dans leur patrie, avec toute la
sécurité que celle-ci leur offre?... Car je ne pense pas
que les adversaires de l'impôt progressif aillent supposer
l'émigration des capitalistes, à cause de quelques parcelles
d'impôt.

D'ailleurs, et au fond, qu'importe que les capitaux
soient placés à l'étranger? Ils n'en sont pas moins soumis
à l'impôt progressif, comme ceux placés en France; et
pour s'en affranchir, il faudra que le rentier recoure à la
dissimulation, à la fraude, au mensonge; ce qu'il peut
faire dans tous les systèmes. Du reste, il est difficile
d'échapper à la surveillance communale en cette matière.

L'impôt progressif est donc équitable. Si l'on peut s'en
dispenser dans une société où la richesse est généralement

bien répartie et suffisante, il est essentiel, comme tran
sition, dans celle où une affreuse inégalité compromet
l'existence d'une foule de citoyens. En ce cas, il a pour
objet d'affaiblir le privilége.

CHAPITRE III.

DES IMPOTS DIRECTS.

§ I. — De l'impôt sur les personnes. — De l'impôt sur les professions.

Les principaux impôts directs sont établis sur les personnes, l'exercice des professions, la terre, les maisons, les transmissions à titre gratuit, celles à titre onéreux, le timbre.

Les impôts sur les personnes sont connus sous le nom de contribution personnelle. Ils s'adressent aux pauvres comme aux riches qui payent la même quotité.

Certaines professions sont assujetties, dans plusieurs pays, à une autorisation payée annuellement par celui qui en jouit. C'est ce qu'on appelle licence. La patente est un impôt qui s'étend à tous les métiers et professions. Les patentés sont obligés d'acquitter un droit proportionné à la valeur locative des logements et des ateliers ou magasins qu'ils occupent ; car la loi suppose qu'ils sont logés en proportion de leur fortune. C'est d'après le même principe que les tarifs sont proportionnés à la population du lieu où le patenté réside, parce que l'étendue du débouché local exerce ordinairement une influence marquée sur l'activité des affaires et les bénéfices du commerçant ou manufacturier ; néanmoins le gros commerçant fait des profits bien plus considérables que le petit, en com-

paraison de leurs patentes. Le patenté avance seulement
à l'État le montant des taxes exigées : c'est, en définitive, le consommateur qui les supporte; s'il en était autrement, le nombre des patentés se réduirait naturellement, parce que nul ne se livre à une profession qu'en
vue d'en retirer des bénéfices suffisants.

§ II. — De l'impôt sur la terre. — De l'impôt sur les maisons.

Les physiocrates voulurent imposer directement la
terre comme fournissant seule, à leurs yeux, une valeur
nouvelle excédant les frais de production; c'est-à-dire un
produit net. Quesnay rendait l'État copropriétaire de la
terre, dans une proportion fixe, et mettait le profit du
capital et le salaire du travailleur à l'abri des charges publiques. L'Assemblée constituante de 1789 entra dans les
vues de son école, en n'établissant guère que des contributions directes.

« La contribution la plus forte, dit-on, doit être imposée sur la rente de la terre; car la terre est un instrument de travail naturel, qui n'est propriété individuelle
qu'en vertu de la protection sociale. La contribution
frappant l'intérêt des capitaux doit être moins élevée,
puisque le capital est un produit du travail humain, et que
la société doit favoriser la capitalisation [1]. »

C'est faire une confusion. Il y a analogie complète
aujourd'hui entre la terre et les capitaux, puisque presque toutes les terres ont été acquises avec des capitaux mobiliers. L'on ne peut plus qualifier la propriété
foncière de monopole que dans le rigoureux langage de

[1] Ott., Écon. soc.

la science. Si les capitaux mobiliers sont acquis par le travail, est-ce que le défrichement et l'amendement de la terre n'ont pas été opérés par un travail plus pénible encore et moins fructueux? Est-ce que, tandis que le capital d'un marchand lui a rapporté 20 p. 0/0, et la terre du paysan 5 p. 0/0, l'épargne a pu être égale de part et d'autre?

« Le paysan, dira-t-on, n'a point couru la chance de perdre son instrument? »

Le fonds n'a pu disparaître matériellement, mais on a pu manquer, et l'on a souvent manqué d'obtenir la valeur espérée. Les tentatives faites en vue de cette valeur ont coûté des avances en salaires et en acquisitions de matières qui, dans ce cas, sont perdues pour le propriétaire.

Il y a deux impôts distincts sur les maisons et les constructions: l'un, qui porte sur le terrain bâti; l'autre, sur les bâtiments; le premier est purement foncier; le second, frappant sur les portes et fenêtres, manque d'équité. Le pauvre, qui a besoin comme le riche d'air et de lumière, est donc forcé, ou de s'en priver, ou de sacrifier proportionnellement une plus forte part de son revenu. Mais ordinairement il n'aère sa demeure que le moins possible, et sacrifie sa santé à la nécessité d'avoir moins à payer. Comme, dans le système économique actuel, les revenus trop bas devraient être exempts de l'impôt du revenu, de même les maisons, dont le loyer est inférieur à un certain chiffre, devraient être exemptes de l'impôt, puisque le principe veut qu'on en exonère les choses indispensables.

§ III. — De l'impôt sur les transmissions à titre gratuit. — Erreur de
Ricardo. — De l'impôt sur les transmissions à titre onéreux. — Nécessité de l'abaisser dès à présent. — Du timbre, des lettres missives et des journaux.

Les impôts sur les transmissions à titre gratuit ont pour
effet d'attribuer à l'État une portion de la valeur des
choses obtenues par legs, succession ou donation. Ils sont
bons, parce qu'ils n'atteignent que les particuliers qui
viennent de voir augmenter leur fortune. Mais il faudrait
prolonger le délai du payement ; car, quand l'État ne
laisse pas aux héritiers assez de temps pour se libérer, il
les contraint à des emprunts onéreux, ou à la brusque
aliénation avec perte d'une portion de l'héritage.

En France, on règle la somme due à l'État d'après la
valeur vénale des biens, sans tenir nul compte des dettes
et charges qui en atténuent la valeur réelle. Ceux qui héritent de propriétés grevées de dettes payent, proportionnellement à la valeur qui leur tombe en partage, bien
plus que ceux qui héritent de propriétés libres. Ce système, d'une iniquité criante, exige une réforme.

Il a été adopté, dit-on, *afin de prévenir les abus qu'en-
traînerait l'usage du dégrèvement pour cause de dettes.*

Il faut que ses auteurs aient été bien embarrassés pour
oser présenter un si misérable motif. Quels abus y aurait-
il en défalquant les dettes ? Craindrait-on que les héritiers
n'en simulassent ? Mais il y avait un moyen facile d'empêcher cette fraude, c'était de n'admettre que celles ayant
une date certaine avant le décès du testateur. D'ailleurs,
en cas de fraude allégué par la Régie, les tribunaux ju-
geraient l'affaire selon les présomptions, les interroga-
toires sur faits et articles, et toutes les autres voies d'instruction.

Ricardo prétend qu'on a tort en Angleterre d'établir des impôts sur les transmissions de propriétés du mort au vif. Si, dit-il, un legs de 1,000 livres est sujet à un impôt d'un dixième, le légataire regarde son legs comme de 900 livres, et n'épargne pas le droit sur sa dépense. Si, au contraire, on ne lui faisait payer le droit que sur son revenu, il eût dépensé moins chaque année, et le capital national fût resté le même. C'est une erreur. L'impôt sur le capital du legs ne diminue point le capital national, car la somme en sert à l'acquit d'une dette de l'État, ou à tout autre objet utile. D'ailleurs, qui prouve que le légataire n'emploiera pas immédiatement son legs soit à sa consommation, soit à l'extinction d'une dette?

L'impôt sur les transmissions à titre onéreux est le prélèvement proportionnel opéré, au profit de l'État, sur les propriétés foncières vendues ou échangées, ainsi que sur les obligations de payement. L'acheteur en acquitte le montant qui, en réalité, retombe sur le vendeur; car tout acheteur calcule ce que lui rapportera le capital qu'il place en immeubles, et suppute les droits à payer au fisc, pour réduire d'autant le prix qu'il offre au vendeur.

Smith blâme les impôts sur les ventes de terres, parce qu'ils retombent toujours sur le vendeur qui est ordinairement dans la nécessité de vendre, tandis que l'acheteur, qui n'est jamais dans la nécessité d'acheter, ne donne que le prix qu'il lui plaît. Smith blâme aussi les impôts prélevés sur les contrats d'argent prêté, et sur les actes de procédure, parce qu'ils retombent en entier sur les emprunteurs et les plaideurs qui sont, comme les vendeurs, dans un état de nécessité.

A ce motif, applicable à tous les temps comme à tous

les lieux, j'ajoute que de pareils impôts empêchent le capital national de se distribuer de la façon la plus avanta-
geuse pour la société. L'on ne saurait donner trop de
facilité à l'échange de toutes sortes de propriétés, qui est
le moyen d'accroître la production du pays en faisant
arriver toute espèce de capital aux mains de ceux qui
l'emploieront le mieux. Quant aux transmissions de valeurs mobilières, l'impôt excessif nuit aux transactions
indispensables à l'activité des affaires commerciales, et
provoque des dissimulations et des fraudes préjudiciables
à la morale publique et au Trésor.

Si le fisc ne peut, quant à présent, renoncer à la totalité de cet impôt, il devrait du moins l'alléger ; car il
exige 6 fr. 60 cent. p. 0/0 sur les ventes, sans compter
les accessoires.

Il faut réduire l'impôt sur les ventes foncières à 2 p. 0/0
tout compris, et sur les échanges à 1 p. 0/0. Le contribuable sera passible du quintuple de la somme déguisée, en cas de dissimulation. Il est probable que le
fisc lui-même n'y perdra rien, parce que les transmissions
seront bien plus fréquentes. Aujourd'hui l'acheteur et le
vendeur, réfléchissant qu'ils perdront trois ans de revenu
par une vente, se décident difficilement à conclure une
affaire.

L'impôt du timbre contraint les particuliers à n'employer, sous peine d'amende, pour les actes publics et
privés, que des papiers revêtus d'une marque et vendus
à des prix tels que le fisc en retire un bénéfice considérable. Il est *fixe* ou *proportionnel*, suivant la nature des
actes. Ainsi, en France, le timbre des transactions, des
actes de procédure et des passe-ports est fixe ; celui des
effets de commerce est proportionnel. Ce timbre peut être
payé facilement, parce qu'il est peu élevé pour chacun ;

mais certains actes, tels que les passe-ports en devraient être affranchis[1].

Les impôts sur les communications sont établis sur les postes et sur les journaux. Quand l'impôt sur les lettres est très-bas, il n'est point blâmable, parce que le monopole exercé par le gouvernement donne un service mieux organisé que ne le feraient les particuliers. Son produit, qui est actuellement de 54 millions, n'est point onéreux au public, parce que la taxe n'est pas trop élevée. L'impôt sur les journaux est blâmé par tous ceux qui croient que la liberté de la presse dissipe les préjugés, et entretient des habitudes de discussion qui secouent la torpeur intellectuelle des masses.

§ IV. — Des impôts sur la justice. — Que sa gratuité coûte encore aux citoyens trois cents millions par an. — Indication d'un nouveau système. — Des réformes à opérer dans les lois. — Utilité d'une nouvelle codification. — Moyen facile de l'opérer.

Il n'est pas inutile de noter ici ce que notre système judiciaire contient encore de gothique, et d'appeler l'attention sur des réformes nécessaires.

Les charges de notaires, au nombre de cent quatorze à Paris et de neuf mille six cent soixante-sept dans les départements, sont des priviléges qui se vendent et repré-

---

[1] En l'année 1855 la contribution foncière a produit 267 millions.

La personnelle et la mobilière.	65
Celle des portes et fenêtres.	39
Celle des patentes.	57
Des droits d'enregistrement.	260
Du timbre.	52
Les domaines, y compris les coupes de bois et la pêche, ont produit.	31

sentent un capital de 68 millions 400 mille francs d'une part, et de 1 milliard 160 millions 40 mille francs de l'autre ; total 1 milliard 228 millions 440 mille francs dont le revenu est estimé à 147 millions 412 mille 800 francs (12 pour 100). Une faible partie de ce revenu représente le prix de services rendus.

Les avoués et les huissiers sont aussi imposés aux plaideurs ; leurs offices sont vénaux comme ceux des notaires. Cent cinquante charges d'avoués en première instance, à Paris, représentent un capital de 45 millions, soixante avoués à la cour 6 millions, et trois mille deux cent onze avoués dans le reste de la France 224 millions 770 mille francs ; total 275 millions 770 mille francs ; soit un revenu de 33 millions 92 mille 400 francs prélevé sur les plaideurs. Cent cinquante charges d'huissiers, à Paris, représentent un capital de 18 millions, et sept mille sept cent huit dans le reste de la France, 308 millions 320 mille francs ; total 326 millions 320 mille francs ; soit un revenu de 39 millions 158 mille 400 francs.

Il faut ajouter à ces officiers ministériels les greffiers, dont les charges au nombre de seize, à Paris, sont évaluées à un capital de 4 millions 900 mille francs, et au nombre de trois mille quatre cent quarante-un dans les départements, qui montent environ à 86 millions 25 mille francs ; total 90 millions 925 mille francs ; revenu, 10 millions 911 mille francs. Puis cinq cents ou six cents agréés aux tribunaux de commerce, et soixante avocats privilégiés à la Cour de cassation ; soit un capital de 16 millions, et un revenu de 1 million 920 mille francs. Enfin, les commissaires-priseurs, dont on compte quatre-vingts à Paris, et trois cent cinquante-deux dans les départements ; soit 22 millions 280 mille francs en capital, et 2 millions 649 mille 600 francs en revenu. Les avocats, au nombre de huit mille six cent dix-neuf inscrits, prélèvent encore annuellement une somme de 43 millions 95 mille francs sur les plaideurs, en estimant leurs bénéfices à 5 mille francs en moyenne.

Le relevé de toutes ces sommes présente un capital d'environ 2 milliards, pour la valeur approximative des charges vénales de notaires, d'avoués, d'huissiers, de greffiers, de commissaires-priseurs. Le revenu légal de ce capital étant de 12 pour cent en moyenne, ce qui est loin d'être exagéré, monte à environ 240 millions par an. Voilà ce que coûte la justice *gratuite* de France, sans compter les enregistrements de chaque pièce, de chaque acte, depuis la citation en conciliation jusqu'à la signification de l'arrêt définitif, depuis le contrat de mariage jusqu'au testament!!! Je ne comprends pas encore dans ce chiffre énorme ce que les officiers ministériels perçoivent indûment, et ce n'est pas exagérer que d'en porter la somme à 60 millions par an, qui, ajoutés aux 240 millions qu'ils gagnent selon la taxe, fait un impôt de 300 millions!!!

Il n'entre pas dans l'objet de cet ouvrage de montrer que la vénalité des offices est inconciliable avec notre droit public, et même avec la jurisprudence[1]. Ce n'est que par un monstrueux abus favorisé sous le gouvernement constitutionnel, que les offices ministériels sont arrivés à ces prix excessifs qui mettent souvent leurs jeunes titulaires dans l'alternative de la ruine ou de la déprédation. La nécessité d'y porter un remède devient urgente, depuis que l'amour du luxe et la fureur de l'agiotage s'est emparé d'un grand nombre de notaires. A chaque instant,

---

[1] Voyez notamment un arrêt de la cour de Rouen, rendu en audience solennelle, le 29 décembre 1847.

le pays retentit des catastrophes causées par de coupables
déconfitures, des détournements de fonds dont ils devraient être les fidèles dépositaires; et l'on rougit en songeant qu'un grand nombre d'entre eux sont attachés aux
mêmes fers que les voleurs avec effraction et les assassins
qui peuplent les bagnes.

Néanmoins, quoique l'on puisse prouver en droit qu'il
ne serait dû par l'État aucune indemnité aux officiers ministériels, en cas d'expropriation de leurs charges [1], nous
devons considérer que la grande majorité parmi eux sont
des hommes honorables ayant traité sur la foi d'une coutume générale, ce qui suffit pour qu'ils soient équitablement indemnisés. Les impôts sur l'usage de la justice
sont mauvais, parce qu'ils ne la rendent accessible qu'aux
riches, et en interdisent l'accès aux pauvres. Ainsi, les
frais de timbre, de greffiers, d'huissiers, etc., font reculer
le pauvre qui voudrait soutenir ses droits contre un riche.
En vain l'on a institué une assistance judiciaire : on peut
n'être pas mendiant, et cependant n'avoir pas le moyen
de plaider.

Je propose de supprimer toute espèce d'impôts sur cette
matière, et de les remplacer par des dommages-intérêts au
profit du gagnant, avec une amende au profit de l'État.
Alors la justice sera véritablement gratuite; car les juges
accorderont les dommages-intérêts de façon que l'avocat
même du gagnant soit suffisamment rémunéré.

Nul n'est censé ignorer la loi est un adage de notre
droit. Or, nous avons plus de cinquante mille lois promul-
guées depuis soixante-six ans. Un grand nombre sont
abrogées soit tacitement, soit par des lois postérieures. Il

---

[1] *De la vénalité des offices*, par M. Gilardeau qui a fait une étude
approfondie de cette question.

y a peu d'ordre dans toute cette législation qui ne contient pas moins de cinquante-six volumes in-8° imprimés très-fin [1], et dans lesquels on n'a donné que la simple notice des ordonnances et décrets éphémères ou d'intérêts privés. Chaque jour, les hommes qui ont passé leur vie dans cette étude sont embarrassés sur la question de savoir si telle loi ou telle disposition est abrogée; et comment le public, le justiciable, pourrait-il connaître la loi, si ceux qui en font leur métier l'ignorent souvent?

D'un autre côté, nombre d'articles dans nos lois criminelles, et même dans nos lois civiles, ne sont plus en harmonie avec nos mœurs et le progrès de l'industrie [2].

Une codification nouvelle est donc nécessaire. Je propose de classer toutes les lois françaises en trois volumes in-8°. Il y aura autant de codes que la logique l'exige. Le premier volume contiendra les lois politiques et administratives, etc.; le deuxième, les lois civiles et commerciales; le troisième, les lois pénales, militaires et maritimes, etc.

---

[1] Collection de M. Duvergier, conseiller d'État, l'un de nos plus savants jurisconsultes.

[2] Par exemple, le vol domestique, non accompagné de circonstances aggravantes, devrait être soumis aux tribunaux correctionnels. La justice en première instance ne devrait pas être rendue par moins de cinq juges. L'appel devrait être admissible quelle que fût la valeur de l'objet en litige. L'on devrait tenir compte au condamné de sa détention préventive. L'acquitté reconnu *innocent* devrait être indemnisé : le tribunal, en matière correctionnelle, et la cour d'assises au grand criminel déclareraient l'*innocence* ; car on peut être simplement *absous* ou acquitté par des considérations, sans que le prévenu ou l'accusé mérite une indemnité. Une seule cour d'assises par ressort d'appel suffirait, à cause de la facilité des communications, etc., etc. Enfin, il serait bon de mettre le Code de commerce en harmonie avec le développement de l'industrie et du commerce.

Trois mois suffiront pour faire cette codification, dont . on chargera soixante jurisconsultes classés en trois commissions, chacune de vingt membres, suivant leur spécialité. Ce qui reste de gothique, de barbare ou d'inique dans nos lois civiles et criminelles sera élagué ou amendé. Lorsque leur travail sera vérifié et contrôlé par un homme d'État, l'acte de promulgation déclarera que toutes lois non comprises aux présents Codes sont abrogées ; qu'il est fait défense à tous juges et tribunaux de les invoquer, même à titre d'arguments, et qu'ils jugeront en équité, quand la loi sera muette.

L'imprimerie nationale délivrera ces trois volumes au public, au coût de fabrication, c'est-à-dire pour 5 francs. Tout citoyen, moyennant cette petite somme, aura constamment sous la main toutes les lois de son pays. Chaque année, une nouvelle édition tenue au courant de la législation sera publiée.

Que le gouvernement qui voudra être utile au peuple français, et se conformer aux règles du sens commun et de l'humanité suive cet avis : *A bon entendeur salut*[1] *!*

---

[1] Il suffit que j'indique ici ce qui est essentiellement économique dars la réforme de l'ordre judiciaire. Ce n'est point le lieu d'exposer le système judiciaire complet que l'expérience et mes observations m'ont suggéré. Ce serait sortir du cadre d'un *Traité d'Économie politique.*

CHAPITRE IV.

DES IMPOTS INDIRECTS.

§ I. — Les impôts indirects sont classés en contributions indirectes et
en douanes. — De l'excise. — Pourquoi les Anglais la préfèrent aux
impôts directs.

Les impôts indirects frappent certains produits agricoles
ou manufacturiers, et sont perçus soit à l'origine, soit pendant la circulation , soit à l'entrée dans les villes ou dans
le pays, soit à l'arrivée ou à la vente chez les marchands
ou débitants. On les range en deux catégories. Les impôts perçus sur les produits du pays prennent le nom de
contributions indirectes ou *droits réunis*. Les impôts perçus aux frontières sur les produits étrangers destinés aux
marchés intérieurs, et sur les produits nationaux qu'on
expédie à l'étranger, sont appelés *douanes*.

Le montant des droits perçus, s'ajoutant à celui des frais
divers de production, retombent en définitive sur le consommateur. On comprend que cela ne peut être autrement, car nulle industrie ne pourrait subsister si ses produits ne se vendaient au prix nécessaire pour l'indemniser
des droits que le fisc en exige.

La révolution avait aboli presque tous les impôts indirects si vexatoires et si odieux au peuple. Napoléon Ier
les réorganisa sous le nom de *droits réunis*. Le gouverne-

ment des Bourbons, après les avoir supprimés, pour se rendre populaire, les rétablit, en les appelant *contribu-tions indirectes;* et le peuple continua à les payer, satis-fait sans doute de ce simple changement de nom.

Les contributions indirectes sont appelées en Angle-terre *excise;* elles frappent le vin, le sel, la viande, le tabac, etc. Des auteurs attribuent l'excise au long parle-ment de 1643; d'autres prétendent qu'on ne fit alors que l'étendre sur le vin, le pain, la viande, etc., afin de pour-voir à des nécessités révolutionnaires. La taxe sur le pain et la viande fut supprimée après le supplice du roi Charles Ier. Sous Guillaume III, le droit d'excise fut étendu au savon, à la chandelle, aux cuirs, au papier, aux tuiles, etc.

En 1847, il produisait en Angleterre environ 358 mil-lions de francs, soit environ le quart du revenu de l'État. Les Anglais préfèrent les impôts indirects, parce qu'ils aiment mieux mettre un prix élevé aux objets que l'action même de payer. Ainsi des publicistes croient que si l'on s'avisait de réclamer, par l'impôt direct, les 700 millions nécessaires au payement des arrérages de la dette publi-que, on serait forcé de faire banqueroute.

Les impôts de localité sont ceux qui, en Angleterre, servent à payer la taxe des pauvres et l'entretien des pri-sons. En France, ce sont les *octrois* et les *péages.* L'octroi ne donne un revenu considérable que quand il pèse lour-dement sur les classes laborieuses, en renchérissant les objets de consommation.

§ II. — Origine et but des douanes. — Leur ancienneté. — Modifications qu'elles ont subies en France depuis la Révolution. — Frais énormes qu'elles coûtent à l'État.

Depuis l'établissement du système mercantile, les douanes ont servi à faciliter les exportations et à restreindre les importations, pour attirer plus de numéraire dans le pays. Ensuite on les a employées à des prohibitions analogues dans l'intérêt de la production nationale, qu'on a cru ainsi *protéger*. Ainsi les douanes ont pour but : 1° de grossir le revenu de l'État ; 2° de protéger certaines industries.

Des produits sont prohibés à l'entrée, d'autres à la sortie. Les employés de la douane sont autorisés à faire des perquisitions et des visites domiciliaires, et même à provoquer des délations pour découvrir la fraude. On leur alloue une partie des amendes et des saisies, afin de stimuler leur zèle.

Comme les droits à l'entrée font renchérir certains produits indispensables au travail des industries qu'on a voulu protéger, on les restitue à la sortie des produits fabriqués avec la matière qui avait payé ces droits. Cette restitution s'appelle *drawback*. Elle est le plus souvent mal calculée, et devient l'objet d'une fraude.

Les primes que l'on accorde à la sortie sont de vains sacrifices auxquels A. Smith adresse ce dilemme : « S'il « y a quelque bénéfice à tirer d'une industrie, elle n'a « pas besoin d'encouragement ; s'il n'y a point de bé- « néfice à en retirer, elle ne mérite pas d'être encou- « ragée. »

On a accordé à certaines villes la faculté d'établir des entrepôts où l'on peut déposer, durant un certain temps, les marchandises soumises aux droits, pour ne payer ces droits qu'au fur et à mesure de la vente. Ces entrepôts sont appelés *réels*, pour les distinguer de ceux que des particuliers obtiennent la permission d'établir chez eux, et qui portent le nom d'entrepôts *fictifs*. Les ports *francs* sont ceux où l'on ne paye les droits de douane qu'à une certaine limite du territoire de la ville, où les marchandises circulent et se vendent librement. Avant 1789, Marseille, Bayonne et Dunkerque étaient des ports francs.

Les plus anciennes relations font mention des douanes. Lorsque les marchands étrangers entraient dans le Pyrée, ils payaient aux Athéniens un droit de 2 pour 100 sur leurs marchandises. Les rois de Rome ayant établi des droits sur les marchandises étrangères, les consuls, à leur avénement, les supprimèrent; mais on les rétablit plus tard. Sous les empereurs, les esclaves destinées à la prostitution payaient un droit d'entrée en Italie, et en outre un droit sur la vente. Les fausses déclarations étaient punies cruellement; car, dans l'antiquité comme dans les temps modernes, les publicains se montraient impitoyables. Dans certains pays, le fraudeur était vendu comme esclave avec toute sa famille.

Au moyen âge, l'Allemagne, l'Italie, la France, les Pays-Bas étaient divisés en une multitude de provinces souveraines et indépendantes, à la frontière de chacune desquelles les marchands étaient rançonnés par des droits onéreux. La ligue anséantique s'établit pour protéger le commerce contre toutes les entraves; de sorte que les villes associées se payaient réciproquement des droits bien inférieurs à ceux exigés des autres.

En France, avant Colbert, on imposait, surtout à la sortie, les denrées et les matières premières. Ce ministre préféra taxer les marchandises importées. L'Assemblée constituante, par décret du 5 novembre 1790, abolit les douanes particulières, et les remplaça par un tarif uniforme. Les matières premières et les denrées alimentaires entrèrent librement; les articles manufacturés furent imposés selon les besoins de la masse des consommateurs; les objets de luxe et de fantaisie furent frappés de droits qui s'élevaient jusqu'au quart de la valeur. La Convention dégreva les fers, et prohiba l'entrée d'un grand nombre de tissus, d'ouvrages en métal et de la faïence anglaise, afin de nuire au commerce anglais.

Napoléon 1er rétablit les droits sur les fers en barre, sur la tôle et sur l'acier. La restauration les rétablit sur les grains, les bestiaux, et les éleva sur les fers, afin de favoriser les terres, les prairies, les forêts des grands propriétaires. Ceux-ci avaient converti en immeubles leurs inscriptions sur le Grand-Livre pour l'indemnité du milliard, dans l'espoir d'en faire perdre la trace[1]. Ils eurent assez d'influence comme pairs, députés et courtisans, pour obtenir les tarifs qui leur convenaient[2].

L'accroissement des droits sur le fer a produit les plus fâcheux résultats sur toutes les industries nationales, en faisant renchérir les outils, sans que les ouvriers en soient plus payés; le seul résultat de la protection a été de faire hausser le prix des coupes de bois au profit des propriétaires.

[1] H. Say, *Dict. de l'Écon. polit.*, de Guillaumin.

[2] Le tarif de 1664 frappait les bœufs, venant de l'étranger, d'un droit de 3 livres tournois par tête, soit 5 fr. 50 c. de notre monnaie. En 1791 le bétail en fut affranchi. En 1816, le droit fut rétabli à 5 fr. 50 c. par tête de bœuf. En 1822, il fut porté à 55 fr., et comme on ne tenait aucun compte du poids de l'animal, il était impossible d'introduire les petits bœufs des États sardes, si utiles aux populations du Midi. Une loi du 9 juin 1845 a décidé que ces bœufs seraient taxés au poids, et maintint le droit de 55 fr. sur les autres.

La protection de la douane résulte non-seulement de droits élevés, mais encore de prohibitions absolues, telles que celles des fils et tissus de coton et de laine. La prohibition étant la condition essentielle du système protecteur, les partisans de ce système sont nommés *prohibitionnistes*.

Les agents du service administratif et de perception des douanes sont au nombre de deux mille cinq cent trente-six hommes ; ceux du service actif de vingt-quatre mille sept cent vingt-sept. Dans une dépense de 25 millions pour l'administration des douanes, les frais du personnel figurent pour 23 millions. Le produit des douanes, en y comprenant la recette des droits de navigation et la taxe de consommation des sels dans la zone frontière, étant de 156 millions [1], les frais de perception pour cette branche de revenu sont d'environ 15 à 16 p. 0/0, sans compter la dépense des militaires et de la gendarmerie dont le service auxiliaire est souvent requis. Ainsi nos douanes nécessitent l'emploi d'un personnel nombreux et des frais énormes. Partout où les tarifs sont excessifs, il se rencontre des hommes qui calculent le prix des risques qu'ils courent et des dépenses à faire pour l'introduction en fraude des marchandises taxées. Moyennant une indemnité suffisante, ils se chargent de l'opération. Par conséquent le fisc ne doit pas maintenir des droits d'entrée excédant le chiffre moyen de cette indemnité, et il n'y a pas d'autre remède à la contrebande que l'abaissement des tarifs au-dessous du taux auquel les primes exigées par les contrebandiers sont acquittées.

[1] Le produit de la douane n'était en 1792 que de 16 millions, et en 1805 de 53 millions. Il est en 1833 de 104 millions à l'importation seulement.

Les droits de douanes, comme tous les impôts, font renchérir les denrées qu'ils frappent, et en diminuent la
consommation aux dépens du peuple. Quand ils frappent
des produits qui ont des similaires dans la production nationale, ils grossissent l'impôt d'une taxe latente payée
par la masse des citoyens à l'avantage d'une classe particulière, et fourvoient le travail d'un pays. L'agriculture
et l'industrie subissent de dures conditions pour acheter
les produits dont elles ont besoin, et pour vendre les
leurs. On doit donc limiter les droits aux denrées qui
n'ont pas de similaires dans le pays, et sont susceptibles
d'une grande consommation.

§ III. — Inconvénients des contributions indirectes. — Elles taxent
    progressivement le pauvre. — Elles engendrent la fraude. — Quelles
    sont celles que l'on doit maintenir.

Montesquieu prétend que les droits sur les marchandises sont ceux que les peuples sentent le moins, parce
qu'on ne leur adresse pas une demande formelle. Ils peuvent être si sagement ménagés, dit-il, que le peuple
ignorera presque qu'il les paye. Pour cela il faut que ce
soit le vendeur qui paye le droit, parce qu'il sait qu'il ne
paye pas pour lui, tandis que l'acheteur confond ce droit
avec le prix [1].

Cet écrivain aurait dû ajouter que la chose et le droit
ne peuvent se confondre dans l'esprit de l'acheteur, sans
qu'il y ait un rapport raisonnable entre l'impôt et la valeur
de la marchandise.

L'impôt sur les objets de consommation donne au
contribuable, que la loi veut atteindre, le moyen de s'en

[1] *Esprit des lois*, XIII, 7.

décharger sur d'autres [1]. Le seul inconvénient pour le producteur est d'entraver la vente en élevant les prix ; mais c'est toujours le consommateur qui paye en définitive. Donc il est urgent d'abolir les contributions indirectes qui portent sur les objets de première nécessité, car elles sont prises le plus souvent sur des revenus indispensables. Voilà pourquoi aussi l'on peut les multiplier sur les objets de luxe, puisqu'en ce cas ils n'atteignent que les revenus des oisifs ou des riches.

S'il était possible que ces impôts s'élevassent à mesure que les produits deviennent l'objet de consommations plus exclusivement réservées aux riches, ils seraient de véritables impôts sur le revenu, et équitables. Mais il n'en a jamais été ainsi. Les seuls impôts indirects qui produisent beaucoup sont ceux qui s'adressent aux produits de première nécessité, surtout aux aliments. Les classes ouvrières en ont donc toujours supporté le principal fardeau. Il est des dépenses dont nul ne peut s'abstenir; il en est d'autres que chacun peut n'effectuer qu'en proportion de ses ressources. L'impôt du sel, par exemple, est une véritable capitation; car nul ne peut s'en passer, et chacun en consomme une quantité à peu près égale.

Des fabricants de sucre nous ont assuré qu'ils pourraient le livrer au public à 40 centimes la livre, sans les droits énormes qui pèsent sur cette denrée si utile au peuple. Les droits de douane sur les sucres coloniaux montent à 32 millions; sur les sucres étrangers à 14 millions; et les droits de fabrication sur les sucres indigènes à 38

---

[1] Tacite rapporte que Néron fut réputé par le peuple l'avoir déchargé de l'impôt du vingt-cinquième des esclaves qui se vendaient, tandis que ce prince ne fit que mettre l'impôt à la charge du vendeur, au lieu de le faire subir par l'acheteur (*Annales,* liv. XIII).

millions, soit 84 millions. Les droits sur les boissons montent à 120 millions ; ceux sur les sels à 6 millions. Et notons que le sucre et les boissons sont en outre frappés par l'impôt foncier[1].

Au contraire, les impôts qui renchérissent les produits dont la consommation n'est pas indispensable, tels que ceux établis sur le café, sur le thé, sur les étoffes, sur les chevaux, se rapprochent de la proportionnalité équitable ; parce que chacun n'en use que selon sa fortune. Le monopole du tabac, s'exerçant sur une denrée inutile ou nuisible, qui produit des sommes énormes, est peut-être le meilleur de nos impôts, car on ne pourrait le supprimer sans taxer des choses indispensables.

Les impôts indirects sont vantés, *parce que, dit-on, le public les paye sans s'en douter*, d'où les mots *gabelle, gabelou* dont l'étymologie est *gabati*, attrapeur, voleur. Quoique le consommateur remarque moins cet impôt, parce qu'il le paye jour par jour, heure par heure, le sacrifice n'en existe pas moins, et finit par provoquer de grandes souffrances. *Impositions indirectes, pauvres paysans, pauvres paysans; pauvre royaume, pauvre royaume; pauvre souverain* [2] *!*

Ces impôts engendrent la fraude, parce qu'on trouve de tels profits à s'en affranchir, que souvent les gens les plus honnêtes ne résistent pas à cet appât. On fait de fausses déclarations à la sortie des marchandises, et à leur entrée dans les villes sujettes à l'octroi, etc. La con-

---

[1] Un seul hectare de terre qui vaut 3 ou 4,000 fr., rapporte au fisc 1,000 fr. par an. En effet, cet hectare produit 40 mille kil. de betterave, soit 2 mille kil. de sucre à 50 cent. le kil. pour l'impôt. De sorte qu'en réalité le fisc absorbe en 3 ou 4 ans un capital égal à celui du fonds de terre.

[2] Aphorisme physiocratique.

trebande est devenue un grand commerce qui a enrichi de notables maisons, dont les chefs sont arrivés aux places les plus élevées. Le public d'ailleurs prend toujours parti pour les contrevenants contre les agents du fisc.

M. Thiers prétend que l'impôt indirect est celui des pays avancés en civilisation, tandis que l'impôt direct est celui des pays barbares [1].

Où prend-il ses preuves? en considérant uniquement la Turquie et l'Angleterre. Et parce que les Turcs ont l'impôt foncier et les Anglais l'excise, il en conclut sa proposition, qu'il généralise avec une assurance extrême. Il se moque de la révolution française qui, *dans sa première innocence*, abolit les impôts sur les boissons, sur le sel, et ces ruineuses douanes établies entre chaque province.

Si les Turcs ont surtout l'impôt direct, c'est parce que, outre que cet impôt tombe sous le sens commun, il est nécessaire à la subsistance de leur État. L'auteur que je réfute se trompe en disant qu'ils n'ont point d'impôts indirects; mais ils doivent en avoir moins que l'Angleterre, par la raison toute simple que, par leur pauvreté autant que par les lois de leur religion, ils consomment infiniment moins d'objets imposables que les Anglais qui sont riches, libres, et forcés par leur climat et leur tempérament de prendre une nourriture substantielle et abondante.

De leur côté, les Anglais ont, quoi qu'en dise cet auteur, des impôts directs qui forment une somme fort importante de leur revenu public. Par conséquent, les faits allégués sont erronés, outre qu'il est illogique de baser un principe sur un seul fait.

Il y a plus : tout le monde convient que la révolution, prise dans son ensemble, a consacré la civilisation fran-

[1] *De la Propriété*, liv. IV.

çaise, Eh bien ! que fait-elle ? Elle commence par abolir presque tous les impôts indirects, qui ne pesaient lourdement que sur le peuple. Dans le moyen âge et dans l'antiquité, dans tous les pays civilisés comme dans les pays barbares, l'on rencontre d'abord, avant qu'il soit question des impôts directs, les douanes et l'impôt sur les objets de consommation. L'impôt sur les personnes, la capitation n'était guère frappée que sur les vaincus. Ce n'était point une mesure financière et administrative, mais une espèce de rançon militaire au profit du vainqueur.

En résumé, 1° les impôts indirects sont à la charge des consommateurs ; 2° ceux-ci les payent avec une grande facilité qui favorise la politique ; 3° ces impôts excitent à la fraude ; 4° ils nécessitent des frais énormes de recouvrement ; 5° ils ont le vice de n'être point proportionnels et d'être même en quelque sorte progressifs contre le pauvre ; car ce dernier a besoin d'autant de pain, de vin, de viande, de sucre que le riche. Or, qu'est-ce que 50 centimes d'impôt pour le riche qui achète deux livres de sucre ? Mais ces 50 centimes ruinent le pauvre ou le forcent à s'en passer ; 6° enfin, l'élévation de prix qui en résulte arrête souvent la demande de la marchandise. Il est avéré que les industries les plus arriérées sont celles où le fisc intervient ; et que, chaque fois qu'on a supprimé un impôt de cette nature, il en résulte une impulsion rapide en faveur de l'industrie.

L'on doit condamner tous impôts sur les substances nécessaires à l'alimentation des hommes et des bestiaux, sur le bois de construction des logements, sur les métaux, sur le savon, sur le papier à écrire [1]. Quant aux impôts sur les objets de luxe, ils sont bons, car ils n'atteignent

---

1 J.-S. Mill, *Principes.*

pas les individus dont les revenus sont consacrés aux objets de première nécessité, mais ceux qui ont le superflu, et cet impôt doit être progressif. En outre, ils ont l'utilité des lois somptuaires. Il n'y a pas de mal de réprimer l'excessive tendance à la vanité qui ruine la nation. Si l'impôt modère la dépense, il produit un bon effet; s'il ne la modère pas, il ne fait pas de mal, et nul ne souffre réellement. Il faut donc faire autant de recette qu'on le peut sur les objets de luxe, qui tiennent plus à la vanité qu'aux jouissances réelles.

CHAPITRE V.

NOUVEAU SYSTÈME D'IMPOT PROPOSÉ PAR L'AUTEUR.

§ I. — Que le système général d'impôt est vicieux. — Récapitulation des sommes payées annuellement par les citoyens à l'État, aux départements et aux communes.

En général, le système actuel d'impôt est vicieux.

La plupart des terres ont été mal classées ; d'autres ont changé de qualité depuis le cadastre.

L'on ne tient pas compte des dettes hypothécaires qui grèvent les immeubles. Ainsi, une foule de contribuables qui possèdent un immeuble de 100,000 francs et doivent 100,000 francs sur cet immeuble, payent un impôt annuel de 4 ou 500 francs pour un bien imaginaire.

Dans le cas de succession, l'État exige les droits sur tout l'actif immobilier et mobilier, sans tenir aucun compte du passif. Souvent, le passif est de moitié ou des trois quarts de l'actif. Il arrive même quelquefois qu'un fils, pour faire honneur à la mémoire de son père, accepte sa succession, dont l'actif est bien au-dessous du passif ; et qu'il est encore obligé de payer à l'État des droits considérables.

Le capitaliste, même le plus riche rentier sur l'État, ou sur hypothèque, ou par d'importantes actions dans les compagnies, ne paye qu'un impôt insignifiant quoiqu'il ait un revenu double de celui du propriétaire foncier.

Est-il besoin de mentionner ces banquiers, ces agioteurs qui gagnent quelquefois, en une seule année, des millions? Ils ne payent en tout que 1,000 fr. de patente; 300 fr. de contribution mobilière : total, 1,300 fr.; et ils possèdent une fortune de plusieurs millions, qui leur produit un revenu net de 2 ou 3 millions ! A côté, tel propriétaire foncier, possédant des immeubles pour 1 million, paye 1° l'impôt sur l'acquisition 60 à 65,000 francs; 2° un impôt annuel de 3 ou 4,000 francs; 3° son impôt mobilier ; 4° toutes les charges d'entretien et de secours aux indigents de sa commune; des centimes additionnels, etc...

Supposant le dr it de vente réparti sur

10 ans.	7,000 par an.
Impôt.	4,000
Mobilier.	300
Total. . .	11,500 fr. d'impôt annuel.

Ainsi, le propriétaire foncier, moins riche que le rentier mobilier ou l'agioteur, paye huit ou dix fois davantage, quoique son revenu soit fort inférieur et qu'il ait des charges plus considérables ; car le pauvre s'adresse toujours de préférence à celui qu'il voit propriétaire d'immeubles frappant sa vue et excitant son envie : celui-ci, soit par prudence, soit par humanité, est obligé d'y compatir. Et quelle est donc la situation du propriétaire de cet immeuble de 1 million, s'il en doit la moitié ? Je pose en fait qu'il n'a aucun revenu net, et s'endette davantage pour vivre. Au moyen de ces impôts fonciers annuels, des droits énormes sur les mutations et des dé-

penses d'entretien, il arrive souvent qu'un immeuble
passe tout entier, en dix ans, entre les mains de l'État!

L'iniquité des impôts indirects est reconnue par tous
les citoyens (autres que ceux qui en vivent). Ils nuisent
au travail, à l'industrie, au commerce. Ils nuisent bien
plus encore à la consommation et attaquent principalement ceux qui devraient être protégés, les pauvres. Ils
engendrent la fraude et l'immoralité; ils corrompent une
classe nombreuse, les contrebandiers, qui s'habituent au
vol et au meurtre, au lieu que la plupart fussent restés
honnêtes, s'ils n'avaient eu l'occasion de se livrer à la
contrebande.

Je ne parle pas du temps que font perdre les impôts
indirects, et qui doit être compté; car il faut souvent
perdre des heures entières à courir pour remplir des formalités vexatoires. Or, *le temps est de l'argent*, disent les
industrieux anglais.

Il est utile maintenant de récapituler les sommes versées annuellement à l'État, aux départements et aux
communes par les particuliers. Et je prends ici le budget
le plus modeste de tous ceux que nous avons vus depuis
vingt ans, car je hais l'exagération [1].

---

[1] Je prends la récapitulation des parties de ce budget dans la
compilation intitulée : *Organisation communale et centrale*, qui n'a
point été contestée, et qui a paru en 1831, à Paris. On trouve en
cet ouvrage des renseignements utiles.

BUDGET DES DÉPENSES DE LA FRANCE (1849).

PREMIÈRE PARTIE.

ÉTAT.

Dette consolidée	307,067,541 60
Fonds d'amortissement	64,454,167 »
Intérêts de la dette flottante.	16,248,204 84
Intérêts des cautionnements	7,018,060 94
Emprunts spéciaux pour canaux et travaux divers.	8,960,300 »
Dette viagère	57,640,601 31
Total.	461,388,875 69

Dotation (Assemblée nationale, pouvoir exécutif).	9,246,747 11
Ministère de la justice	26,379,763 68
— des affaires étrangères	10,258,374 44
— de l'instruction publique	21,879,363 80
— pour les cultes.	41,186,875 10
— de l'intérieur	143,707,444 »
— de l'agriculture et du commerce. . .	18,601,369 03
— des travaux publics	167,640,801 95
— de la guerre.	377,836,613 03
— de la marine	98,354,930 68
— des finances.	47,306,539 52
Total.	932,398,822 34

Frais de régie, etc., des impôts et revenus publics	145,070,346 74
Remboursements et restitutions, non-valeurs, primes, escomptes.	92,254,584 64
Total.	237,324,931 38

Services auxquels sont affectées des recettes spéciales : Légion-d'Honneur	7,140,191 14
Id., Imprimerie nationale.	2,883,266 75
Id., Caisse des invalides de la marine.	9,378,621 87
Id., Service de la fabrication des monnaies.	2,608,312 10
Id., Chancelleries consulaires.	572,430 56
Total.	22,582,822 42
Excédant de dépense du service colonial.	21,026,034 21

RÉCAPITULATION :

Dette	461,388,375 69
Assemblée nationale, Pouvoir exécutif, ministères	932,398,322 34
Frais de régie des impôts, remboursements, non-valeurs, primes, escomptes, etc.	237,324,931 38
Services divers.	22,582,822 42
Excédent de dépense du service colonial.	21,026,034 21
Total officiel de la première partie.	1,674,721,486 04

DEUXIÈME PARTIE.

DÉPARTEMENTS.

Dettes départementales.	2,202,540 39
Dépenses relatives aux bâtiments (travaux neufs ou d'entretien).	3,200,934 59
Prisons, casernement de la gendarmerie, corps de garde.	7,639,885 45
Entretien ou construction de routes départementales et chemins vicinaux	41,479,543 53
Travaux divers spéciaux.	36,392,140 39
Cours et tribunaux	1,113,644 69
Instruction primaire.	5,737,888 15
Cadastre.	928,856 28
Archives, frais divers d'impression.	275,170 81
Encouragements	2,646,900 26

Subventions aux communes	477,502 87
Secours contre la mendicité, enfants trouvés, aliénés.	10,534,284 97
Cultes. . . . , ...	223,307 67
Dépenses diverses.	2,062,025 20
Fonds reportés aux exercices 1850 et 1851. .	12,464,388 06
Total officiel de la deuxième partie.	127,379,013 31

TROISIÈME PARTIE.

COMMUNES.

Frais d'administration personnelle	21,233,648 »
— de matériel.	4,847,412 »
Entretien des constructions et autres immeubles communaux.	46,328,395 »
Travaux publics pour le culte	11,363,544 »
— pour l'instruction publique.	9,592,234 »
— pour les chemins vicinaux et autres services.	32,299,264 »
Acquisitions d'immeubles pour le culte. . .	1,185,846 »
— pour l'instruction publique.	2,403,691 »
— pour la voie publique et autres services.	10,395,499 »
Police et salubrité	21,473,920 »
Frais d'administration de l'octroi et dixième du trésor.	13,751,608 »
Secours publics, subvention aux hospices et bureaux de bienfaisance	15,574,818 »
Garde nationale, traitements, corps de garde, mobiliers.	2,141,554 »
Instruction publique, traitements, entretien de bâtiments, mobilier	21,213,733 »
Cultes, personnel.	3,774,610 »
— matériel.	2,171,732 »
Contributions des propriétés communales, prélèvements, ponts, casernements . . .	8,919,012 »
Intérêts d'emprunts.	3,806,690 »
Acquisitions de rentes et remplois de capitaux.	2,161,970 »
Pensions de retraite et secours (en outre des	

fonds de retenue)	497,202 »
Dépenses diverses ordinaires	20,348,659 »
— extraordinaires	24,650,428 »
Total	280,134,505 »
A ajouter, à l'article intérêts d'emprunts, un surplus relatif à la ville de Paris, et non compris dans le tableau	2,913,538 »
Total officiel de la troisième partie .	283,048,043 »

QUATRIÈME PARTIE.

BUDGET DES DÉPENSES INDIRECTES,

Ou pertes des citoyens par suite de la concession ou de l'abandon que l'État fait de certains intérêts publics à des particuliers ou à des corporations.

Dépenses indirectes de la justice, revenu annuel des notaires	147,412,800 »
Id., des avoués d'instance et d'appel, huissiers et greffiers	83,161,800 »
Id., des agréés, avocats à la cour de cassation, avocats	44,925,000 »
Id., des commissaires-priseurs	2,649,600 »
Dépenses indirectes des finances, revenu net de la banque de France	9,000,000 »
Id., bénéfices usuraires des banques, escompte (2 pour 100 sur 20 milliards)	400,000,000 »
Id., des prêteurs sur gage et à la petite semaine, des capitalistes qui font des avances aux industriels, agriculteurs, petits propriétaires	150,000,000 »
Id., part de l'usure sur les emprunts hypothécaires (2 pour 100 sur 9 milliards) . .	180,000,000[1] »

---

[1] Il résulte de l'enquête faite dans les quatre-vingt-six départements par les directeurs de la *Caisse hypothécaire*, que le taux moyen des emprunts était de 12 et demi pour 100. Il me semble que ce chiffre est exagéré.

Compagnies d'assurances de toutes sortes, re-venu net et frais exagérés d'administration.	12,000,000 »
Revenu des agents de change, courtiers, rece-veurs généraux et autres.	18,684,000 »
Id., des compagnies adjudicataires ou fer-mières des canaux et chemins de fer. . .	Mémoire.
Bénéfices des adjudicataires des emprunts pu-blics	Mémoire.
Immeubles dont la jouissance est donnée abu-sivement à des fonctionnaires	20,000,000 »
Épingles, pots de vin, etc., relatifs à diverses fournitures	Mémoire.
Budget des écoles primaires, dites *écoles chré-tiennes.*	60,000,000 »
Montant de la charité privée annuelle, soit par son droit, soit par l'entremise du clergé ou des bureaux de bienfaisance.	Mémoire.
Donations ou legs d'immeubles faits pour cause de charité en faveur de communautés reli-gieuses ou autres fondations ecclésiastiques.	Mémoire.
Prélèvement fait sur les consommateurs par le système protecteur	500,000,000 »
Total.	1,627,833,200 »

RÉCAPITULATION DES TROIS PREMIÈRES PARTIES.

Dépenses de l'État.	1,674,721,486 04
— des départements.	127,379,013 31
— des communes.	283,048,043 »
Total officiel des trois premières parties.	2,085,148,542 35
Total approximatif de la quatrième partie.	2,000,000,000 »
Total général approximatif	4,085,148,542 35

L'on doit comprendre que ces charges excessives exci-tent les publicistes, dégagés d'intérêt personnel et de préjugés, à chercher un autre système d'impôt.

§ II. — Discussion sur l'impôt unique. — Sur celui du revenu. — Sur
celui du capital. — Réfutation de quelques erreurs.

Déjà , en Angleterre, la plupart des impôts dont le
poids retombait principalement sur les classes salariées,
tels que les droits sur le sel , sur l'entrée des céréales,
et autres produits alimentaires ont été réduits ou supprimés. *L'income tax* a exigé des revenus ce qui était nécessaire pour subvenir aux besoins du Trésor. Cet exemple a produit une grande sensation dans tous les autres
pays civilisés. Les projets de réforme publiés en France
depuis quelques années concernent notamment l'impôt
unique sur le revenu, ou sur le capital.

L'impôt unique séduit, parce que la perception, n'exigeant qu'un seul corps d'agents, serait peu dispendieuse.
Mais nous n'avons pas une seule matière imposable qui
puisse subvenir à toutes les dépenses publiques. D'ailleurs,
l'impôt devant en partie contre-balancer les inégalités sociales , doit se diversifier suivant ces inégalités mêmes,
et prendre des formes particulières commandées par la
nature des injustices qu'il est destiné à réparer. Vouloir
la simplicité absolue ou l'unité, c'est méconnaître les dif-
férences qui existent dans la société, et astreindre à une
règle unique des relations opposées.

Cette unité, que l'on présente comme une invention
merveilleuse, est une ancienne idée de quelques rêveurs
qui n'ont pu se rendre un compte exact de la formation et
de la répartition de la richesse. Je vois dans un livre, daté
de 1814 [1], la critique de l'impôt unique, et une juste appréciation en peu de mots des causes qui font murmurer

---

[1] Christian, *des Impositions.*

contre le système en vigueur depuis longtemps. « Dans le dessein de soulager les peuples et de faire cesser le mécontentement, les murmures, on a proposé de remplacer tous les genres d'impositions en usage dans les grands États par un seul impôt; on s'est imaginé qu'ils étaient inégaux, nuisibles, vexatoires, parce qu'ils étaient nombreux, et l'on a eu tort; c'est parce qu'ils étaient mal assis, et par rapport aux localités, et par rapport à la quotité, mal perçus et mal employés. »

Des auteurs ont proposé de grever la propriété foncière seulement; d'autres, le revenu; d'autres, le capital.

L'impôt unique sur la terre n'est que le système de Quesnay, qui, n'admettant d'autre élément de richesse que le produit net du sol, était conséquent en n'imposant que la propriété foncière. Mais aujourd'hui, il serait aussi inique que dangereux de faire retomber en entier sur une seule classe le fardeau de l'impôt. Cette surcharge rendrait impossible la culture, en décourageant les propriétaires fonciers; et il s'agit, au contraire, de les dégrever.

L'impôt sur les revenus, ne prenant à chacun qu'au prorata de sa part dans le revenu général, est impartial et appelé à remplacer successivement plusieurs des impôts dont la perception est trop dispendieuse, ou qui manquent de proportionnalité. Ce qui le fait repousser par plusieurs, c'est la difficulté de constater la quotité des revenus possédés. Si l'on se contente des déclarations des contribuables, on les laisse libres de frustrer le Trésor d'une partie de ses ressources. En recourant à des enquêtes, on soumet les citoyens à des recherches inquisitoriales. Voilà pourquoi l'on a proposé d'en chercher la base dans la dépense des particuliers pour leur logement, qui est le plus souvent conforme à leurs revenus. Néanmoins, un grand nombre de personnes s'écartent de la moyenne, soit par simplicité, soit par ostentation. Comme celles-ci ont droit à n'être pas surtaxées, on propose de les admettre à prouver que leurs revenus sont inférieurs aux apparences. Mais l'on ne donne pas le moyen d'atteindre celles qui auraient un logement inférieur à leurs ressources.

« Il est d'autant plus nécessaire, dit M. Passy [1], de rechercher les moyens d'écarter de l'impôt sur le revenu les embarras qui, jusqu'ici, en ont accompagné la perception, que déjà cet impôt est établi dans une partie des États de l'Europe, et qu'il est aisé de prévoir qu'il prendra de plus en plus place dans les systèmes généraux de taxation. C'est l'impôt proportionnel par excellence ; c'est en outre le seul qui, demandant à chacun dans la mesure la plus vraie de ses facultés contributives, puisse désormais être appliqué sans apporter de trouble dans la situation respective des industries ou des propriétés, sans appauvrir réellement et relativement telle ou telle classe de la population ; et c'est là un avantage d'un prix considérable. »

L'impôt actuel anglais frappe également tous les revenus, qu'ils soient viagers, ou qu'ils résultent d'une pleine propriété. Les défenseurs de ce système, tout en avouant qu'un revenu temporaire doit être moins imposé qu'un revenu perpétuel, allèguent que celui-là l'est moins en effet, puisque, s'il ne dure que cinq ans, il ne paye que durant cinq ans, tandis que s'il dure toujours, il paye toujours. C'est un sophisme ; car celui qui a la pleine propriété pourrait manger son fonds avec son revenu, comme le bon La Fontaine, et en avoir le double sa vie durant.

D'ailleurs, ce n'est pas parce que le propriétaire d'une

---

[1] *Dict. de l'Écon. polit.*, de Guillaumin.

annuité à terme fixe possède moins de revenus qu'il doit être moins imposé, c'est parce qu'il a des besoins plus grands. Ainsi le principe de l'égalité de sacrifices exige que celui qui ne peut pourvoir aux besoins de ceux auxquels il s'intéresse, que par des épargnes sur son revenu, ne paye pas d'impôt sur cette partie.

M. J.-S. Mill croit que « la vraie manière d'appliquer « le principe de l'égalité est de taxer chacun, non en « raison de ce qu'il a, mais en raison de qu'il dépense. « Le père de famille dont le revenu est viager, et la « santé faible, est forcé, en considération de sa vieillesse « et de ses enfants, d'être plus économe que celui qui « jouit d'une bonne santé et n'a pas d'enfants. » Cet estimable économiste ne voit pas qu'il tomberait ainsi dans le plus étrange arbitraire. Il violerait le premier principe des lois, qui est de laisser le moins possible à l'appréciation de ceux qui sont chargés de les appliquer. D'ailleurs son système serait trop favorable aux avares.

Il commet une erreur non moins grande dans le passage suivant : « Lorsque, dans une société, la richesse « augmente sans cesse, la rente croît aussi sans que ses « propriétaires fassent aucun effort de travail, ni de ris- « que, ni d'épargne. L'État peut donc s'approprier la to- « talité, ou une partie de cet accroissement de richesse à « mesure qu'il se produit[1]... » Cela suffirait pour arrêter l'industrie dans ses élans naturels. Car qui augmente la richesse ? L'activité des citoyens. Pour qui sont-ils actifs ? Pour eux-mêmes. Eh bien ! s'ils n'en devaient point recueillir les fruits, peu leur importerait la richesse nationale. Cette théorie est donc communiste, à l'insu de son auteur.

[1] *Principes*, t. II, p. 410-411.

M. Mill dit aussi que « l'impôt doit porter sur le revenu,
« et non sur le capital, afin qu'il ne diminue pas le capital
« national; et que, quand cette diminution a lieu, c'est
« plutôt par l'excès de l'impôt que par son assiette. » Ce
motif est erroné, car le capital se forme de l'épargne sur
le revenu qui provient de travail, ou de rente, ou de profits que l'on ne consomme pas immédiatement. Le capital
est donc toujours attaqué, soit que l'impôt porte sur lui,
soit qu'il porte sur le revenu. Il n'y a pas moyen de faire
tomber entièrement l'impôt sur les revenus et d'épargner
le capital, car il n'en est point qui ne soit en partie acquitté par des sommes qui, sans lui, eussent pu être épargnées. Dans les pays où règne l'ordre, cet effet de l'impôt
se fait naturellement peu sentir; voilà pourquoi l'on n'y
doit pas craindre de frapper les successions opulentes et
les testaments par de forts impôts sur le capital.

La loi anglaise ne demande l'impôt aux revenus qu'au-
dessus de 150 livres sterl. (3,750 francs); mais ceux qui
sont exempts de cet impôt le payent encore indirectement sur plusieurs choses nécessaires à l'existence. Des
publicistes pensent que l'on doit n'imposer les revenus
qui dépassent le minimum qu'en proportion de la portion
qu'ils dépassent. Les sommes épargnées sur les revenus
viagers, les profits d'affaires, les honoraires, doivent être
moins imposés que les revenus perpétuels susceptibles
d'être transmis.

Sans doute l'impôt, autant que possible, doit porter sur
le revenu, et sur des revenus déterminés, parce qu'il est
destiné à être consommé annuellement. Mais il doit être
combiné avec l'impôt sur le capital, afin d'atteindre le
superflu. Toutefois, comme des écrivains ont exagéré les
avantages de l'impôt unique sur le revenu, d'autres ont
exagéré aussi ceux de l'impôt unique sur le capital.

M. Émile de Girardin réclame un impôt unique de 1 p. 0/0 sur le capital [1]. Ignore-t-il donc qu'il y a des capitaux improductifs ; et que tel qui n'a presque point de capital, mais de gros revenus ne payerait presque rien, tandis que tel autre, avec un capital considérable et un revenu infiniment moindre, payerait une forte contribution qui le ruinerait bientôt. L'impôt de 1 p. 0/0 sur le capital serait d'ailleurs, et dans tous les cas, excessif et ruineux, surtout envers les propriétaires fonciers dont les terres en général ne rapportent que 2 ou 3 p. 0/0.

Il objecte que cette nécessité aiguillonnera les citoyens. Mais avant qu'ils soient suffisamment aiguillonnés ou qu'ils aient réussi, ils seront appauvris, ruinés, et l'État avec eux. D'ailleurs, est-il bien sûr que cette nécessité leur fera trouver dans leurs capitaux des revenus triples ou quadruples? Et, après tout, il ne trouve qu'un impôt total d'un milliard, le capital étant estimé à cent milliards. Or, tout en accablant nombre de particuliers, l'on ne subviendrait point aux dépenses nécessaires de l'État actuel.

Ceux qui prétendent que l'impôt doit être unique, et ne porter que sur le capital, invoquent la grande autorité de Machiavel. Cet historien n'en fait l'éloge qu'à cause de son égalité, et ne le compare aucunement à l'impôt sur le revenu. « Cette guerre, dit-il, avait duré de 1422 à « 1427, et les citoyens de Florence étaient écrasés sous « les impôts qu'ils avaient supportés jusque-là; ils con- « vinrent de les remplacer par d'autres, et afin *que l'im-* « *pôt fût égal pour tous, proportionnellement aux riches-* « *ses, on arrêta de l'établir sur la totalité des biens de* « *chacun,* en sorte que celui qui avait 100 florins de

---

[1] *Le Socialisme et l'Impôt*, 1850.

« capital eût un demi-florin d'impôt. Dans ce système,
« l'impôt n'étant plus réparti suivant le bon plaisir des
« hommes, mais suivant la loi, pesait lourdement sur les
« riches, et, ayant qu'on l'eût discuté, ils le repoussaient
« d'avance. Jean de Médicis seul le soutenait ouvertement,
« si bien qu'il le fit prévaloir. Comme dans l'assiette de cet
« impôt on formait une masse de tous les biens de cha-
« cun, ce que les Florentins appellent *accatastare*, on l'ap-
« pela *catasto* (cadastre). Cette innovation mit en partie
« un frein à la tyrannie des riches; car ils ne pouvaient
« plus frapper les faibles et leur imposer silence par la
« menace dans les assemblées et les conseils, comme ils
« le pouvaient auparavant. Ce système d'impôt fut donc
« reçu avec joie par les masses, avec une immense répu-
« gnance par les riches[1]. »

§ III. — Bases d'un nouveau système général d'impôt. — D'un nouvel
ordre des successions et des droits à payer.

Ainsi, l'impôt doit surtout porter sur le revenu, mais
il doit atteindre aussi le capital non productif de revenus
appréciables en argent, tel que les objets d'art ou de luxe,
les parcs, les bibliothèques, les terrains vagues conservés
par spéculation, etc... Par cette combinaison, l'on ne
tarira pas la production. Cette considération est plus importante encore que le faible chiffre de l'impôt. Tel est

[1] *Hist. de Florence.*
Sismondi convient aussi qu'il ne s'agissait que de l'égalité.
« Depuis cette époque, dit-il, les riches avaient trouvé moyen de
« soustraire une grande partie de leurs biens aux impositions pu-
« bliques, par le crédit qu'ils exerçaient sur les magistrats; aussi
« *une loi qui établissait une égalité proportionnelle dans les im-
« pôts* fut-elle regardée comme un sujet de triomphe par le peuple. »

le vrai principe trop méconnu par les publicistes comme par les gouvernements.

En conséquence, je propose le système suivant d'impôt, plus équitable, et au moins aussi praticable que le système en vigueur et toutes les réformes proposées :

Chaque citoyen payera à l'État le dixième de son revenu provenant de rentes mobilières ou immobilières, et le vingtième de son revenu provenant de son travail. Il payera en sus un demi pour cent sur son capital non productif de revenu appréciable en argent, tel que meubles meublants, chevaux, maisons de campagne, etc...

Les dettes hypothécaires et chirographaires seront défalquées, selon le taux de l'intérêt ou du revenu stipulé.

Le propriétaire cultivateur sera moins imposé que le rentier et le fermier ne le sont ensemble. On pourra décider ainsi des propriétaires à faire valoir eux-mêmes leurs biens, ce qui profitera à la production générale. Cet avantage a été accordé avec succès aux cultivateurs dans quelques pays.

Il est superflu de dire que, dans ce système, les contributions indirectes sont abolies ; la circulation et la vente des vins et autres denrées est parfaitement libre. La seule exception aura lieu à l'égard des alcools, du thé, du café, du tabac, et quelques autres objets de consommation inutiles ou nuisibles. Il est superflu aussi de parler de l'imposition des objets de luxe, réclamée par plusieurs personnes. Le luxe se trouve imposé comme capital, ni plus ni moins que les objets utiles.

Le principe de la progression ne s'appliquera qu'au delà d'un chiffre d'impôt indiquant que le contribuable jouit du superflu, et ne portera que sur l'impôt lui-même, selon une échelle progressive. Celui qui payerait 10 mille francs d'impôt sera soumis à la moitié en sus, par exemple ;

mais sans que cette moitié puisse être dépassée, quelle que soit sa fortune.

L'on comprend que je ne puis ici qu'indiquer les bases d'un système général, et qu'il n'appartient qu'au gouvernement, qui seul en a les moyens, de faire les études de détails nécessaires pour appliquer le système.

L'ordre des successions doit être aussi changé. Le Code civil, en attribuant les biens aux enfants qui en reçoivent chacun une part égale, est en cela conforme à l'ordre et à la nature; mais le droit de succession ne sera, en ligne directe, que de 1 pour 100, tant sur les meubles que sur les immeubles. Au-dessus de 25,000 fr., il sera de 2 pour 100; au-dessus de 50,000 fr., de 3 pour 100; au-dessus de 100,000 fr., de 4 pour 100; au-dessus de 150,000 fr., de 5 pour 100; au-dessus de 200,000 fr., de 6 pour 100; au-dessus de 300,000 fr., de 7 pour 100; au-dessus de 400,000 fr., de 8 pour 100; au-dessus de 500,000 fr., de 9 pour 100; au-dessus de 600,000 fr., de 10 pour 100; ainsi de suite jusqu'à 1 million, qu'il sera de 14 pour 100, sans jamais excéder cette quotité [1].

A défaut d'enfants, les biens reviennent aux ascendants, et aux frères ou sœurs ou aux descendants d'eux; ceci est encore conforme à l'ordre et à la nature; mais en ordre collatéral, les droits de succession seront de 2 pour 100. Au-dessus de 25,000 fr., ils seront de 4 pour 100; au-dessus de 50,000 fr., de 6 pour 100; au-dessus de 100,000 fr., de 8 pour 100; au-dessus de 150,000 fr., de 10 pour 100; au-dessus de 200,000 fr., de 12 pour 100; au-dessus de 300,000 fr., de 14 pour 100; au-dessus de 400,000 fr., de 16 pour 100, au-dessus de 500,000 fr., de 18 pour 100; au-dessus de 600,000 fr., de 20 pour

---

[1] Il est bien entendu que l'on devra tenir compte des fractions.

100 ; au-dessus de 700,000 fr., de 22 pour 100 ; au-dessus de 800,000 fr., de 24 pour 100 ; au-dessus de 900,000 fr., de 26 pour 100 ; au-dessus d'un million, de 28 pour 100 ; sans jamais excéder cette quotité.

Il en sera de même pour les donations entre-vifs ou testamentaires, soit en ligne directe, soit en ligne collatérale. Il est bien entendu que les dettes seront défalquées des biens, et non soumises au droit.

Le Code civil, en faisant descendre la succession jusqu'au douzième degré en ligne collatérale, l'attribue à des parents ordinairement inconnus, même de nom, à celui de la succession duquel il s'agit ; car l'auteur commun, au douzième degré, remonte ordinairement à deux cents ans. N'est-il pas étrange de voir le Code Napoléon mettre l'époux survivant après les cousins du douzième degré? Mais ce fut une erreur ou étourderie du Conseil d'État en 1804. Lorsqu'on lui lut les articles de l'ordre des successions, un membre dit qu'il fallait mettre le conjoint avant ces parents éloignés. Le rapporteur répondit qu'il avait déjà l'usufruit de tous les biens. Il se trompait, le conjoint n'avait rien ; et, en promulguant cette loi, l'on n'y fit pas attention.

Je propose d'attribuer à l'époux survivant, à défaut d'enfants ou descendants d'eux, d'ascendants et de frères ou sœurs ou descendants d'eux, l'usufruit des biens et la nue propriété à l'État. A défaut d'époux survivant, l'État aura de suite la pleine propriété. Si l'on a des cousins que l'on affectionne, on peut faire un testament en leur faveur, comme en faveur d'un étranger.

Le testateur qui a des enfants ou des descendants d'eux ne pourra pas, comme dans la loi actuelle, disposer de plus de la moitié de ses biens s'il a un enfant ; du tiers s'il en a deux ; du quart s'il en a trois ou un plus grand nombre.

S'il laisse son père et sa mère, il ne pourra disposer que du tiers de ses biens ; s'il ne laisse que l'un d'eux, de la moitié [1]. Mais s'il ne laisse que des collatéraux, il pourra disposer de la totalité.

Les donations et legs faits à d'autres qu'aux descendants, ascendants ou collatéraux au degré successible, payeront un droit de 4 pour 100 au-dessous de 25,000 fr.; de 8 pour 100 au-dessous de 50,000 fr.; de 12 pour 100 au-dessous de 100,000 fr.; de 16 pour 100 au-dessous de 150,000 fr.; de 20 pour 100 au-dessous de 200,000 fr.; de 24 pour 100 au-dessous de 300,000 fr.; de 28 pour 100 au-dessous de 400,000 fr.; de 32 pour 100 au-dessous de 500,000 fr.; de 36 pour 100 au-dessous de 600,000 fr.; de 40 pour 100 au-dessous de 700,000 fr., quotité qui ne pourra être dépassée. Ainsi le légataire de 2 millions, non descendant ni ascendant, ni oncle ni neveu, payera 800,000 fr. de droits à l'État.

Il faut que le payement des droits de succession puisse être fait en immeubles, à dire d'experts, au-dessus de 5,000 fr. dus, et que les dettes soient retranchées des donations ou legs [2].

Il importe de régler aussi la forme des donations testamentaires.

La forme olographe exige des formalités qui la mettent à l'abri des captations et de l'ignorance du testateur. Sous le régime actuel, il suffit que l'on écrive, *j'institue M. Pierre pour mon légataire universel*, que l'on date et signe ce chiffon, pour qu'une fortune immense se trouve conférée à un individu souvent indigne. Ne comprend-on pas que

---

[1] Le Code civil n'accorde qu'une légitime d'un quart au père et autant à la mère. Ce n'est point assez.

[2] César autorisa les débiteurs à payer leurs créanciers avec des terres, *De bello civili*, liv. III.

l'on peut de la sorte abuser facilement de l'ignorance ou de la faiblesse?

L'on devrait donc exiger :

1° Que le testament soit motivé. Néanmoins, lorsque les motifs seront reconnus faux, il ne sera pas moins valable, à moins qu'il ne fasse preuve de démence.

2° Qu'il désigne nominativement les meubles ou les immeubles que l'on lègue, ou que du moins l'acte porte une mention expresse de *donner tous les biens en pleine propriété et jouissance ou possession au légataire soit universel, soit à titre particulier.* Ces explications seront également requises pour la validité des testaments publics et mystiques.

En outre, pour éviter autant que possible la soustraction des testaments olographes, et donner au testateur le temps de la réflexion, ils seront faits en double; ou du moins il faudra que le testament en porte la mention, le tout à peine de nullité.

· Outre les profits nationaux résultant du nouvel ordre de succession, l'État augmentera ses ressources par l'adoption des mesures qui feront l'objet des deux sections suivantes.

§ IV. Que l'exploitation des chemins de fer doit être soumise à l'autorité directe de l'État. — Avantages qui en résulteront, — De l'indemnité à accorder aux propriétaires actuels.

L'exploitation des chemins de fer doit être soumise à l'autorité directe de l'État, parce qu'elle constitue, par sa nature même, un monopole qui ne présente aucun danger, et qu'elle est au profit de tous, et non au profit de quelques-uns, comme les monopoles industriels. D'ailleurs ce monopole, étant une exception bien tranchée, et n'employant qu'un nombre comparativement faible de travailleurs, ne peut être considéré comme contraire au libre choix et au libre exercice des professions.

Il y a trois manières d'exploiter les objets d'utilité publique : par l'État, comme aujourd'hui la poste; par des compagnies de capitalistes, comme tous les chemins de fer le sont actuellement; enfin par des *associations ouvrières*.

On a prouvé l'incompatibilité des compagnies actuelles avec la destination des chemins de fer.

En effet, l'État n'avait d'abord à traiter avec elles que pour l'exploitation, et il devait se réserver l'acquisition des terrains, les terrassements et ouvrages d'art. Mais on dévia de cette idée, qui restreignait le monopole, et on livra aux compagnies la propriété avec l'exploitation, de sorte qu'elles devinrent plus puissantes que le gouvernement lui-même[1]. Quel usage font-elles de leur pouvoir? Elles rançonnent les voyageurs, multiplient les accidents par cupidité, et tiennent à leur solde des armées de salariés qui dépendent absolument d'elles.

Ces considérations ont fait supposer qu'il serait utile de faire dès à présent exploiter les chemins de fer par des compagnies ouvrières.

« Si en 1840, dit-on, lorsque fut faite la concession du chemin du Nord, le gouvernement avait voulu tout à la fois offrir un bénéfice aux capitaux privés et y faire participer le travail, voici ce que sans difficulté il aurait pu faire :

« La société aurait existé non-seulement entre les actionnaires fournissant le capital social, mais *entre les*

---

[1] *Des réformes à opérer dans l'exploitation des chemins de fer*, p. 369.

actionnaires et les ouvriers. Les bénéfices de l'exploitation auraient été partagés entre les ouvriers et les actionnaires, selon une proportion déterminée. La part de
bénéfices revenant aux travailleurs eût été répartie entre eux, proportionnellement à la fonction, au grade; et
les ouvriers eussent été représentés dans le conseil d'administration par la moitié ou le tiers des membres dudit
conseil. La direction eût été confiée à un ou plusieurs
directeurs appartenant à la catégorie ouvrière (c'est-à-dire
ingénieurs, architectes, commissionnaires, etc.).

« A l'expiration de la concession, la compagnie dé-
chargée du service des intérêts et dividendes à payer aux
actionnaires, ses tarifs eussent été dégrevés d'autant, et
elle serait devenue exclusivement ouvrière. Dans cette
condition nouvelle, la société reste chargée de l'entretien du matériel roulant, du remplacement des véhicules,
du renouvellement des voies et de leurs réparations, etc.
La nation est propriétaire du chemin, des bâtiments et de
tout le matériel et accessoires que la société doit représenter en bon état à l'expiration de chaque bail, et d'a-
près estimation d'arbitres.

« Il serait reconnu en principe à l'État une part de...
sur toutes les améliorations et réductions de frais obtenues dans l'exploitation. Cette part servirait chaque année
à déterminer la réduction à opérer, s'il y avait lieu, sur les
tarifs.

« L'État ferait partie de droit du conseil de surveillance
et du conseil d'administration, indépendamment de la
haute surveillance qui lui est reconnue, sur toute société
anonyme, par la loi. Cette-ingérence de l'État n'aurait
point pour but de gêner la liberté de l'association et de la
subordonner aux vues de l'autorité administrative, mais
uniquement de veiller à l'éducation économique et sociale

de la classe ouvrière, au développement de ses idées, à la prudence de ses conseils, à la direction de ses mœurs, à l'observation des principes de liberté et d'égalité sur lesquels repose l'institution. Des mesures seraient prises pour tout ce qui regarde l'instruction, le perfectionnement et le bien-être des ouvriers : écoles, bibliothèques, bains, caisses de retraites, etc., etc.

« En principe, tous les ouvriers employés dans l'exploitation seraient associés, c'est-à-dire participants. Cependant, eu égard à l'instabilité du service et à l'inégalité des travaux dans les diverses saisons, la compagnie pourrait employer à son service, lorsque le besoin l'exigerait, autant de salariés que les circonstances l'exigeraient. »

En supposant ce projet applicable dans l'origine, il ne le serait plus aujourd'hui. Sans doute, un temps viendra où l'exploitation des chemins de fer pourra être livrée aux associations ouvrières ; mais, quant à présent, une transition est nécessaire. L'État doit s'en emparer, comme il a le monopole de la poste aux lettres, dont le service est si satisfaisant pour le public.

Au moyen de l'exploitation par l'État, le prix des transports sera réduit de beaucoup, ou le bénéfice en profitera à la nation. En outre, l'esprit de cupidité disparaîtra : les accidents seront moins fréquents, la probité reparaîtra dans la circulation. Quand un employé de la poste aux lettres commet un vol, il est immédiatement déféré aux tribunaux ; mais l'expérience prouve que les compagnies n'agissent pas de la sorte.

En outre, que de fraudes disparaîtront, qui souvent sont commises aux dépens des actionnaires eux-mêmes par des administrateurs ! La *Revue d'Édimbourg* nous cite quelques-uns de ces actes odieux dont le moindre conduirait un pauvre diable à Clairvaux: « Une histoire secrète des compagnies, dit-elle, détromperait vite les âmes simples. On apprendrait comment, naguère encore, dans telle compagnie, les directeurs se partagèrent entre eux quinze mille actions nouvelles, qui se vendirent alors avec prime; comment ils se servirent des fonds de la compagnie pour payer les à-compte dus sur ces actions, et comment l'un d'eux puisa ainsi dans la caisse commune jusqu'à concurrence de 2 millions. On saurait comment, dans une autre, 12 millions se trouvaient portés sous des noms fictifs; comment, dans plusieurs, les administrateurs rachetaient pour la compagnie leurs propres actions, se payant eux-mêmes avec l'argent des actionnaires. On apprendrait que des directeurs, alors que l'intérêt de l'argent est à un taux élevé, contractent à un taux inférieur des emprunts pour leur propre compte sur les balances flottantes que la compagnie a chez des banquiers; que d'autres encore se payent des salaires supérieurs à ceux qui ont été fixés, dissimulant la différence sous la dénomination de *frais divers* dans un coin obscur du grand-livre, etc., etc. »

Cette appropriation aura aussi l'avantage de tarir une source abondante de jeu et d'agiotage.

On prétend que le jeu sur les actions de chemins de fer est utile, 1° parce qu'il soutient le prix des valeurs, et même l'élève considérablement, de sorte que les capitaux ne manquent pas pour établir ces chemins; 2° parce qu'il offre un aliment au goût inné du jeu et des émotions, et qu'il vaut mieux qu'il s'exerce là-dessus que sur autre chose.

Je réponds à la première allégation que le prix des actions des chemins de fer et des autres valeurs industrielles ne constate nullement une augmentation de richesse, quand il est le produit du jeu et de l'aventureuse spécu-

lation. Cet accroissement de prix n'est qu'une valeur fac-
tice, puisqu'elle ne provient point d'un accroissement de
la richesse publique.

La seconde articulation n'est pas plus fondée. Bien des
gens qui ne joueraient point aux cartes ou aux dés jouent
sur les actions. Ils commencent par spéculer au comptant, ou même par opérer de simples placements de leur
argent. Puis, des proxénètes leur conseillent de vendre
ou d'acheter à terme, ferme ou à prime, afin d'opérer sur
de plus grandes masses, et de réaliser de plus beaux bénéfices. Ces conseilleurs avides réalisent pour eux-mêmes
d'énormes courtages, et ruinent leurs dupes qu'ils appellent leurs *clients*. Ainsi des capitaux, fruit de vingt ans de
travail ou d'un honnête patrimoine, sont engloutis en peu
de temps et toujours stérilement pour la nation! Ainsi des
pères et des fils de famille, agités par le désespoir, se donnent la mort[1]!

Une indemnité sera due aux actionnaires. Des personnes pensent que la manière de la rendre équitable,
c'est de la calculer sur le prix moyen du capital des actions durant les cinq dernières années, et de livrer en
échange des inscriptions de rentes 3 p. 100, pour ledit
capital. C'est-à-dire qu'ils recevront autant de fois 3 fr.
de rente perpétuelle qu'ils auront de centaines de francs,
par le prix moyen du capital de leurs actions.

D'autres prétendent que les actionnaires seraient ainsi
lésés, en ce qu'ils n'auraient plus ni le même capital, ni
le même revenu; mais on peut leur répondre que les revenus de 7 à 8 p. 100, qu'ils ont obtenus depuis trop long-

---

[1] Le lecteur peut consulter avec fruit le *Manuel du spéculateur à
la Bourse*, par M. P.-J. Proudhon, 4ᵉ édition, où le courageux écrivain présente un tableau aussi spirituel que profond de cette plaie
de notre époque.

temps, les indemnisent largement de ce qu'ils diront perdre, et qu'il est temps d'indemniser aussi indirectement les autres capitalistes et les travailleurs.

On ne peut indiquer en ce moment ce qu'il serait bon de faire à ce sujet. Tout dépendra des circonstances, et des principes généraux et financiers qu'il sera opportun de suivre au moment du décret qui mettra les chemins de fer à la disposition de l'État.

§ V. Des assurances et de leurs diverses espèces. — Utilité pour l'État à s'en charger.

Les incendies, les naufrages, la mortalité et d'autres accidents ne peuvent le plus souvent être conjurés par la prudence ordinaire. L'on a imaginé de répartir le sinistre sur un très-grand nombre d'individus, afin qu'il n'impose à chacun qu'un sacrifice assez léger pour ne pas l'empêcher de prospérer ; mais suffisant pour le garantir contre les accidents résultant de son imprudence, ou d'une force majeure. La convention par laquelle des hommes se cotisent réciproquement se nomme *assurance*. Il y en a quatre grandes classes : l'assurance maritime, l'assurance terrestre, l'assurance sur la vie humaine, et celle contre l'incendie.

On croit généralement que les assurances maritimes furent les premières instituées. D'abord, des commerçants donnèrent séparément leur garantie pour une somme déterminée sur chaque navire, moyennant une prime proportionnée aux risques du voyage. Le propriétaire du navire s'adressait à divers souscripteurs, jusqu'à ce que la réunion des garanties partielles eût atteint la valeur de son expédition.

Ensuite des compagnies se formèrent pour recueillir la prime que chaque expéditeur consent à payer pour être garanti. Elles ne sont guère que les collecteurs des cotisations de chacun, à l'effet de garantir ceux qui sont victimes. Une compagnie d'assurances n'a pas besoin de capitaux considérables, car elle encaisse régulièrement et successivement les primes de chaque assuré, qui sont le fonds destiné à la réparation des sinistres.

Ces primes sont proportionnées aux risques suivant la solidité des navires, leur cargaison, leur armement, et les dangers de la traversée. Si, par exemple, l'expérience démontre, qu'en moyenne, un navire sur vingt-cinq périt dans la traversée de Marseille à Odessa, la prime d'assurance ou cotisation doit être d'un peu plus que 4 p. 100; car il faut qu'outre la réparation du dommage, on puisse subvenir aux frais généraux d'administration, et avoir un fonds de réserve pour une année qui serait exceptionnellement plus désastreuse. Si le navire est chargé de poudre, la prime sera plus forte, etc. L'armateur qui possède une vingtaine de navires n'a pas besoin de s'assurer, car il payerait autant en assurances qu'il recevrait pour ses sinistres. Il s'assure en quelque sorte lui-même, tandis que celui qui n'en possède qu'un serait ruiné par un sinistre, s'il n'était pas assuré.

Les assurances terrestres ont pour objet la garantie des risques involontaires que la grêle, les épizooties, etc., peuvent faire encourir.

L'assurance sur la vie humaine est calculée sur les chances de durée de la vie à chaque âge, d'après la statistique. Une compagnie s'oblige à payer aux héritiers, ou à telle personne indiquée, une somme déterminée moyennant une prime annuelle. On peut ainsi, à la naissance d'un enfant, par le versement d'une somme fixe ou d'une prime annuelle, lui assurer une dot, s'il arrive à la majorité. Un mari, qui n'a d'autre ressource que son travail peut, en versant annuellement le montant de ses épargnes, assurer une rente à sa veuve. On peut aussi, moyennant une prime fixe ou annuelle, dont la compagnie s'empare en cas de mort prématurée, acquérir une rente annuelle, pour toute sa vie, après un certain âge; c'est ce que, dans la pratique, on appelle une rente différée [1]. Ces combinaisons amènent à résister à l'appât des jouissances immédiates, pour s'assurer des ressources dans l'avenir, quand on aura perdu ses forces; ou pourvoir à la subsistance de sa famille, alors qu'on sera mort.

Dans les assurances contre l'incendie, l'assuré restant le gardien de la chose garantie, le sinistre résulte quelquefois de son crime ou de sa négligence calculée. Néanmoins, les premières compagnies qui se sont formées sous la Restauration ayant fait de gros bénéfices, des particuliers ont eu l'idée de s'assurer mutuellement, afin d'en profiter eux-mêmes. Ils ne payent pas de prime, mais ils s'engagent à verser annuellement deux cotisations : l'une fixe aux directeurs pour les frais de gestion; l'autre éventuelle, qui est la répartition faite entre tous de la somme des sinistres qu'ont subi les associés dans l'année. Au 31 mars 1850, les maisons mises à Paris en mutualité pour l'incendie représentaient un capital de 2,730,659,000 fr., somme dans laquelle se trouvait comprise la valeur fictive de 447,070,000 fr. pour les immeubles considérés comme courant plus de risques. Les sinistres se sont élevés, dans l'année, à la faible somme de 44,620 francs, de sorte que la cotisation proportionnelle n'a été que de 0 fr. 01 c. 64, tandis que la cotisation fixe est restée à 0 fr. 06 c. par 1,000 francs [2].

---

[1] Ces sortes d'assurances sont basées sur la loi des grands nombres.

[2] H. Say. *Dict. de l'Écon. polit.*, de Guillaumin. V° *Assurances.*

Les grandes compagnies, percevant des primes bien supérieures, acquièrent des dividendes qui montent jusqu'à 50 et 100 p. 100. Elles ont soin de s'entendre entre elles pour le maintien des primes, ce qui est une coalition prohibée par le Code pénal. Mais, tandis que la compagnie mutuelle pour l'assurance des bâtiments se contente de 15 centimes pour 1,000 fr., les grandes compagnies exigent 40 centimes; et l'on doit s'étonner que le public gaspille ainsi son argent pour les enrichir.

Le total des valeurs assurées actuellement ne va pas à 30 milliards. Dans ce chiffre même se trouvent beaucoup de capitaux assurés deux fois, par l'usage où l'on est d'assurer les risques locatifs et le recours des voisins. Dans les grandes villes, au moyen des risques locatifs, les propriétaires font supporter par leurs locataires l'assurance même de l'immeuble. Pendant que le propriétaire, paye 10 ou 15 centimes par 1,000 francs la prime de l'assurance à la compagnie mutuelle immobilière, les locataires couvrent ce même immeuble, par leurs risques locatifs qu'ils payent à raison de 30 ou 40 centimes. Ainsi, une maison de 100,000 francs, qui est assurée par son propriétaire, moyennant une prime annuelle de 10 francs, est également assurée par le locataire qui, au lieu de 10 francs, en paye 30 ou 40. Si l'immeuble est incendié par le fait du locataire, c'est lui ou son assureur qui paye le sinistre. M. Moreau de Saint-Plaisir fait observer avec raison que si l'immeuble et les risques locatifs étaient assurés à une seule compagnie, il en résulterait une épargne de 40 p. 100.

Les 30 milliards assurés produisent pour primes, droits de direction, plaques et polices 21 millions; à quoi il faut ajouter pour les commissions payées aux agents et courtiers environ 9 millions; en tout 30 millions de prélèvements annuels, c'est-à-dire deux fois la somme des sinistres pour toute la France [1].

Or, la somme des valeurs susceptibles d'être soumises à l'assurance contre l'incendie, peut être évaluée à 100 milliards au moins [2]. La moyenne des primes d'assurance contre l'incendie étant, sous le régime actuel, de 1 p. 100, si toutes les valeurs étaient assurées, elles coûteraient 100 millions. En supposant qu'il y ait quatre fois plus de sinistres, ce serait 60 millions que gagneraient ces quelques compagnies, chaque année. Ne vaut-il pas mieux que ce bénéfice profite à l'État, puisqu'il permettra de diminuer le chiffre de l'impôt, ou allégera les particuliers?

En effet, deux systèmes se présentent : l'un est de réduire la prime d'assurance de manière à lui faire représenter exactement la somme des pertes et des frais d'administration; l'autre, de maintenir les primes au niveau actuel, de manière à faire bénéficier le budget de toute la différence qu'il y aura entre les recettes et les dépenses probables. Je pense qu'il vaut mieux prendre un moyen terme. On aurait ainsi l'avantage d'obtenir des bénéfices, tout en faisant disparaître, en peu de temps, ces compagnies rapaces qu'il n'est pas nécessaire d'exproprier; il suffit de leur faire concurrence. Mais si l'on se décide à les abolir, on ne leur doit rien, car elles n'ont rien acheté; on ne leur a rien aliéné. Au surplus, leurs faibles frais d'établissement ont été largement compensés par leurs bénéfices.

[1] D'après les documents publiés par l'administration, le montant des pertes causées par l'incendie s'est élevé, en 1844, à 16,170,606 fr.; la moyenne n'a été que de 13,000,000 fr., de 1826 à 1835.

[2] M. Raoul-Boudon l'évalue à 278 milliards; la *Revue des assurances* à 215 milliards.

Il est probable que l'État, avec le concours des administrations locales, amènera peu à peu tous les habitants
à se faire assurer contre l'incendie. Ainsi, les 70 milliards,
qui échappent à l'assurance sous le régime des compagnies particulières, y viendront sous le régime national.
Les frais pour l'État seront insignifiants, puisqu'il y a des
agents locaux qui pourront faire ce service avec celui
dont ils sont déjà chargés.

Les autres assurances présenteront des avantages analogues.

L'assurance contre la grêle, qui pourrait s'appliquer à
5 milliards de valeurs, n'existe que pour 200 millions, et
coûte aux assurés jusqu'à 5 francs pour 100 francs. La
moyenne des sinistres causés par la grêle s'élève annuellement à 35 millions. Cette somme énorme est perdue
presque entièrement par nos cultivateurs; car les compagnies mutuelles ne remboursent guère que 2 millions de
sinistres, mais elles dépensent près de 1,200,000 francs
en frais généraux.

L'assurance contre la mortalité des bestiaux pourrait
s'appliquer à 2 milliards de valeurs, et elle n'a encore su
atteindre que 10 millions.

Quant aux assurances sur la vie, les compagnies, pour
faire assurer une valeur totale de 350 millions, n'ont pas
prélevé moins de 63,210,000! 18 p. 100 pour la seule
peine de recevoir l'argent des assurés et le convertir en
coupons de rente [1]

L'assurance a un caractère éminemment social, et elle
est d'autant plus utile qu'elle se répartit sur un plus grand
nombre; car ou la prime diminue, ou les ressources devien-

---

[1] *Organis. comm. et centr.* Voyez aussi la brochure de M. Méreau
de Saint-Plaisir.

nent plus importantes. Si, depuis dix ans, les victimes de
la fureur des eaux, dans le centre et le midi de la France,
s'étaient fait assurer, ils eussent pu ne rien perdre. Mais,
dans le système actuel, quelle indemnité auront-ils? Les
souscriptions ont produit une douzaine de millions, et les
sinistres s'élèvent, dit-on, à plus de 300 millions!

Plusieurs personnes pensent que l'État, en se faisant
assureur, doit rendre la prime obligatoire. Je compren-
drais ce système en ce qui concerne les inondations,
contre lesquelles la prudence humaine ne peut rien, et
dont la réparation est une charge nationale; mais, pour
l'incendie, ce serait mettre au même rang la négligence
et la prévoyance, la mauvaise foi et la probité. D'ailleurs,
on violerait la liberté des citoyens, car il en est qui préfèrent la chance, si rare, de perdre une portion de leur
capital à l'obligation de payer toute leur vie un petite
somme.

CHAPITRE VI.

DU CRÉDIT PUBLIC ET DES EMPRUNTS.

§ I. — Que le crédit public n'était pas connu dans l'antiquité. — De l'emprunt par anticipation. — De l'emprunt avec fonds à perpétuité. — De l'emprunt ouvert au public. — Des annuités à terme et des annuités viagères.

Les gouvernements de l'antiquité, ne connaissant pas le crédit, amassaient dans la prospérité des trésors pour subvenir aux crises causées par la famine et la guerre. L'épargne de Cyrus montait à plus de 51 millions de francs de notre monnaie. Le trésor de Darius, pillé par Alexandre, valait plus de 800 millions. Ptolémée Philadelphe en amassa un de plus du double. Tibère lui-même amassa 2 milliards 700 millions de sesterces, que Caligula dépensa en quelques mois. Dans les temps modernes, Henri III d'Angleterre, Charles V, Henri IV, les papes Paul II et Sixte-Quint, les cantons suisses, Napoléon et l'empereur Nicolas Ier avaient une épargne en numéraire ou en lingots d'or. L'avant-dernier soutint les campagnes de 1813 et 1814 avec 300 millions qu'il avait cachés dans les caves des Tuileries. L'empereur de Russie conservait naguère dans la forteresse de Saint-Pétersbourg environ 400 millions de francs, malgré une dette s'élevant au quadruple. Les Russes prétendaient que c'était pour garantir le papier monnaie qui circule dans son empire; mais c'était plutôt pour entreprendre la guerre de 1854 dont il faisait depuis six ans les préparatifs.

Tous les princes, les comtes, les barons de la féodalité avaient un trésor qu'ils enfouissaient lorsqu'on était sur le point de prendre leurs châteaux ; la découverte de ces trésors formait une branche du revenu des souverains d'autrefois.

Quelques écrivains croient néanmoins qu'il y a eu des emprunts publics dans l'antiquité ; ils se fondent sur un passage de Cicéron qui dit que, pour subvenir à des dépenses extraordinaires, les provinces asiatiques empruntaient. Tite-Live parle vaguement d'un emprunt contracté par Rome durant la guerre punique ; mais ces passages isolés, un peu obscurs, et non corroborés par des textes de lois, ne suffisent pas pour faire penser que le crédit public était connu dans l'antiquité. Les graves embarras où les États les plus florissants se trouvèrent dans certaines occasions tendent à faire penser, au contraire, qu'il n'existait point. Ainsi la république romaine tressaillit d'inquiétude quand il fallut payer les 2,000 livres d'or exigées par les Gaulois. Les Thébains, ne pouvant se procurer cinq talents, furent forcés d'abandonner leur citadelle [1]. L'empereur Néron, ayant un urgent besoin d'argent, fit mettre à mort six individus qui possédaient à eux seuls la moitié de la province d'Afrique. Denys

---

[1] Le talent pesait environ 14 kil. d'argent. Il se composait de 6000 drachmes. Une drachme valait 6 oboles, selon le P. de Jouvency. Ces cinq talents ne faisaient donc que 14,000 fr. ; mais la puissance d'acquisition de la monnaie était cinquante fois plus considérable à cette époque que de nos jours. Au temps le plus florissant de la république d'Athènes, ses revenus ne se montaient qu'à 400 talents, y compris les contributions de ses nombreux alliés qu'elle était chargée de défendre.

l'ancien jeta son manteau de laine sur la statue de Jupiter, et s'empara de celui du dieu, qui était d'or, en disant que ce dernier *était trop froid pour l'hiver.*

Ce fréquent besoin d'argent a fait imaginer les emprunts qui, dans l'origine, se contractaient sur la garantie personnelle des monarques; car aucun fonds spécial n'était affecté à leur remboursement. Quand les créanciers exigèrent un gage, on leur assigna une branche des revenus publics, soit pour un temps limité, si le prêt était à terme, ce qu'on appelait *anticipation*; soit à perpétuité, s'il était indéfini; c'était l'emprunt *avec fonds à perpétuité.* Dans ce dernier cas les gouvernements se réservaient la faculté de se libérer en remboursant le principal.

Dans l'emprunt perpétuel ou consolidé, le gouvernement émet des titres ou rentes portant la mention d'un capital et d'un intérêt fixes. Le capital est de 100 francs, et l'intérêt de 5, 4, 3, plus ou moins. Il est arrivé souvent que le gouvernement n'a touché qu'une somme bien inférieure à 100 francs. Ainsi, en 1815, un emprunt en 5 p. 0/0 fut contracté à 51 francs 25 cent., soit un intérêt d'environ 10 p. 0/0. En 1818, il fut contracté à 67 francs. En 1848, à 75 p. 0/0. En d'autres termes, les gouvernements reconnaissaient avoir reçu 100 francs quand ils n'en recevaient que 51, 67, 75!

Ceux qui ont acquis ces titres les revendent à des prix différents, suivant que la confiance s'est accrue ou a diminué, et en vertu des oscillations de l'offre et de la demande. En général, jusqu'en 1854, ce furent de riches banquiers, surnommés vulgairement *loups cerviers,* qui achetaient en gros ces titres pour les revendre en détail à la Bourse.

On avait proposé depuis longtemps, pour éviter la collusion, de remplacer les emprunts par adjudication, par

des emprunts nationaux ouverts à tout le monde, au taux
que fixerait le gouvernement. Autrefois, les emprunts se
faisaient souvent ainsi. En août 1789, Necker en fit décréter deux par l'Assemblée constituante; l'un de 30 millions, qui n'en produisit que 2; l'autre de 80 millions en
procura à peine 4.

Aux temps de détresse, ce mode est impraticable. Le
public, au lieu de porter son argent au Trésor, le réclame, le garde et le cache, comme on le vit en 1789,
en 1830, en 1848. Des économistes ont prétendu que
« dans les temps même d'ordre et d'abondance, les pe-
« tits capitalistes redoutent toujours un nouveau place-
« ment, et veulent suivre l'exemple des gros spéculateurs
« qui, étant en relations avec chacune des grandes places
« du monde, sont mieux placés qu'un gouvernement pour
« répartir les coupons d'un emprunt. Ils peuvent donc
« offrir un prix plus élevé de ces coupons que celui-ci
« n'en obtiendrait directement [1]. »

En 1854, le gouvernement français, dédaignant avec
raison ces faibles motifs, admit le public à la souscription d'un emprunt de 250 millions en principal, qui
fut couvert bien au delà du chiffre. Au mois d'avril, la
rente tomba un peu au-dessous; mais, le mois suivant,
elle remonta de 10 francs, ce qui offrait aux prêteurs un
bénéfice de plus de trois années de revenu. En 1855, on
fit un emprunt de la même façon, de 500 millions, dont
les sommes souscrites surpassèrent encore de beaucoup le
chiffre. Quelques mois après, un autre de 750 millions fut
également souscrit.

Outre les emprunts par anticipation et perpétuels, on
en pratiqua autrefois sur *annuités à terme*, et sur *annuités*

[1] Du Puynode, *De la monnaie, du crédit et de l'impôt.*

viagères. Le payement des intérêts comprenait annuellement le remboursement d'une partie du principal. Les
annuités viagères furent créées, soit sur des vies séparées,
de façon que le décès de chaque rentier dégrevât le Trésor
de sa dette, soit sur des lots de plusieurs vies réunies ;
dans ce cas, les survivants profitaient des rentes dues aux
prédécédés. Ce dernier système est celui des *tontines*, dont
Necker fit abus. Ce mode d'emprunt, considéré comme
trop onéreux et aléatoire, est maintenant abandonné.
Seulement, on attache quelquefois des primes à certains
titres des prêteurs, en s'obligeant à les rembourser par
séries, comme fait habituellement la ville de Paris, afin
de les faire rechercher par ceux qui aiment les émotions
du jeu.

§ II. — Des premières dettes françaises. — Chiffres de la dette consolidée jusqu'à nos jours. — Origine du 3 pour cent. — Utilité de
ramener à l'unité toutes les rentes françaises.

Les plus anciennes dettes contractées par le gouvernement français qui nous soient connues, sont celles de 1375
sous Charles V. François Iᵉʳ emprunta pour la guerre d'I-
talie et pour payer sa rançon. Ce dernier emprunt fut
l'origine de la vénalité des charges, si honteuse pour l'ancienne monarchie. Sully, loin d'emprunter, remboursa
une partie de la dette existante par des réductions forcées
et sages. Après la mort de ce grand ministre, les profusions renaquirent.

A la majorité de Louis XIV, la dette perpétuelle montait, en intérêts, à 27 millions 500 mille livres, et en
principal à plus de 500 millions. Colbert réduisit l'arrérage des rentes à 8 millions ; mais, quelques années après
sa sortie des affaires, cet arrérage remonta à 11 millions

700 mille livres. Lorsque Louis XIV mourut, la dette était de 1,925 millions, ce qui ferait aujourd'hui 3 milliards 80 millions, soit en comparant le prix moyen du blé aux deux époques, soit en comparant la quantité de livres taillées dans le marc. D'autres disent qu'en mourant Louis XIV laissa une dette de deux milliards 600 millions, ce qui, à 28 livres le marc d'argent, représentait environ 5 milliards de notre monnaie. Mais je ne sais où ces auteurs ont pris ces chiffres qui me paraissent exagérés [1].

Law proposa au régent de rembourser toute la dette par l'émission d'une somme équivalente de nouvelles actions de sa Compagnie. Le régent entra dans ses vues accueillies avec un enthousiasme général, qui fit croire un instant au succès. Quoiqu'on eût déjà émis 300 mille actions au capital nominal de 500 livres, on fit encore trois émissions en dix-neuf jours chacune de cent mille actions. Lorsqu'aux bureaux de la Compagnie on les délivrait pour 5 mille livres à une foule avide, des spéculateurs les revendaient 7 à 8 mille livres dans la rue Quincampoix. On connaît la catastrophe qui suivit bientôt ces tentatives.

La dette se montait, en 1789, à 161 millions 466 mille livres de rentes, selon le compte rendu du ministre Necker à l'Assemblée constituante. Le gouvernement ré-

---

[1] C'est Louis XIV qui demandait au duc de Vivonne *à quoi servait de lire.* — *Sire,* répondit le courtisan, qui avait le visage frais et rose : *La lecture fait à l'esprit ce que vos perdrix font à mes joues.* Ce prince brûla lui-même tous les manuscrits de Fénelon que le duc de Bourgogne avait conservés de son sage précepteur. Quand il protégea les écrivains, il se disait sans doute comme Denis, le tyran de Syracuse : *J'entretiens à ma cour des philosophes et des beaux esprits, non que je les estime, mais parce que je veux être estimé à cause de la faveur que je leur montre.*

volutionnaire fut forcé de l'augmenter de 47 millions ; mais sous le Directoire, en 1797, la réduction des deux tiers la fit descendre à 40 millions.

Depuis 1800 jusqu'en 1815, cette somme s'accrut, 1° par la réunion de quelques provinces à la France, de 4,586,000 fr. ; 2° par l'acquittement de l'arriéré antérieur à 1809, de 11,254,000 fr. ; 3° enfin, de 5,750,000 fr., inscrits au nom de la Caisse d'amortissement et du domaine extraordinaire, pour servir au payement des dépenses publiques, et pour fonder des dotations en faveur des grands-officiers de la couronne [1] ; ensemble de 21,610,000 fr. Ces créations nouvelles ont donc porté les arrérages annuels de la dette inscrite à 63,307,637 fr., au 1er avril 1814.

La Restauration éleva, dès son avénement, la dette de 63,610,000 fr. à près de 195 millions. En 1830, malgré l'indemnité des émigrés, la dette était réduite à 170 millions, représentant au pair un capital de 3,949,000,000.

A la fin de 1839, la dette inscrite se trouvait presque ramenée à ce dernier chiffre, bien que Louis-Philippe, dans le but de raffermir sa puissance, eût, avant cette époque, créé de nouvelles rentes, montant en principal à 545,800,000 fr. Mais, à partir de 1840, les emprunts se renouvelèrent avec rapidité. Ce gouvernement a créé, du 1er août 1830 au 23 février 1848, pour 77,746,064 fr. de rentes, et en a annulé pour 32,876,066 fr., soit 44,869,998 fr. de rentes excédantes.

Le 24 février 1848, le capital de la dette montait à 5,200,000,000 ; et, depuis cette époque, les rentes 5 p. 100 ont été augmentées de 41,944,970 fr. ; et celles 3 p. 100 de 33,796,411 fr. ; ensemble, de 75,741,781 fr. en prin-

---

[1] D'Audiffret, Syst. financ., t. I.

cipal d'une part, jusqu'en 1853. En 1854 et 1855, trois
emprunts furent contractés, tant à 4 et demi qu'à 3 p. 100,
montant en principal à 1,580,000,000, et en rente à
76 millions.

En résumé, notre dette publique consolidée monte à
454 millions de rente, soit à plus de 9 milliards de principal, en supposant la rente calculée à 5 p. 100, taux de
l'intérêt légal.

Ces rentes se décomposent ainsi :

Dette consolidée (4 et demi, 4, 3 pour 100).	266,890,186 fr.
Amortissement.	75,018,905
Emprunts spéciaux pour canaux et travaux.	10,306,627
Intérêt des capitaux remboursables à divers ti-tres.	33,500,000
Dette viagère.	68,735,053
Total.	454,450,751 fr.

La dette dite *consolidée* se compose :

1° Du 4 et demi p. 100 nouveau, qui était originaire-
ment le 5 p. 100, seul taux connu jusqu'en 1825. Il fut
converti en 4 et demi par décret du 14 mars 1852. A cette
époque, le gouvernement offrit le remboursement au pair
aux créanciers qui n'accepteraient point la conversion.
Mais les demandes de remboursement n'allèrent pas au
delà de 73 millions environ de principal, soit, environ
3,600,000 fr. de rente.

Cette conversion fut une bonne opération financière,
en vain réclamée plusieurs fois sous le précédent règne ;
mais elle eut le tort de ne point s'étendre à toute la dette
consolidée, car l'ancien 4 et demi, le 4 et le 3 p. 100 en
furent affranchis.

2° Du 4 et demi p. 100 ancien, qui provient d'une conversion de 5 p. 100 opérée par un ministre de Charles X, le 1ᵉʳ mai 1825.

3° Du 4 p. 100, qui provient d'un emprunt adjugé à la maison Rothschild, le 12 janvier 1830.

4° Enfin du 3 p. 100. L'origine de cette rente est un vol commis au préjudice de la nation par le parti de l'émigration, en 1825. Ce parti, soutenu par le ministère du roi Charles X, corrompit les chambres, et obtint une indemnité d'un milliard, pour la peine qu'il avait eue, trente ans auparavant, d'aller conspirer à Coblentz, et combattre contre la France dans les rangs des Prussiens, des Autrichiens et des Anglais. Du reste il avait déjà été indemnisé par le Directoire, par l'Empire et par Louis XVIII.

Le gouvernement de Louis-Philippe ajouta à ce milliard, sur lequel les émigrés reçurent environ 29 millions de rente 3 p. 100 : 1° 15,500,000 fr. de rente pour la consolidation des bons du Trésor affectés à l'amortissement; et trois emprunts, en 1841, en 1844 et en 1847. Les versements de ce dernier, ayant été suspendus par l'insurrection de Février, le gouvernement de la République le changea en 5 p. 100; c'est-à-dire qu'il le bonifia des 2 cinquièmes au profit des souscripteurs; il leur donna 5 fr. de rente pour 75 fr., au lieu de 3 fr.

Il est à regretter, du reste, pour la comptabilité, que la dette consolidée se compose de quatre articles. Il est temps d'effacer de nos lois ces divergences bizarres, et de réduire toutes les rentes à une seule, en 4 p. 100, qui sera payée, pour la commodité des porteurs, à chaque trimestre.

§ III. — Dettes consolidées des principaux États. — Exemple donné
par les États-Unis à l'Europe.

Le prêt de 1,200,000 liv. sterl., fait en 1694 au gouvernement, par la Banque d'Angleterre, lors de sa fondation, est généralement considéré comme l'origine de la
dette de cette nation. Les arrérages antérieurs à la charge
de l'État n'étaient que des annuités viagères. Dès le commencement du dix-huitième siècle, la dette anglaise montait à un milliard de francs. En 1772, elle atteignait
3 milliards et demi. En 1784, à l'avénement de Pitt, elle
dépassait 5 milliards. En 1815, elle s'élevait au chiffre de
28 milliards; et aujourd'hui elle est encore d'environ
20 milliards ou 800 millions sterl. [1]. L'intérêt, qui s'en
élève à près de 30 millions sterl., est presque égal au revenu foncier de l'Angleterre et absorbe près de la moitié
de son budget.

Les dettes des autres monarchies, déjà considérables
au dernier siècle, se sont aussi accrues depuis. Les États
les plus obérés se présentent dans l'ordre suivant : le
Royaume-Uni, la France, l'Espagne, l'Autriche, la Hollande, la Russie, le Portugal, la Belgique, la Prusse et la
Sardaigne. Si, au lieu de considérer la somme de la dette
de chaque État, on la compare au chiffre de sa population, chaque habitant, en Sardaigne, aurait à payer, pour
rembourser la dette de son pays, 34 fr.; en Prusse, 36 fr.;
en Russie, 50 fr.; en Autriche, 80 fr.; en Belgique,
135 fr.; en Portugal, 160 fr.; en France, 265 fr.; en
Espagne, 420 fr.; dans le Royaume-Uni, 680 fr.; en
Hollande, 815 fr.

[1] La liv. sterl. vaut 25 fr.

Le capital de ces dettes s'élevait, au milieu de 1850, à 46 milliards et demi de francs, soit à 180 francs environ par habitant. Il s'élève aujourd'hui à près de 50 milliards. Le remboursement de ce capital exigerait huit fois le revenu annuel de tous ces États. La somme qu'ils affectent au service des intérêts s'élève à 2 milliards de francs, soit au tiers environ de leurs dépenses ordinaires.

La dette publique des États-Unis n'est plus que de 40 millions de dollars, soit 200 millions de francs en principal. L'année dernière elle était de 3 millions de francs de plus; car ce sage gouvernement s'est appliqué à l'amortir chaque année, au moyen de l'excédant de ses recettes sur ses dépenses [1]. Ainsi cette république, au lieu de dettes, fait des épargnes. Belle leçon, mais vaine pour les gouvernements d'Europe, ses aînés [2]!

§ IV. — Des dettes flottantes. — Des découverts.

Outre les dettes *consolidées*, dont je viens de parler, les États ont des *dettes flottantes*, provenant de dépôts, ou créées pour des besoins momentanés, et soumises à un prochain remboursement ou à la consolidation. L'origine en remonte, en Angleterre, aux premiers bills de l'Échiquier, qui parurent en 1696; et en France, aux billets de la Caisse des emprunts, émis en 1707. Il y a un grand danger à en élever trop le chiffre. Néanmoins elles dispensent d'inscrire immédiatement de nouvelles rentes sur

[1] Voyez le *Message du président des États-Unis*, à la fin de 1855.

[2] Cette dette serait facilement remboursée en un an sur les épargnes du gouvernement; mais elle ne peut l'être qu'au gré des porteurs de titres, et ceux-ci s'y opposent.

le Grand-Livre ou de frapper de nouveaux impôts, lorsqu'on espère combler bientôt le déficit causé par des besoins accidentels.

Il y a deux systèmes de dette flottante : dans le premier, pratiqué en France, les billets créés par la trésorerie ou *bons du Trésor*, sont à échéance fixe. Dans le second, suivi en Angleterre, une telle échéance est évitée, afin de prévenir les embarras qui surgiraient d'une crise. Les bills de l'Échiquier représentent des sommes rondes, et rapportent un intérêt facile à calculer par jour. Néanmoins, quand il y en a eu trop sur la place, on les a consolidés comme en France, par une conversion volontaire, en titres de la dette inscrite. C'est en prenant cette habitude facile, mais périlleuse pour les nations, que Pitt accrut si vite la dette de l'Angleterre. Les bons de trésorerie, dans ce pays, sont émis par l'intermédiaire de la Banque ; ce qui maintient, dans la circulation, l'équilibre entre le papier et la monnaie métallique. Lorsque la Banque juge la proportion des billets excessive, en comparaison des espèces qu'elle a en caisse, elle vend de nouveaux bills de l'Échiquier, qu'elle a elle-même acquis du Trésor, et les particuliers qui les prennent apportent en retour à la Banque des espèces ou des billets.

La dette flottante de l'Angleterre a souvent atteint le chiffre d'un milliard de francs. Outre les bills de l'Échiquier, elle se compose des billets de la marine, émis à trois mois, qui rapportent un intérêt calculé par jour; des billets de l'artillerie, des ordonnances délivrées aux fournisseurs, comme il y en avait en France sous le premier empire; des dettes des communes envers l'État, par suite d'emprunts pour leurs travaux particuliers; des bons créés pour couvrir les déficit du budget des années antérieures; enfin des billets remis par l'État à la Banque, en retour de son fonds social; ces billets seuls ne sont pas négociables ni reçus par le gouvernement quand il ouvre un emprunt pour consolider la dette flottante.

La dette flottante de la France est formée des engagements à terme du Trésor et des autres administrations générales, tels que les bons de la marine, les fonds déposés à la Caisse des dépôts et consignations, les avances des receveurs généraux, à compte sur les rentrées qu'ils doivent opérer, etc. Lors de l'insurrection de février, notre dette flottante était de 959,067,921 francs; les bons du Trésor s'élevaient à 329,886,000 francs. Depuis cette époque, la dette flottante a été diminuée, d'une part, de 600 millions par la consolidation des bons du Trésor et des dépôts des caisses d'épargne; mais, d'autre part, elle s'est accrue de deux emprunts faits à la Banque, l'un de 30 millions, par l'intermédiaire de la Caisse des dépôts et consignations, l'autre de 150 millions, contracté directement par le Trésor. Elle était, en janvier 1856, d'environ 652 millions, selon le rapport du ministre des finances à l'empereur. Au 1er avril de la même année, elle s'élevait à 761,424,500 francs, se décomposant ainsi :

Fonds des caisses d'épargne.	191,337,100 fr.
Fonds des communes et établissements publics.	135,770,900
Caisse des dépôts et consignation..	6,472,000
Avances des receveurs généraux..	100,425,300
Fonds des compagnies de Paris-Lyon et du Grand-Central.	8,122,300
Bons du trésor.	271,336,300
Divers.	47,960,600
Total. . . .	761,424,500 fr.

Ainsi l'on voit que la plus grande partie en provient de
dépôts; mais, outre cette dette flottante et la dette consolidée, il y en a aussi en France des *découverts*, dont la
somme est d'environ 900 millions!!! Ces dettes énormes
sont un véritable danger dans les moments de crise. Alors
les gouvernements se demandent s'ils feront banqueroute,
ou s'ils pressureront les contribuables...

§ V. — Inconvénients généraux des emprunts. — Des trois cas où les
emprunts sont utiles. — Opinions des publicistes les plus accrédités. — Opinions contraires. — Arguments singuliers de Pinto. —
Motifs donnés par Voltaire et autres. — Réfutation des objections.

Les publicistes les plus accrédités condamnent le système des emprunts publics. En effet, cette destruction de
capitaux immenses n'a guère servi, jusqu'aujourd'hui,
qu'à entretenir des guerres inutiles et à fournir à de hon-
teuses profusions. Quels bienfaits les peuples ont-ils retirés
de leurs dettes, dont l'intérêt absorbe chez les uns le
quart, chez les autres la moitié de leurs revenus? Si ces
capitaux eussent été dépensés à étendre le commerce, à
fonder des institutions de crédit, de prévoyance, de secours et d'éducation, nous ne verrions assurément plus de
misère en Europe!

Les capitaux absorbés par les emprunts sont pris sur
l'épargne destinée à la production; et l'on nuit autant à
celle-ci que si l'on demandait sur les impôts de l'année
la somme empruntée. Un emprunt est un impôt qui pèse
exclusivement sur les classes laborieuses. Un impôt levé
franchement ne causerait pas plus de tort dans l'année;
et le tort cesserait avec elle ou avec les besoins qui y ont
donné lieu; tandis que l'emprunt prend la somme aux
travailleurs, et l'État reste toujours débiteur. Il eût donc
été préférable de recourir à l'impôt, qui ne grève que le

présent. Ricardo disait avec raison : « Il est fort à désirer
« que nous débarrassions notre politique du système des
« emprunts. Surmontons les difficultés à mesure qu'elles
« se présentent, et soyons libérés de toutes dépenses an-
« ciennes, dont nous ne sentons bien le fardeau que lors-
« qu'il est devenu intolérable. »

L'on peut objecter que les peuples sont exposés à des
embarras imprévus et accablants, et que l'emprunt alors
est préférable à l'impôt et souvent seul possible. Dans ces
moments, il devient difficile de payer les anciennes taxes,
et par conséquent on ne peut en lever encore sans ruiner
ou révolter les citoyens.

Mais encore faut-il être fort modéré, car aucun gouvernement n'a le droit, en dissipant les capitaux, de grever les générations futures. Une fois sur la pente fatale
des emprunts, l'on s'habitue facilement à ne voir que la
satisfaction actuelle, sans s'inquiéter des désastres de l'a-
venir.

Il est seulement trois cas où l'emprunt ne nuit pas à la
production :

1° Lorsque le capital emprunté est étranger, et n'est
que l'excédant de l'accumulation du monde ;

2° Quand le capital emprunté aurait cherché un emploi
à l'étranger, ou aurait été englouti dans des entreprises
improductives. Lorsque l'accumulation a tellement réduit
les profits, qu'elle devrait s'arrêter ou se porter sur l'é-
tranger, le gouvernement peut en prendre une partie
sans ôter un débouché au salaire. Quand l'emprunt ne
dépasse pas cette mesure, le taux de l'intérêt ne s'élève
point. Mais lorsque l'emprunt élève le taux de l'intérêt,
comme il arriva en Angleterre durant ses longues guerres
contre la France, de 1794 à 1814 ; et en France en 1855,
après les trois emprunts de 1,500 millions, il y a preuve

d'une concurrence funeste faite par le gouvernement à ceux qui emploient les capitaux à la production. Si les emprunts ont fait hausser les profits en proportion des capitaux qu'ils ont absorbés, ils n'ont produit cet effet qu'en abaissant le taux du salaire.

On dit que les profits se sont élevés par le perfectionnement des produits industriels. Mais le gouvernement n'en a pas moins empêché les capitaux d'exister au moment où il a fait ses emprunts. S'il les avait laissés arriver jusqu'aux ouvriers, en levant un impôt direct pour les sommes dont il avait besoin, les mêmes effets économiques auraient eu lieu, et la nation ne serait point chargée à perpétuité de ces dettes.

Le troisième cas où l'emprunt est utile ou du moins innocent, c'est quand il sert évidemment à la production, par exemple à la construction ou au rachat des chemins de fer.

Bolingbroke, Hume, Walpole, Jean Bernard considéraient déjà, à la fin du dernier siècle, la dette anglaise comme un trop lourd fardeau, par les motifs suivants :

1° Plus le gouvernement est endetté, plus il faut imposer la nation pour le payement des seuls arrérages. 2° Il s'ensuit que l'augmentation des impôts renchérit la main-d'œuvre et porte préjudice aux manufactures. 3° On paye un véritable tribut aux étrangers qui ont une quote-part de la dette nationale. 4° Un esprit de paresse, de jeu et d'agiotage s'est emparé de la nation depuis que cette dette existe.

L'argument de Pinto[1], qui prétendait les réfuter, consiste à dire qu'au contraire, « la dette nationale a enrichi

___

[1] *De la circul. et du créd.*, p. 44. — Ce Pinto était un juif établi en Hollande à la fin du dix-huitième siècle.

« la nation. Qu'en effet, à chaque emprunt, le gouverne-
« ment, en cédant une parcelle des taxes qu'il hypothè-
« que pour en payer les intérêts, crée un capital artificiel
« et nouveau qui n'existait pas auparavant, qui devient
« permanent, fixe, solide, et qui, au moyen du crédit,
« circule à l'avantage du public comme si c'était un tré-
« sor effectif en argent dont le royaume se fût enrichi.
« Prenons pour exemple les 12 millions sterling que l'An-
« gleterre emprunta en 1760; voyons ce qu'ils sont de-
« venus : n'est-il pas vrai qu'ils ont été dépensés en
« grande partie dans la nation même? Il n'y a que les sub-
« sides et une partie de ce qui a été dépensé en Alle-
« magne qui soit à pure perte... L'Angleterre aura donc
« conservé une grande partie de ces 12 millions qui se
« trouvent répandus et absorbés dans la nation même, et
« les richesses numéraires de ses créanciers, qui sont
« pour la plus grande partie des Anglais, seront encore
« augmentées de 12 millions qui n'existaient pas.

« Les espèces n'augmentent pas, elles communiquent
« leurs qualités aux fonds par la rente qui y est attachée.
« Le numéraire se trouve doublé, les fonds acquérant une
« fixité que l'argent n'a pas; l'argent roule, il se dissipe, il
« est le Protée des richesses. Mais les fonds une fois créés,
« le numéraire reste, la faculté contributive augmente,
« ainsi que la circulation, sans trop augmenter les espèces.
« L'argent courant est universellement un objet pour la
« dépense : c'est quand il communique sa qualité à un
« bien-fonds que son numéraire double et se conserve. »

Pinto *prie le lecteur de bien digérer ce principe*, qu'il
appelle *une vérité incontestable.* Puis il y ajoute cet autre
principe : « *qu'un même écu peut dans un seul jour cir-
culer en vingt mains différentes et représenter vingt fois
de suite la valeur numéraire du signe.* »

Et il prétend que ces deux principes *évidents* prouvent tous les arguments ci-dessus, que j'ai cités textuellement, de peur de me tromper dans l'analyse de ce galimatias. Mais j'avoue que moi, contribuable, je ne puis, malgré ses prières, *digérer* ses principes, dont l'effet le plus certain est de dispenser une partie du peuple d'avoir même la peine de *digérer*.

Sur la fin du dix-huitième siècle, malgré les livres populaires des Hume, des Smith, des Montesquieu, le système des emprunts excita un véritable enthousiasme. Berkeley les comparait à *des mines d'or*. Melon n'y voyait que *des dettes de la main droite à la main gauche*. Necker fit sa réputation de grand financier, en indiquant dans son *Compte rendu* les emprunts comme devant remplacer les impôts. Mais ce ministre aimait beaucoup ce système par lequel il quadrupla sa fortune en agiotant comme banquier sur les emprunts, ce qu'il ne pouvait faire avec les impôts. Dufresne Saint-Léon, Saint-Aubin et Ganilh ont aussi vanté ce système. Voltaire s'écriait avec assurance : *Un État qui ne doit qu'à lui-même ne s'appauvrit pas ; ses dettes mêmes sont un nouvel encouragement pour l'industrie.*

Mais l'État n'emprunte que pour consommer. Or, si la consommation est improductive, le pays est appauvri d'autant. Si elle est reproductive, elle permet un remboursement, et la dette cesse. La France n'est-elle pas plus appauvrie en payant annuellement 450 millions pour un capital aux trois quarts anéanti, et l'Angleterre 7 à 800 millions pour un capital pareil?...

On dit qu'il est bon d'avoir une dette publique pour favoriser le placement des épargnes de la partie la moins riche du peuple.

Les actions et obligations des grandes compagnies

sont un placement aussi sûr et souvent plus fructueux.

Des économistes prétendent que les dettes publiques offrent l'avantage de projeter dans la circulation des titres de créance qui sont de véritables valeurs prenant rang dans la richesse.

C'est une erreur grossière. J.-B. Say a justement fait observer que ces titres n'attestent rien autre chose, sinon que telle propriété appartient à tel individu. C'est la propriété qui est la richesse, et non pas le titre qui en constate le propriétaire. « Un titre n'est pas r.. 'iesse, dit-il, lorsqu'il ne représente pas une valeur réelle et constante. Il n'est qu'une délégation fournie par le gouvernement au prêteur, afin que celui-ci puisse, chaque année, prendre part au revenu encore à naître entre les mains d'un contribuable. »

En effet, le capital pour lequel l'État a délivré un titre n'existe point. L'on n'y peut rentrer qu'en trouvant à vendre ce titre à un tiers. Si l'on ne trouve point d'acquéreur, ou si une banqueroute annule le titre, la richesse n'est pas moindre dans la société. Au lieu du rentier qui recevra du numéraire, le contribuable gardera ce numéraire dans sa caisse[1]. Le public n'a aucun intérêt à ce que les titres des dettes existantes se transmettent fictivement, et que l'on conserve ou que l'on cède son coupon de rente au cours du jour. Ce n'est pas lui qui gagne des courtages; et l'on n'acquiert jamais une rente que parce qu'un autre s'en dessaisit. Assurément, s'il est utile que les valeurs circulent rapidement, ce n'est que quand la production en peut tirer parti. Mais une circulation, par elle-même, n'a rien de plus favorable à la société que celle d'une meule qui tourne à vide, dit spirituellement J.-B. Say. Son seul

[1] Dutens, II, 575.

effet est de multiplier les frais qui accompagnent chaque transfert de la créance d'une main dans une autre.

On objecte que, propriétaires de rentes, les capitalistes s'attachent au gouvernement, et deviennent plus intéressés à sa destinée. Cette considération a paru si grave, qu'elle a fait dire qu'un État gagnerait à avoir une dette, ne fût-ce que pour la dissiper en folles entreprises.

Je réponds que s'il est bon que les capitalistes soient intéressés à la conservation d'un gouvernement quelconque, la meilleure sauvegarde des États est l'aisance publique. Car, lorsque la majorité d'une nation est contente de son sort, elle ne s'insurge point à la conquête d'une autre position. Or, tout impôt employé au payement des arrérages est un obstacle à l'aisance des contribuables, comme tout enlèvement de valeurs à la circulation par l'emprunt.

Au fond, les particuliers sont plus portés à l'épargne, par l'extension et les progrès de l'industrie, que par les nouvelles dettes publiques qui s'y opposent. La richesse ne vient que du travail qui seul inspire l'épargne par les mœurs qu'il donne. D'ailleurs, si l'on amasse une somme pour acquérir un titre de rente lors de son émission, cette somme est dissipée au même moment par l'emprunt, puisqu'on n'emprunte que pour une dépense.

Croit-on que l'Angleterre serait moins riche, et sa politique moins grande, parce qu'elle ne serait point grevée d'une dette de 20 milliards? On raisonne trop souvent par le sophisme *post hoc, ergo propter hoc*. La richesse de l'Angleterre vient après ses emprunts énormes, et Ganilh en conclut que ces emprunts en sont la source. Évidemment, cette nation serait plus riche sans les intérêts qu'elle en paye depuis cinquante ans. L'Angleterre n'a pas prospéré par ses emprunts, mais malgré ses emprunts,

Lorsque madame Geoffrin disait : « L'économie est la source
« de l'indépendance et de la liberté, » elle énonçait une
chose aussi vraie des peuples que des particuliers. Montesquieu a dit aussi[1] une vérité remarquable pour son temps :
« Un État bien gouverné doit mettre, pour le premier
« article de sa dépense, une somme réglée pour les cas
« fortuits. Il en est du public comme des particuliers qui
« se ruinent lorsqu'ils dépensent exactement le revenu
« de leurs terres. »

On dit encore que les emprunts multiplient les rentiers,
et que les rentiers encouragent l'industrie.

Je réponds que quand le rentier a moins à dépenser, le
contribuable peut dépenser davantage. Quant à l'encouragement de l'industrie, je dis que les contribuables aime-
raient mieux l'encourager eux-mêmes, comme ils l'enten-
tendent, que de payer chaque année des centaines de
millions.

L'emprunt n'est donc qu'une variété particulière d'impôt ; car c'est par les contributions annuelles que les gouvernements payent aux prêteurs l'intérêt stipulé. Il pèse
sur des générations qui n'ont pas été consultées pour la
dépense. Si l'emprunt était consacré d'une façon reproductive, il n'y aurait pas de mal ; mais lorsqu'il est dissipé
en folles expéditions et en salaires de fripons fainéants,
c'est un grand inconvénient. L'emprunt force l'État à
consommer ses revenus par anticipation : le contribuable
escompte sa propre contribution, afin de donner au gouvernement les moyens de dépenser dès à présent une
contribution future. Mais l'intérêt élève dans l'avenir les
frais de production : le gouvernement qui emprunte fait
donc renchérir les objets de consommation au préjudice
des contribuables futurs.

---

[1] *Esprit des lois*, liv. XIII, ch. XVIII.

Les sophistes ont dit que les emprunts sont comme l'artillerie dont un peuple ne peut se passer quand les autres y ont recours.

Le meilleur moyen d'obtenir du crédit, c'est de ne pas en user avant le moment fatal ; c'est de n'emprunter que lorsqu'une crise y force. Quand les gouvernements empruntent en pleine paix à des taux énormes, que feront-ils quand ils auront une guerre nationale terrible à soutenir ? S'il est nécessaire d'exercer les soldats en temps de paix, il n'est pas besoin de s'exercer à l'emprunt. Louis XV lui-même s'écriait : « Les financiers soutien- « nent un royaume comme la corde soutient le pendu ! »

« Que l'État évite, disait Quesnay, des emprunts qui « forment des rentes financières, qui le chargent de dettes « dévorantes, et qui occasionnent un commerce ou trafic « de finances par l'entreprise des papiers commerçables, « où l'escompte augmente de plus en plus les fortunes « particulières stériles. Ces fortunes séparent la finance « de l'agriculture, et privent les campagnes des richesses « nécessaires pour l'amélioration des biens-fonds et pour « l'exploitation de la culture des terres. Qu'on n'espère « de ressources pour les besoins extraordinaires d'un État « que de la prospérité de la nation et non du crédit des « financiers ; car les fortunes pécuniaires sont des riches- « ses clandestines qui ne connaissent ni roi ni patrie. »

Florez Estrada, dans son *Cours d'économie politique éclectique*, résume ainsi les maux qu'occasionne le système des emprunts publics : « Il entraîne les gouvernements « à la prodigalité ; il fait naître des guerres injustes, et « contribue à consolider le despotisme ; il empêche que « les contributions ne soient réparties avec égalité ; il « affranchit de tout impôt le revenu des classes les plus « fortunées ; il diminue le nombre des contribuables ; il

« augmente le nombre des capitalistes oisifs, et diminue
« celui des capitalistes actifs ; il enlève à l'agriculture et
« à l'industrie cette portion du capital qui est affectée au
« jeu de la Bourse ; il fait renchérir les produits natio-
« naux, et par conséquent empêche l'exportation et la
« circulation de la richesse ; il occasionne au pays un sa-
« crifice plus grand que celui auquel il serait assujetti si
« le gouvernement prélevait, au moyen d'une contribu-
« tion, les fonds extraordinaires qu'il reçoit de l'emprunt ;
« il est la cause que les gouvernements existants dévorent
« les ressources des gouvernements futurs ; il est un obs-
« tacle au contribuable, pour qu'il puisse connaître l'im-
« portance de sa fortune ; il éteint l'amour du travail et
« de la frugalité ; il prive l'industrie d'un grand nombre
« de bras utiles ; il entrave la comptabilité des revenus
« publics ; enfin il fait augmenter l'intérêt de l'argent, et
« par conséquent diminuer les profits du capital, ce qui
« cause à l'industrie un préjudice qui est le plus grave de
« tous ceux qui ont été énumérés. »

Ajoutons qu'une crise industrielle suit ordinairement
les emprunts, parce qu'ils retirent les capitaux de l'industrie pour les verser aux stériles caisses du Trésor.
Ainsi, la crise de 1825 et de 1826, en Angleterre, a suivi
immédiatement les prêts de ce pays à l'Amérique. En
France, le milliard payé aux alliés et celui de l'indemnité
furent suivis de la langueur de l'industrie. Je pourrais
multiplier les exemples qui prouvent que le taux de l'intérêt de l'argent augmente toujours nécessairement à la
suite d'un emprunt. Cet intérêt ne peut se réduire à son
niveau ordinaire tant que le gouvernement, par un système qu'il met en usage pour se procurer des fonds, se
trouve dans la nécessité de recevoir la loi des prêteurs [1],

---

[1] Dutens, II, p. 374.

On objecte que l'impôt frappe d'autorité les capitaux déjà engagés, tandis que l'emprunt n'appelle que les fonds libres qui languissent inactifs.

Mais, au contraire, l'emprunt restreint le nombre des producteurs, en fournissant aux riches le moyen de retirer sans travail un intérêt élevé. D'ailleurs l'emprunt, par la facilité d'obtenir de suite un gros capital, expose davantage le gouvernement à se laisser entraîner à des profusions ou à des entreprises ambitieuses et stériles.

L'emprunt est toujours un stimulant à l'oisiveté, parce qu'il est commode d'avoir, sans fatigue, un revenu assuré sur la richesse d'un pays[1]. Voilà pourquoi l'intérêt des dettes publiques doit être fixé le plus bas possible, comme le pensait déjà Colbert, lorsqu'il le réduisait du denier 18 au denier 20. Chaque jour appauvrit les rentiers; car leurs capitaux ni leurs revenus ne s'accroissent jamais au milieu des progrès de la richesse générale. Quand même l'élévation du capital suivrait le renché-

---

[1] La masses des valeurs cotées à la Bourse de Paris dépasse déjà la somme de 19 milliards, savoir :

Dette publique (en chiffres ronds).	10,144,000,000 fr.
Banques.	1,677,000,000
Obligations.	2,170,000,000
Actions de chemins de fer.	3,157,000,000
Assurances.	263,000,000
Hauts-fourneaux.	492,000,000
Messageries, etc.	355,000,000
Gares.	215,000,000
Mines.	146,000,000
Ponts et canaux.	501,000,000
Diverses valeurs industrielles.	412,000,000
TOTAL.	19,325,000,000 fr.

En y ajoutant la masse d'actions qui n'ont pas les honneurs de la cote, on arrivera au chiffre de 22 à 23 milliards!

rissement des objets de consommation, on ne pourrait, en le vendant, se procurer la même consommation qu'à l'origine, quoique le luxe soit progressif.

Le crédit public est un levier puissant, mais qui n'écarte un obstacle qu'en en apportant d'autres. L'emprunt, de la part d'un gouvernement, ne doit être pratiqué que pour la fondation de grands travaux utiles à la production, ou n'avoir d'autre excuse que la nécessité, la fatalité. Et, assurément, les avantages qu'ont procurés jusqu'alors les dettes publiques n'ont jamais été proportionnés aux durs sacrifices qu'elles ont imposés. « L'expérience « tient une école où les leçons coûtent cher, dit Franklin, « et il est temps qu'elles profitent aux peuples. »

CHAPITRE VII.

DE L'AMORTISSEMENT.

§ I. — Des deux modes de remboursement d'une dette nationale. — Du remboursement par l'impôt. — De l'amortissement. — Puissance de l'épargne continue. — De l'inefficacité de l'amortissement et de son abolition en Angleterre.

Tout le monde a pu comprendre que la levée annuelle de l'impôt, pour payer les arrérages d'une dette, est un déplacement onéreux pour la nation. Mais l'on n'a imaginé jusqu'alors que deux moyens de rembourser la dette publique. Le premier serait une contribution générale pour la payer tout d'un coup ; le second un amortissement pour la payer peu à peu avec l'excédant des recettes.

Le premier moyen serait le meilleur si la propriété foncière supportait la dette publique tout entière ; et, dans ce cas, on lèverait un impôt sur elle seule. Comme le propriétaire qui vend une partie de sa terre pour éteindre ses dettes administre sagement, de même les citoyens propriétaires fonciers, en se libérant, ne feraient que verser aux créanciers de l'État une somme dont l'intérêt appartient déjà à perpétuité à ceux-ci. Mais la propriété foncière n'est pas obligée de payer, et ne paye pas seule l'intérêt de la dette.

En vain l'on allègue qu'elle y est obligée *parce que la génération actuelle n'est tenue de payer les dettes des précédentes qu'avec les biens qu'elles ont transmis, et non avec le produit de son travail.* On peut répondre que les non-propriétaires ont aussi reçu des générations précédentes les sciences et d'autres bienfaits acquis par leur intelligence et leur travail, qui ont amélioré la position de chacun ; que, par conséquent, tous les citoyens doivent en principe coopérer à l'extinction de la dette ou au payement de ses intérêts.

La propriété foncière ne devant donc contribuer au remboursement du principal de la dette que dans la proportion où elle contribue aux dépenses de l'État, le remboursement général est impraticable. En effet, ceux qui n'ont pas de capitaux seraient obligés de contracter une dette personnelle pour payer leur part ; et, comme ils offrent moins de garanties que l'État, ils seraient soumis à des intérêts plus élevés que ceux qu'ils payent sous forme d'impôt. Ainsi la libération, au lieu de leur profiter, leur deviendrait plus onéreuse encore.

L'amortissement est un système d'épargne qui a pour objet de reconstituer un capital, ou de rembourser un emprunt au moyen d'une somme fixe, augmentée annuellement des intérêts composés afférents aux fractions du capital ou de l'emprunt, précédemment reconstituées ou remboursées.

Les calculs les plus exacts ont démontré la fécondité de l'épargne continue, qui se multiplie surtout par la puissance des intérêts composés. Ainsi, 100 francs, placés chaque année à 5 p. 100, produiraient 1,600 francs au bout de cinquante-six ans, et 12,800 francs au bout de cent ans. Richard Price, ayant calculé qu'un pence (environ 10 centimes), placé à intérêt depuis la naissance de Jésus-Christ jusqu'en 1770, aurait produit des monceaux d'or, eut l'idée d'appliquer l'amortissement à l'extinction des dettes publiques. Il publia un ouvrage dans lequel il proposa de rembourser la dette publique de l'Angleterre par un fonds dont on laisserait accumuler les intérêts composés [1]. Pitt, devenu premier ministre, mit ses idées en pratique, et déclara le fonds de l'amortissement inviolable et sacré.

Sans doute, si l'on crée pour 10 millions de rentes, et qu'on affecte à leur service un impôt de 11 millions, ce million d'excédant étant employé, chaque année, à racheter quelques coupons, dont on continuera à toucher l'intérêt, l'emprunt finira par être remboursé par l'effet de l'intérêt composé. Mais on peut y parvenir sans la complication et les frais d'une administration spéciale. Le Trésor n'a qu'à racheter lui-même les rentes, lorsqu'il a des fonds provenant soit de l'excédant des recettes sur les dépenses, soit du prix de ses immeubles, soit de ses gains fortuits. De la sorte, le gouvernement n'aura pas toujours entre les mains une masse de numéraire qui ne lui paraît bon qu'à payer l'intérêt de nouvelles dettes, ou même à dissiper improductivement.

En effet, les fonds de l'amortissement ont été, dans tous les États, dissipés avec impudence ou fraude, comme les trésors d'autrefois. En France, en 1765, un arrêt du Conseil avait créé une caisse des remboursements, pour laquelle on fit une retenue d'un dixième sur les rentes viagères, et d'un quinzième sur les perpétuelles. Quoique, pour inspirer confiance, le caissier fût soumis à

---

[1] *Appel au public au sujet de la dette nationale,* Londres, 1774.

l'inspection de deux conseillers au Parlement, le trésor royal s'en empara, en accordant à chacun des deux conseillers une pension viagère. La première caisse d'amortissement, dont la liquidation fut ordonnée en 1816, n'a servi que d'intermédiaire pour recouvrer des sommes que l'on appliquait aux nécessités du moment. Bien plus, elle ajouta une nouvelle insuffisance de 16 millions au déficit du Trésor, qui se montait déjà à 84 millions. La caisse d'amortissement actuelle, organisée par la loi du 2 avril 1816, afin de racheter les rentes créées par les emprunts successifs avait d'abord une dotation de 20 millions. Cette dotation fut portée à 40 par la loi du 23 mars 1817, qui y affecta, en outre, les sommes provenant de la vente des forêts de l'État. Elle est portée aujourd'hui à 75 millions. Une loi de 1833 porta qu'à l'avenir tout emprunt serait doté d'un fonds d'amortissement qui ne pourrait être moindre de 1 p. 100 du principal nominal des dettes contractées.

Les rachats de la caisse d'amortissement doivent être faits avec publicité ; mais ils sont suspendus dans les moments de gêne. Alors on reporte à des dépenses extraordinaires les sommes qui y sont affectées. Si, depuis quarante ans, l'on a consacré 2 milliards aux rachats, la dette ne s'en est pas moins augmentée de plus de 4 milliards en principal. Ainsi l'on ferait bien de supprimer l'amortissement dont l'administration est assez dispendieuse ; et d'éteindre les dettes directement, aussitôt qu'on le peut.

Le système d'amortissement, ayant coûté aux Anglais des sommes énormes, un acte de Georges IV, promulgué en 1829, décréta qu'à l'avenir la dette serait rachetée au moyen de l'excédant des revenus sur les dépenses du royaume ; de sorte que ce pays donna l'exemple de l'abolition comme de l'institution de l'amortissement.

§ II. — Conversions des rentes à l'étranger et en France. — Si
l'État peut convertir les rentes sans offrir le remboursement du
principal. — Confusion fréquente des lois politiques avec les lois
civiles. — Dilemme contre les usuriers. — Opinion de Hume sur les
effets de la banqueroute.—Que ce moyen doit toujours être repoussé
par les amis de l'égalité.

Si l'amortissement proprement dit a été jusqu'alors
inefficace, et même dispendieux pour les nations, il n'en
convient pas moins qu'un excédant de recettes soit affecté
à l'extinction partielle de la dette publique. En outre,
comme l'intérêt doit diminuer incessamment, les conversions de rentes, qui sont possibles, faciles et équitables, aideront singulièrement à l'amortissement naturel
et au dégrèvement de l'avenir.

Plusieurs États ont déjà opéré des conversions de rentes.
L'Angleterre a diminué de deux cinquièmes, en vingt-
deux ans, la rente de sa dette inscrite. En 1822, elle a
converti le 5 p. 100 en 4; en 1830, le 4 en 3 et demi;
en 1844, le 3 et demi en 3. C'est une épargne de 300 à
400 millions de francs par an.

En 1844, la Belgique a converti son 5 en 4 et demi.

Sous Louis-Philippe, la Chambre des députés a trois
fois voté une loi de conversion dont le gouvernement
a refusé l'exécution. Ce n'est qu'en 1852 que cette conversion fut opérée, ainsi que je l'ai dit plus haut. Le
5 p. 100 a été converti en 4 et demi p. 100, non rem-
boursable durant dix ans; ce qui a réduit de 18 millions
les charges annuelles du budget.

La funeste habitude d'émettre les emprunts à un capital nominal supérieur à celui que le Trésor reçoit réelle-

ment, s'oppose à ce que les conversions soient aussi avantageuses qu'elles le pourraient lorsque le gouvernement offre le remboursement du principal ; car si le trésor a reçu 66 francs pour 5 francs de rente perpétuelle, et qu'il veuille convertir ou rembourser au pair 2 ans après, il subit une perte sèche de 34 p. 100.

Ce n'est pas parce qu'on reconnaît devoir 100 fr., lorsqu'on n'en touche réellement que 66, et qu'on en paye l'intérêt à 5 au lieu de 7, que la loi sur l'intérêt est moins violée. Les usuriers ne font jamais autrement. Ils ne stipulent pas dans les billets ou reconnaissances un intérêt extra-légal, mais y font porter un capital plus élevé [1].

On dit que la stipulation du capital est plus commode pour la transmission des titres ; mais cet avantage est bien faible en comparaison du dommage qui en résulte. Y a-t-il un commerçant qui consentirait à devoir 100 francs au lieu de 66 fr. pour rendre ses comptes plus faciles ?

Depuis quarante ans, le gouvernement français, en

---

[1] Lorsqu'en 1818 la maison Baring de Londres soumissionnait un emprunt français, un financier conseilla au duc de Richelieu, alors premier ministre, de se soumettre franchement à un intérêt de 7 ou 8 pour cent, puisque les circonstances l'exigeaient, plutôt que de reconnaître un capital dont le tiers n'entrait pas au Trésor. Le ministre y paraissait disposé, lorsque le sieur Baring, prévoyant que le crédit français serait bientôt rétabli, s'y refusa, dans l'espoir de replacer bientôt au pair ce qu'il ne soumissionnait qu'à 66 fr. Le ministre n'insista pas ; mais s'il avait montré du caractère, on eût pu depuis longtemps réduire l'intérêt onéreux qu'il aurait consenti, en offrant le remboursement facile au moyen d'un emprunt fait à 4 ou 5 pour 100, qui aurait procuré 100 millions au lieu de 66.

suivant cet usage, que Pitt généralisa en Angleterre, s'est reconnu débiteur de près de 1 milliard qu'il n'a pas reçu, et dont il continue à servir l'intérêt. La France a donc ainsi perdu 3 ou 4 milliards en comptant les intérêts composés! Si l'Angleterre remboursait ses emprunts de 1775 à 1816, au moment où le 3 p. 100 serait au pair, elle perdrait environ 170 millions sterling, ou plus de 4 milliards, par la même raison; et le tout sans compter les intérêts composés qui portent bien au delà cette somme énorme!!!

M. d'Audiffret et plusieurs autres font un sophisme en disant que l'État ne peut diminuer l'intérêt des fonds publics qu'en offrant le principal, à moins que de violer ses engagements.

C'est confondre les lois civiles avec les lois politiques. Dans la loi civile, le prêteur a fourni le capital intégral, et n'a stipulé qu'un intérêt de 5 pour 100 au maximum. Dans la loi politique, il a presque toujours fourni un capital moindre; en d'autres termes, il a prêté au taux usuraire de 7 à 9 pour 100. Une grande partie de la dette a été fournie par les particuliers à des taux dépassant 5 pour 100. Et comme ceux-ci ont reçu en intérêts usuraires bien au delà de ce qu'ils perdraient par une conversion sans offre de remboursement; ce ne serait, au fond, qu'une restitution de leur part; et ils n'éprouveraient même point de préjudice.

Les fonds publics sont présumés suivre les oscillations de la politique et de la richesse générale. Nul ne les a considérés de bonne foi comme un placement sur particuliers. En effet, ceux qui ont vendu leurs rentes 5 pour 100 à 51 francs, en 1848, auraient-ils cédé des créances sur particuliers solvables à 49 pour 100 de perte?... Par conséquent, le rentier ne peut exiger son capital, au cas où il refuserait la réduction de sa rente, que s'il s'avouait *usurier*, comme ayant prêté à 7 ou 9 pour 100. Et s'il opte pour cette qualification, la loi commune le condamne à la restitution et à l'amende. On ne sortira pas de ce dilemme.

D'ailleurs, dans les conversions, même avec offre de remboursement, les mineurs et les corporations qui, dit-on, possèdent les deux tiers de la dette publique française, ne peuvent toucher leur capital. Ils seraient donc spoliés et hors la loi, tandis qu'au contraire, suivant les principes, ils devraient plutôt être avantagés.

On peut encore dire en faveur de la conversion forcée que nul gouvernement n'a eu le droit de s'engager et surtout d'engager ses successeurs à perpétuité ; notamment quand il s'est agi de favoriser le délit d'usure pour satisfaire à des dilapidations. Il y a donc nullité de droit contre ces engagements [1].

Enfin, est-ce que l'intérêt de l'argent reste le même ? A-t-on pu, il y a quarante ans, stipuler que 100 francs rapporteront toujours 5 francs. Et si la force des choses portait tout à coup l'intérêt normal et durable à 10 pour 100, les créanciers ne réclameraient-ils point la conversion du 3 en 5 ou en 6 pour 100, en alléguant qu'ils ne peuvent plus vivre de leurs revenus ?...

Eh quoi ! s'il s'agit d'un impôt sur les fonds publics, les sophistes s'écrient qu'on a déclaré qu'ils en seraient exempts !

Si l'on augmente l'impôt sur un immeuble, le propriétaire pourrait donc se récrier que, lorsqu'il en a fait l'acquisition, il ne comptait que sur tel impôt ! Quand on en établit un sur telle consommation, l'étranger qui a fixé sa

---

[1] *Quod nullum est nullum producit effectum.*

résidence en France, à cause du prix de cette denrée, pourrait demander des dommages-intérêts pour son déménagement !... Quand on a frappé d'une patente les avocats, ils auraient donc pu refuser de la payer en disant qu'ils en étaient exempts lorsqu'ils ont choisi cette profession !...

Donc, à chaque instant l'on viole et l'on peut violer ces prétendus contrats tacites ou écrits avec les citoyens. Mais ces contrats publics sont soumis à la loi nationale, à l'intérêt général, en un mot à la pure équité, unique flambeau des peuples et des gouvernements [1].

On dit que si les conversions étaient forcées, le gouvernement perdrait son crédit et ne trouverait plus à emprunter.

Les Hollandais faisaient ainsi leurs conversions, et nul gouvernement n'eut autant de crédit que le leur. Nulle part dans le monde l'intérêt de l'argent n'a été si bas que dans leur pays. Les rois de France sont allés plus loin, et ont commis des vols accompagnés de banqueroute, en augmentant la valeur nominale de la monnaie, à l'instar des anciens empereurs romains ; et cependant ce n'est pas par là qu'ils ont empêché le crédit public de naître ; c'est uniquement par leur mauvaise administration. « Il est si facile de séduire le commun des hommes, dit Hume, que malgré la grande secousse que recevait le crédit public en Angleterre par une banqueroute volontaire, il y a cependant toute apparence qu'il reparaîtrait, quelques années après, aussi florissant qu'auparavant [2]. »

Ce n'est pas à dire que l'on doive ou puisse faire ban-

---

[1] Comme il y a des lois naturelles et des lois positives, il y a aussi des lois civiles et des lois politiques.

[2] *Essai sur le crédit public.*

queroute. Les amis de l'égalité ont toujours repoussé cet odieux moyen ; mais j'en ai dit assez pour montrer que le taux des dettes publiques est soumis aux principes de la pure équité, et partant des circonstances. Il s'er.suit qu'il faut tempérer la conversion forcée par humanité en faveur des petits porteurs de rentes, auxquels on laissera l'option entre le remboursement du capital et la réduction de l'intérêt.

§ III. — De la banqueroute de l'an VI. — Sous quelle influence elle fut décrétée. — Portrait de ses principaux auteurs. — Des massacres et des pillages du Midi. — Prouesses des ministres de Louis XIV, de Louis XV et de Louis XVI.

On a souvent écrit *que la Révolution, que la République avait fait banqueroute.*

Aux termes de la loi du 9 vendémiaire an VI (30 septembre 1797)[1], « toute rente perpétuelle ou viagère, « ainsi que toute autre dette de l'État, ancienne ou nou-« velle, liquidée ou à liquider, sera remboursée pour les « deux tiers en bons au porteur délivrés par la trésorerie « nationale ; l'autre tiers sera conservé en inscriptions au « Grand-Livre, portant un intérêt de 5 pour 100, payable « par semestre. » Ce troisième tiers, appelé *consolidé*, est l'origine de la dette actuelle. Les bons délivrés en échange des deux autres tiers, quoique admis en payement des biens nationaux, perdirent à l'instant même de leur émission 70 pour 100.

Ce fut une véritable banqueroute, puisque tous n'étaient point en état d'acheter des biens nationaux et que, d'ail-

---

[1] Art. 98, 100, 101. Duvergier, t. X, p. 64.

leurs, l'état général du crédit rendait évidente la perte immédiate de 60 à 80 pour 100 sur ces bons [1]. Mais cette banqueroute ne fut point l'œuvre de la Révolution ; elle fut décrétée par le parti vaincu naguère qui, depuis le 9 thermidor de l'an II, relevait une tête audacieuse et criminelle. Il est facile de s'en convaincre par le nom et le style des députés qui y prirent la plus large part.

D'abord, ils la rédigèrent avec astuce. En effet, elle comprenait tout le budget de l'an VI ; des dispositions sur les droits d'enregistrement, sur le timbre, les hypothèques, les messageries, la loterie (que cette même loi rétablit). De sorte que les députés sans énergie ne pouvaient voter les dispositions indispensables, et repousser celles qui étaient iniques ou infâmes [2].

En second lieu, le rapporteur de cette loi au Conseil des Anciens fut Crétet, qui, depuis, se fit appeler *comte de Champmol*, et se signala souvent par son zèle contre-révolutionnaire [3]. Ce fut lui qui entreprit de répondre aux objections et aux clameurs universelles, et qui résolut affirmativement cette question cynique : « Le gouvernement « d'un État libre, dont la dette publique a pris un accrois- « sement tel que les contributions les plus étendues ne

---

[1] On exagère en disant que plus de deux cent mille familles se trouvèrent ruinées par la suppression des deux tiers de leurs rentes. Il n'y en eut pas la dixième partie; ce qui était encore trop sans doute. Après cette loi, le 5 pour 100 qui avait été coté en juin à 36 fr. 75 c. ne fut coté le 4 décembre que 5 fr. 80 c. L'année suivante, il flotta entre la même somme et 24 fr. Avant le 18 brumaire, il éta. ; 7 fr. Il remonta ensuite à 22 fr. 50 c.; en 1800, il s'eleva à 44 fr.; en 1801, à 63 fr.

[2] Rousseau vit ce piége, et vota contre le projet.

[3] Il devint depuis conseiller d'État, gouverneur de la Banque de France et ministre de l'intérieur.

« peuvent plus les balancer, a-t-il le droit de retrancher
« de cette dette les portions qu'il ne peut plus acquitter[1]? »

Ceux qui appuyèrent le rapport furent :

1° Baudin (des Ardennes) qui, dit-on, mourut de joie
quand il vit sombrer la République[2];

2° Régnier qui, membre de l'Assemblée constituante,
approuva formellement le massacre de Nancy, après y
avoir aidé par ses manœuvres.

Mais Rousseau, pur d'intrigue et célèbre par sa bravoure et son attachement à la nation, s'écria : « Une dette
contractée sous le sceau de la foi publique, au nom du
peuple, n'est pas moins sacrée que celle que peut contracter
un citoyen probe et délicat envers un autre citoyen; de
part et d'autre l'obligation est la même, et le contrat également inviolable. Or, s'il n'est jamais permis à un débiteur particulier de trahir ou de rompre ses engagements,
un peuple qui se respecte et qui a la conscience de sa force
et de sa dignité doit-il être moins jaloux de se montrer
fidèle envers ses créanciers? »

Tant que les vrais républicains, les grands révolutionnaires dirigèrent les affaires de la France, l'idée de la banqueroute ne leur vint pas même à l'esprit. La révolution
française ne compte que de 1789 au 9 thermidor an II.
Les actes suivants, quoique accomplis sous un gouvernement intitulé *République*, ne l'ont été que sous l'influence
royaliste. Il serait aussi peu raisonnable de les imputer à la
Révolution, que le rétablissement, à cette époque, de la
loterie, qui avait été supprimée en 1793; que les massacres, les vols et les pillages à main armée commis en

---

[1] *Moniteur* du 12 vendémiaire an VI et jours suivants.

[2] *Biog. des contemp.*

[3] Il était officier général.

l'an III, dans tout le Midi, par les bandes royalistes, notamment par les fameuses *compagnies de Jéhu et du Soleil.*

Les mots en imposent toujours trop en France. Si le gouvernement provisoire de 1848 avait eu le malheur de décréter la banqueroute, il n'aurait fait que suivre les conseils officieux et perfides de gens naguère dévoués au monarque déchu. Croit-on que l'on aurait été fondé à l'imputer à cette pauvre République de 48 ? Non, sans doute, pas plus qu'on ne peut imputer celle de l'an VI aux Danton, aux Camille Desmoulins, aux Robespierre, aux Cambon, aux Marat, etc..., qui étaient vraiment les hommes de la Révolution et de la République.

Ce fut sous le règne du *grand roi* Louis XIV que le désordre des finances vint au point que les usuriers mêmes lui refusèrent des fonds. On suspendit le payement du capital et des intérêts de nombreuses créances, notamment des fonds déposés à la caisse des emprunts. Ce monarque fit ouvrir une souscription, sous le prétexte de remplacer l'Hôtel-Dieu, alors très-malsain, par quatre hôpitaux situés à l'extérieur de la ville, et il en déroba les fonds.

Quand Law succomba, l'on réduisit arbitrairement les dettes de l'État. Quelques années plus tard, l'abbé Terray refusa de payer les rescriptions du Trésor, ainsi qu'une masse d'autres dettes. Les courtisans engageaient si vivement Louis XVI à faire banqueroute (excepté à leur égard) que Turgot, en acceptant le ministère, exigea sa promesse de repousser toutes ces suggestions. Mais, entre autres prouesses, Calonne, l'un de ses successeurs, fit enlever un soir la recette de l'Opéra, etc...

§ IV. — Des emprunts forcés. — Des États qui en ont usé. — Dans
quel cas l'on y peut recourir.

Les gouvernements modernes, au lieu d'emprunter à
7 ou 8 pour 100 lorsque le taux courant ou légal de l'argent était à 4 ou 5 pour 100, devaient faire des emprunts
forcés sur les riches, au taux courant ou légal; lorsque
toutefois il n'y avait pas lieu à lever un impôt.

Ces emprunts forcés sont des moyens de ramener autant
que possible à l'égalité qui est l'idéal d'une bonne constitution. Venise faisait, dans ses besoins, des emprunts forcés à 4 pour 100, lorsque dans toute l'Europe l'intérêt
courant était à 10, et même à 25 pour 100. En 1793, la
Convention décréta un emprunt forcé d'un milliard sur
les riches, et la nation y applaudit...

Sans remonter au temps d'Henri III, roi d'Angleterre,
sous lequel on le pratiqua pour la première fois, après
l'exemple donné par Venise au douzième siècle, la Prusse
et la Belgique en ont frappé en 1848; la Prusse, pour se
procurer la somme de 15 millions de thalers, ou 55 millions de francs; la Belgique, pour celle de 34 millions
500 mille francs. En 1830 et en 1831, le gouvernement
belge s'était déjà procuré par ce moyen une somme de
47 millions.

« L'emprunt forcé est plus nuisible qu'utile, dit-on, car
« il n'est qu'un impôt, une spoliation répartie par l'arbi-
« traire. »

Il est au contraire équitable; car il ne s'adresse qu'à
ceux qui, en ayant les moyens, refusent par peur ou par
conspiration de soutenir la chose publique, dans les temps
de crise dont ils sont les fauteurs. D'ailleurs ces prêteurs
forcés n'ont rien à perdre, car ils reçoivent l'intérêt au

taux courant, et leur capital doit leur être remboursé.
D'ailleurs, l'emprunt forcé est un remède nécessaire dans
certains cas; et comme son exécution n'a rien de contraire à l'équité, l'homme d'État ne doit point hésiter à y
recourir quand la nécessité l'exige.

§ V. — Plan général d'amortissement. — Distinction entre les dépenses ordinaires de l'État et les dépenses extraordinaires. — Comment on doit pourvoir à chacune d'elles. — Aveux d'un ministre.
— Si le revenu national s'est accru en proportion du capital fixe
engagé dans les chemins de fer. — C'est moins la quotité de l'impôt que son emploi qui doit être considéré.

L'intérêt national commande l'amortissement incessant de notre dette publique ; mais il n'est pas nécessaire
qu'elle soit complétement éteinte. On peut arriver jusqu'au point où elle ne se composera plus que des créances
des mineurs et des établissements publics; car il est bon
qu'il existe pour eux un placement légalement assuré.

Pour obtenir cet amortissement, nous aurons d'abord
les conversions, et en outre d'équitables moyens, tant
généraux que particuliers. Ainsi, toutes les successions
acquises à l'État, tous les droits provenant de successions,
donations ou legs seront consacrés exclusivement à l'a-
mortissement de la dette nationale, ainsi que la moitié de
toutes sommes provenant d'amendes, restitutions et dommages-intérêts pour crimes ou délits politiques ou financiers.

Les dépenses de l'État sont ordinaires ou extraordinaires. Quant aux premières, il doit toujours y pourvoir
sur ses revenus annuels.

Les autres sont politiques ou économiques.

Les dépenses politiques concernent la défense natio-

nale. On y pourvoira par des emprunts volontaires nationaux, et, au besoin, par des emprunts forcés. Mais ces
emprunts, non consolidés, seront toujours remboursables;
et remboursés, au plus tard dans les trois années qui les
suivront. Il est temps que l'on s'habitue en France à ne
pas grever l'avenir au delà de ce qu'on lui donne.

Les dépenses économiques concernent l'acquisition des
chemins de fer par l'État, la confection des grands travaux d'utilité publique, etc. Il n'y a pas d'inconvénient
d'y pourvoir par des emprunts qui seront consolidés;
mais en ayant soin de les amortir peu à peu, par des conversions équitables, par l'excédant des recettes sur les
dépenses et les gains extraordinaires.

Je ne suis pas le premier qui parle de la réforme des
finances publiques; mais comme ceux qui m'ont précédé
dans la carrière paraissent avoir crié dans le désert, qu'il
me soit permis d'y insister et de transcrire des passages
de quelques hommes qui font autorité :

Franklin, ce premier sage du nouveau monde, s'exprime ainsi dans une de ses lettres : « Notre seule mi-
« lice, vous le savez, suffit pour défendre nos terres
« de l'invasion; notre commerce sera défendu par toutes
« les nations qui trouveront avantageux d'y prendre
« part. Ainsi nous n'avons nul besoin, comme vous
« vous l'imaginez, de tenir des flottes en mer et des ar-
« mées sur pied; nous abandonnerons ces machines dis-
« pendieuses aux souverains de l'ancien monde qui les
« étalent avec tant de faste. Nous voulons, s'il est possible,
« vivre en paix avec tous les hommes. Ce fardeau de la
« liberté, que vous jugez avec tant de complaisance trop
« accablant pour nous, ne sera donc pas si pesant. D'a-
« près la résolution que nous avons prise de n'attacher
« aucun profit aux emplois, de proscrire les salaires inu-

« tiles si communs chez vous, notre dépense de toute une
« année n'excédera pas celle d'un seul de vos minis-
« tères [1]. »

Nous trouvons des aveux qu'il est bon de recueillir
dans le livre d'un ancien ministre, partisan zélé de notre
administration. « Même avec les exigences de nos insti-
« tutions administratives, nous pensons que les fonction-
« naires sont trop nombreux en France. C'est surtout
« dans la magistrature et les administrations centrales
« qu'il y a superfétation. On pourrait aussi, dans beaucoup
« de branches du service public, simplifier les formes et
« supprimer des rouages qui occupent un personnel con-
.« sidérable. Nous nous bornons à ces indications. Cette
« question est trop grave pour que nous la traitions inci-
« demment ; nous la livrons aux méditations des hommes
« publics, et nous en appelons à l'expérience de tous les
« esprits pratiques [2]. »

On a dit, avec raison, que l'accroissement continu de
l'impôt [3] est l'une des causes de la crise dont nous ressen-
tons les effets. Mais cet accroissement coïncide fatalement
avec une déperdition de richesse nationale.

En vain l'on allègue que la richesse est augmentée depuis que les chemins de fer, la haute banque et l'industrie
ont pris un si vaste essor. Ce n'est qu'en supplantant
d'autres industries que les capitaux se sont précipités
vers ces valeurs dont un grand nombre sont artificielles.
Au lieu d'une augmentation, il y a un déficit. En effet,
les autorités ne manquent point à attester que ni le produit brut, ni le produit net n'ont augmenté depuis
dix ans dans la proportion du capital engagé ; de sorte

[1] Correspondance de Franklin.
[2] *Études administratives*, par M. Vivien, ch. II.
[3] Ce fait est constant, par l'examen des budgets depuis 50 ans.

que la nation tend de plus en plus à s'appauvrir à côté de
la féodalité financière qui absorbe la richesse publique.
Au moyen des chemins de fer, les productions de la terre
sont enlevées du fond de nos départements au profit de la
capitale ; et leur prix à tellement augmenté que le journalier des campagnes et des petites villes ne peut plus vivre
de son salaire. L'agiotage tend de plus en plus à s'emparer
des capitaux circulants aux dépens des capitaux fixes.

Toutefois, c'est moins la quotité des impôts qu'il faut
considérer que leur emploi. Ainsi, que m'importerait, à
moi, de payer 500 francs pour une route, si cette route
améliorait mon terrain de 1,000 francs ? Qu'importe au
citoyen de payer tous les ans 10 francs de plus, s'il doit
être parfaitement assuré contre l'iniquité par une justice
vraiment gratuite et éclairée ? Mais le Français n'aime pas,
lorsqu'il n'est point administrateur ou gros actionnaire
d'une compagnie de chemin de fer, de payer 10 francs
pour se transporter d'un lieu dans un autre, lorsque
5 francs payeraient amplement ce service.

Que tout gouvernement de France, quel que soit son
nom, comprenne que ses chances de durée sont en raison
directe des satisfactions qu'il donne aux masses ; car ces
masses se tiennent pour souveraines. Aujourd'hui, à l'exception de quelques imbéciles, tout le monde convient
qu'un chef de nation n'en est que le mandataire et le très-
humble serviteur ; puisque le principe de la souveraineté
réside toujours dans les peuples.

CHAPITRE VIII.

CONCLUSION.

§ I. — Récapitulation.

La source première des richesses est la terre ; et c'est le travail ou l'effort de l'homme appliqué à la matière qui les produit. Les causes sociales influent davantage sur la productivité que les causes naturelles. En d'autres termes, l'instruction et la liberté donnent à l'effort humain la plus grande intensité dont il soit susceptible.

Si l'on paraît généralement d'accord aujourd'hui sur ce point, il y a plus de dissensions sur les autres. Jusqu'alors la répartition de la richesse a été trop souvent inique. Le puissant, le riche, le capitaliste abusant de leur position ont prélevé de trop gros profits aux dépens du salarié. Voilà pourquoi, tout en démontrant la légitimité et la nécessité de l'intérêt de l'argent, j'ai insisté pour que le taux légal en soit abaissé.

Voilà pourquoi aussi j'ai demandé la liberté des banques et la progressive disparition du numéraire dans les échanges, tout en repoussant le papier-monnaie non convertible. J'ai démontré que la mise en circulation des valeurs immobilières, loin d'accroître la richesse nationale, ne pouvait que troubler l'ordre dans les échanges, en métamorphosant brusquement et haussant le prix de chaque objet.

C'est l'énormité des profits, c'est l'insuffisance des produits indispensables et utiles, c'est l'excès de population provenant de l'ignorance et de l'erreur qui laissent plongé dans la misère le quart des citoyens français. J'ai prouvé que l'esprit de charité de la nation n'a, depuis un demi-siècle, apporté à cette misère qu'un soulagement inefficace, dérisoire même : que si nos législateurs du dernier siècle ont diminué de moitié la misère, ce ne fut que par de grandes mesures politiques, économiques et révolutionnaires. Pourquoi ne serait-il pas possible à présent de mettre à exécution des mesures semblables, mais non pas identiques, comme des demi-savants les rêvent ou les proposent ? Il faut assurément connaître l'histoire et s'en inspirer, mais non pas imiter servilement ceux que l'on admire.

L'abolition de la misère est la tâche principale de l'économie politique. L'on n'y parviendra que par un ensemble de grandes mesures largement exécutées.

Les dépenses inutiles de l'État, soit en fonctionnaires sinécuristes, soit en soldats inoccupés, doivent être supprimées.

Avec les épargnes que l'on réaliserait en supprimant presque tous les hospices et la moitié des hôpitaux, pour les remplacer par des secours à domicile, des dispensaires, et la mise en pension des vieillards et des infirmes, on parviendrait à en soulager le double, sans grever davantage le budget de l'indigence.

Avec une centaine de millions, l'on favoriserait l'association ouvrière ; ce qui abolirait le chômage, et serait plus efficace que tous les sermons et les aumônes à moraliser les ouvriers, en leur donnant le sentiment de la prévoyance et de la dignité humaines. D'ailleurs, ces cent millions ne seraient qu'une avance, en peu d'années remboursée avec intérêt.

Mais l'agriculture souffre en France; elle n'a pas suivi le progrès de l'industrie; et, depuis la fièvre des spéculations, elle est plus que jamais languissante. L'on ne rend point chaque année au sol les éléments que la récolte lui fait perdre; et, faute de travail, on ne lui donne point les façons nécessaires. Détruisons donc l'agiotage et le jeu qui, tous les ans, font passer cent millions aux mains des seuls agents de change et coulissiers. Ainsi, pour entretenir quatre ou cinq cents individus livrés à des occupations improductives et nuisibles, que de familles voient engloutir chaque année le fruit de leur labeur et de leurs épargnes! Que le gouvernement fasse donc appliquer les lois, et qu'il en promulgue même de plus sévères! Qu'il mette sous sa main les chemins de fer, afin de diminuer le nombre des accidents et le prix des transports; qu'il abolisse cet odieux monopole, source féconde du ruineux agiotage!

Et, dans le cas où ces mesures ne suffiraient point, nous avons bien des terres qui peuvent être rendues fertiles; des prairies à établir par le drainage èt l'adduction des cours d'eau; des montagnes à boiser, des engrais à fabriquer, etc. Enfin, la colonisation, qu'il faut bien distinguer de l'émigration avec laquelle les sophistes, les hommes du passé, les ennemis du peuple ont affecté de la confondre. Le système Wakefield, qui consiste à vendre les terrains coloniaux pour en appliquer le prix au transport des colons, est l'un des meilleurs dans un grand nombre de cas. La colonisation bien appliquée est un déversoir de la misère surabondante, de ces esprits souffrants, inquiets qui, changeant de pays pour trouver

l'abondance, seront plus heureux, et laisseront plus d'a-
liments à la mère-patrie. Alors, nous n'aurons pas même
à nous occuper des théories immorales des partisans de
Malthus; et tant que le monde entier ne sera pas peuplé,
nous ferons vivre l'humanité.

Examinant ensuite les principes de la consommation
privée, j'ai prouvé que les dépenses improductives des
riches sont une calamité et non pas un bienfait; qu'elles
tendent à surexciter la production du luxe aux dépens des
objets de première nécessité. J'ai établi une distinction
entre le luxe et le faste; j'ai proscrit le faste dans tous les
cas, et approuvé le luxe en tant qu'il est un stimulant à
l'industrie des hommes.

Quant aux consommations publiques, elles se font au
moyen des impôts et des emprunts. J'ai établi qu'avant
tout, l'impôt doit frapper chaque citoyen en proportion
de ses facultés, ce qui implique la progression suivant le
principe de la fraternité. Mais la progression doit être
telle qu'elle ne puisse décourager le citoyen qui veut loya-
lement s'enrichir.

J'ai prouvé que la plupart de nos impôts indirects et de
nos douanes doivent être supprimés; que les droits sur la
communication de la pensée, sur la transmission des propriétés doivent être, les uns entièrement abolis, et les
autres de beaucoup réduits.

J'ai établi que tous les impôts directs ou indirects
sur la justice sont essentiellement contraires à la justice
elle-même, en ce qu'ils la rendent souvent inabordable.
Que ces impôts, d'ailleurs, sont énormes, par l'institution
actuelle des offices ministériels; qu'enfin nos cinquante
mille lois doivent être codifiées et simplifiées; afin d'être
mises à la portée de tous les citoyens; que ce travail peut
être fait en trois mois, par une soixantaine de juriscon-

sultes choisis parmi les hommes spéciaux , magistrats, avocats, administrateurs, etc.

J'ai blâmé l'extension donnée au droit de succession en ligne collatérale, et demandé qu'il s'arrêtât au degré d'oncle et de neveu inclusivement.

Enfin j'ai proposé un autre système général d'impôt, d'une application facile, qui frapperait réellement chaque citoyen suivant ses facultés.

Quant aux emprunts publics dont les gouvernements sont trop portés à abuser, j'ai prouvé, par de graves autorités comme par le raisonnement, qu'il vaut mieux les remplacer par l'impôt. En effet, l'impôt ne grève pas l'avenir, et rend plus circonspect à dépenser inutilement.

Lorsqu'on a une dette, il convient de la payer jusqu'à concurrence du moins des placements faits dans l'intérêt des corporations et des mineurs. Le système d'amortissement, trop prôné et appliqué dans plusieurs États, a toujours été infructueux. Il vaut donc mieux payer directement avec l'excédant des recettes sur les dépenses. D'ailleurs, on favorise cet excédant par la conversion des rentes, lorsque celles-ci sont trop élevées en face du développement de l'industrie et du commerce. On peut les réduire sans être tenu de rembourser le principal , parce que les créanciers sont présumés avoir entendu suivre les oscillations de la fortune publique.

J'ai prouvé aussi que, quand il est nécessaire de recourir à un emprunt, il vaut mieux qu'il soit ouvert au public que d'être la proie de quelques individus; et que, s'il n'est pas rempli volontairement, l'emprunt forcé devient légitime.

§. II. — Des deux principes toujours applicables. — Que la médication
ne doit pas être l'hypocrisie.

En toutes les matières qui composent l'immense cadre
de l'économie politique, nous retrouvons toujours les
mêmes principes applicables : la liberté d'une part, et
l'égalité de l'autre. La liberté consacre le pouvoir individuel sans lequel aucun progrès n'est possible ; l'égalité
consacre le pouvoir social ou l'intervention de l'État qui
met un frein aux écarts individuels. C'est l'équité qui indique en quelle part ces deux principes doivent être appliqués en chaque circonstance. ·

L'on a généralement une tendance à trop accorder soit
à l'un, soit à l'autre de ces principes. Ainsi, les sectaires
communistes et socialistes ont voulu étouffer la sponta-
néité, l'initiative du citoyen. Les gouvernements trop pro-
tecteurs, leur ressemblant en cela, ont voulu substituer
leur initiative à celle des individus.

D'autres, qui se disent plus spécialement *économistes*,
repoussent absolument toute intervention de l'État, et
croient ou feignent de croire que le bon ordre ne peut
naître que de la gravitation parfaitement libre de toutes
les forces individuelles.

· Ce système outré présente des dangers en ce que le fort
a plus de facilité d'étouffer le faible ; de sorte que, sous
un libéralisme apparent, il comporte plus d'égoïsme et de
dureté que l'autre. La vérité se trouve donc ici comme
dans la plupart des solutions économiques : dans la combinaison des idées et non pas dans leur dislocation : *in
medio virtus.*

Mais la combinaison n'est point l'hypocrisie. Il faut être pour ou contre la Révolution, il n'y a point de milieu. Qui n'est point pour la *Déclaration des droits* est contre elle. Il y a deux mondes répandus sur la terre, selon saint Augustin : le monde des oppresseurs qui sont les enfants du diable, et le monde des opprimés qui sont les enfants de Dieu. La déclaration des droits est promulguée contre les oppresseurs; les opprimés l'invoquent, et leurs défenseurs peuvent répondre aux Escobars politiques qui choisissent dans la révolution seulement ce qui leur donnerait le pouvoir d'exploiter le peuple : « Arrière ! ce n'est point « pour vous que le sang des faubourgs a coulé ! Vous vous « êtes servis de nos bras pour refouler une aristocratie dont « vous étiez envieux, et maintenant vous voulez la rem- « placer : nous nous y opposons; nous ne voulons aucune « espèce d'exploitation. Si vous n'êtes point pour le peu- « ple, vous serez traités en ennemis du peuple !... »

§ III. — Des sophismes dont on use le plus fréquemment. — Axiomes à l'usage du véritable homme d'État. — La vérité finit toujours par l'emporter sur la violence.—Signes éclatants qui annoncent de grandes choses.

La plupart des auteurs abusent des cinq sophismes suivants : 1° *Post hoc, ergo propter hoc, la chose est arrivée après, donc elle en est la conséquence;* 2° *Ignoratio elenchi, ou l'ignorance de la vraie question;* 3° *la confusion des lois civiles avec les lois politiques;* 4° *le mépris du passé;* 5° *enfin l'égoïsme ou la feinte admiration de ce qui existe.* Et tous ces sophismes sont engendrés par l'ignorance, ou la cupidité, ou la peur.

Les questions de misère et d'impôt sont plus compliquées que les autres; parce que c'est contre elles que les principaux efforts des sangsues populaires se sont portés depuis la formation des États. Mais que les peuples n'oublient jamais cette maxime d'un aristocrate, forcé un jour par sa conscience de s'écrier dans un rapport solennel : *La misère des peuples est un tort des gouvernements.*

Le second axiome, qui n'en est qu'un corollaire, est surtout à l'usage des gouvernements : *La pauvreté ne sera plus séditieuse quand l'opulence ne sera plus oppressive.*

Le troisième, qui les complète, est dans la conscience de tout homme non corrompu : *Tant qu'un citoyen manque du nécessaire, nul ne doit jouir du superflu.*

L'homme a un désir continu d'accroître ses richesses comme sa puissance. Le bon politique ne doit pas chercher à arrêter cet instinct si nécessaire à l'accroissement des sociétés, mais il doit en régler les écarts. Quand il voudra faire en sorte que tant qu'un homme jouit du superflu, un autre homme ne manque pas du strict nécessaire, si ce n'est par sa faute lourde, qui équivaut au dol, la misère disparaîtra du milieu de notre peuple. Alors, on pourra se vanter d'avoir accompli de grandes choses, alors on chantera des actions de grâces.

> Du milieu de mon peuple exterminez les crimes
> Et vous viendrez alors m'immoler vos victimes.

Mais quel chemin nous avons encore à faire ! Les résistances égoïstes d'une part, l'indifférence de l'autre ; enfin, par-dessus tout la violence empêchent les principes de recevoir leur application [1]. Si les résistances ne s'envelop-

---

[1] « C'est une étrange et longue guerre que celle où la violence essaye d'opprimer la vérité, dit Pascal. Tous les efforts de la violence ne peuvent affaiblir la vérité et ne servent qu'à la relever davantage... Mais la violence n'a qu'un cours borné par l'ordre de Dieu, qui en conduit les effets à la gloire de la vérité qu'elle attaque : au

paient point de sophismes et d'impostures, on les domp-
terait facilement, et nous avons un précédent dans notre
histoire. Persécutons donc l'imposture; et apprends, ô
peuple, que quand le mensonge aura disparu des hauteurs
de la science, le sens commun suffira pour bien ordonner tes destinées!

Des signes éclatants annoncent de grandes choses. Les
perturbations physiques et sociales, une série de mauvaises récoltes, une longue et sanglante guerre dont la
conclusion laisse l'Europe dans des tressaillements d'inquiétude, les inondations, la fureur du jeu et de l'agiotage, la négligence des travaux et améliorations agricoles,
le trouble jeté dans les transactions par la surabondance
de l'or, indiquent l'agonie d'un monde qui passe et l'avénement d'une ère nouvelle...

O France, ô ma patrie! Après avoir encore une fois employé le fer, tu dois gouverner l'univers, non plus à la
façon brutale de l'antiquité, non plus par la violence et le
faste, mais par la vertu et l'abondance.

« Tu regere imperio populos, memento [1]!

lieu que la vérité subsiste éternellement et triomphe enfin de ses ennemis, parce qu'elle est éternelle et puissante comme Dieu même. »
(*Provinciales*, XIIe lett.)

[1] Virgile, *Énéide*, VI.

PIÈCES JUSTIFICATIVES

ET

DOCUMENTS DIVERS.

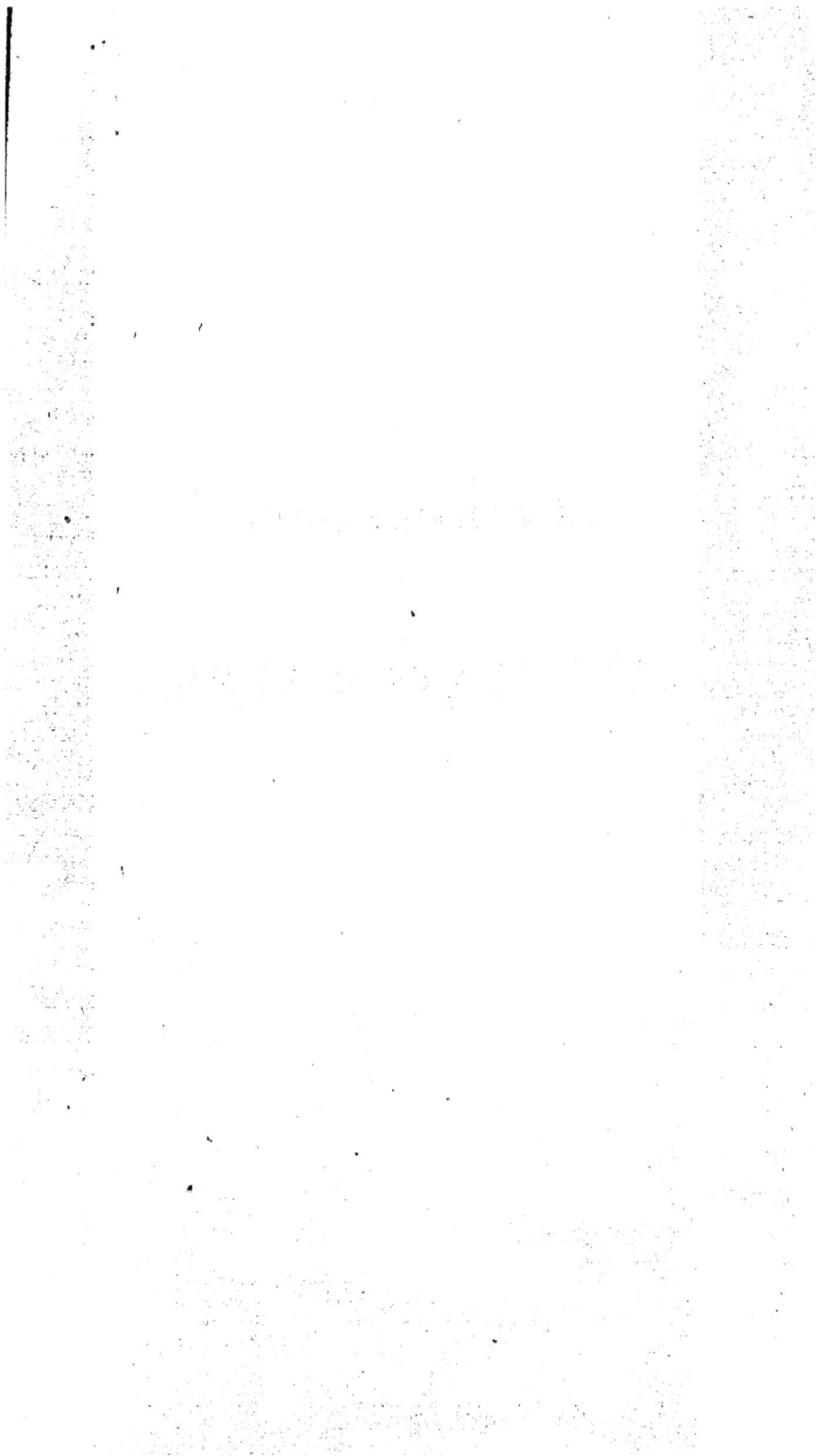

PIÈCES JUSTIFICATIVES

ET

DOCUMENTS DIVERS.

I

Décret de l'an II sur l'extinction de la misère.

Le 22 floréal an II, Barrère présenta, au nom du comité de salut public, un rapport sur les moyens d'extirper la mendicité, et sur les secours que doit la république aux citoyens indigents.

« La mendicité, dit-il, est une accusation ambulante, une dénonciation vivante contre le gouvernement, qui s'élève tous les jours du milieu des places publiques, du fond des campagnes, et du sein de ces tombeaux de l'espèce humaine, décorés par la monarchie du nom d'*Hôtel-Dieu* et d'*hôpitaux*.

« Cependant la mendicité est incompatible avec le gouvernement populaire. Ce mot honteux de *mendiant* ne fut jamais écrit dans le dictionnaire du républicain, et le tableau de la mendicité n'a été jusqu'à présent sur la terre que l'histoire de la conspiration des propriétaires contre les non-propriétaires.

« Laissons à l'insolent despotisme la fastueuse construction des hôpitaux pour engloutir les malheureux qu'il a faits, et pour soutenir momentanément des esclaves qu'il n'a pu dévorer. Cette horrible générosité du despote aide encore à tromper les

peuples et à les tenir sous le joug. Quand les mendiants se multiplient chez les despotes, quand ils lui choquent la vue ou
qu'ils lui donnent quelques inquiétudes, des maréchaussées,
des édits, des prisons, sont sa réponse aux besoins de l'humanité malheureuse.

« Que les orgueilleuses monarchies fassent de loin en loin
quelques règlements sur la mendicité, plutôt pour la punir que
pour la soulager ; plutôt pour en perpétuer la dépendance que
pour en faire disparaître les dangers : cela convient au gouvernement d'un seul. Les mendiants, toujours isolés et naturellement lâches, parce que ce vil métier avilit l'âme et flétrit
le courage, les mendiants isolés ne lui inspirent pas d'effroi ;
les mendiants dévorés par le besoin ou par la crapule, jetés ou
fondus dans les hôpitaux , ne donnent au monarque ni regrets
ni remords. Mais dans une république, rien de ce qui regarde
l'humanité ne peut lui être étranger ; tout ce qui peut établir
la dépendance de l'homme envers l'homme y doit être proscrit,
le travail doit être honoré, l'enfance accueillie, élevée, la vieillesse respectée et nourrie, l'infirmité soulagée et guérie.

« Là où le cœur du citoyen palpite pour une patrie, les vagis-
sements de l'enfant abandonné appellent cette même patrie à
son secours ; homme, il sollicite du travail ; infirme, il implore
la bienfaisance nationale ; vieux, il a droit au repos, aux égards
et aux secours publics ; il doit embrasser les générations qui
commencent et celles qui finissent.

« Ce n'est pas assez pour le peuple de renverser les hordes
étrangères, de rappeler le règne de la justice et de la vertu, il
faut encore faire disparaître du sol de la république la servilité
des premiers besoins, l'esclavage de la misère, et cette trop
hideuse inégalité parmi les hommes, qui fait que l'un a toute
l'intempérance de la fortune, et l'autre toutes les angoisses du
besoin.

« Le despotisme avait l'ostentation et le luxe du riche qui

fait l'aumône; la république doit avoir l'abondance et l'obscu-
rité de la nature qui répand chaque jour ses bienfaits.

« Le monarque trompait la misère en lui donnant des administrateurs et des palais; la Convention doit faire disparaître
l'indigence, en distribuant des secours dans les domiciles peu
fortunés.

« C'est sur l'humble chaumière que vous devez surtout porter
aujourd'hui vos regards; c'est sur les habitants des campagnes,
pauvres et industrieux, qui ne trouvent que le travail après le
travail, le dédain dans l'infirmité et l'oubli dans la vieillesse,
que la rosée républicaine doit se répandre.

« Qu'ont fait jusqu'à ce moment les législateurs pour la misère des campagnes? Quelles institutions ont-ils faites pour ces
laboureurs domestiques, ces ouvriers agricoles, ces artisans
rustiques parvenus à la vieillesse? Quelle dette la république
a-t-elle payée à ces créanciers de la nature et de la société,
qui ont fertilisé l'une pour enrichir l'autre? Le silence morne
des campagnes et les larmes rares de quelques vieillards nous
répondent.

« Citoyens, jamais la fortune publique n'a été élevée au point
où elle est dans ce moment. Riche de liberté, riche de population, riche de domaines, la république calcule, pour l'amélioration du sort des citoyens peu fortunés, les milliards que
les riches comptaient pour la contre-révolution. Ceux qui ont
voulu assassiner la liberté l'ont enrichie; c'est à la Convention
à réparer les injustices des lois monarchiques, à faire disparaître la grande inégalité des fortunes, à effacer le nom de
pauvre des annales de la république, à bannir la mendicité
par la bienfaisance, et à rappeler fortement tous les citoyens
aux droits de l'humanité et aux devoirs du travail.

« L'ancien régime faisait travailler à des états de population; mais c'était pour les décimer par les milices, et pour les
imposer à l'humiliante capitation. La Convention nationale

aura de meilleurs tableaux de population pour les couvrir de
bienfaits, et pour leur imposer le travail honorable de l'agri-
culteur.

« Le despotisme dénombrait les hommes comme de vils
troupeaux ; la liberté compte les indigents et les malheureux
comme des êtres respectables et sacrés.

« En jetant les yeux sur l'état de la république arrachée
des mains du despotisme, vous apercevrez facilement qu'il y a
deux moyens de le faire oublier : le premier est de déblayer
les ruines de la royauté en secourant les indigents qu'elle a
faits; le second, c'est de préparer les mesures qui doivent empêcher l'indigence de reparaître sur le sol de la république.

« Quant aux moyens de secourir les indigents actuellement
existants, le comité a distingué les citoyens au-dessous de l'âge
de soixante ans et ceux qui sont âgés de soixante années et
au-dessus.

« Les bienfaits territoriaux ne peuvent être accordés qu'à
ceux qui ont des forces pour cultiver la terre; ceux que l'âge
éloigne du travail des champs, ou qui ont épuisé leurs forces
en travaillant pour l'agriculture, doivent obtenir un repos honorable, des secours proportionnés à leurs premiers besoins.

« Nous vous proposons le décret suivant :

« Il sera ouvert dans chaque département un registre qui
aura pour titre : *Livre de la bienfaisance nationale.*

« Le premier titre sera intitulé : *Cultivateurs, vieillards
ou infirmes;*

« Le second : *Artisans, vieillards ou infirmes;*

« Le troisième sera consacré *aux mères et aux veuves
ayant des enfants dans les campagnes.*

« TITRE I. — *Des cultivateurs, vieillards ou infirmes.*

« Article 1er. L'inscription sur ce livre, de laquelle il sera délivré un extrait par l'administration du département au cultivateur, vieillard ou infirme qui l'aura obtenu, lui servira de titre pour recevoir annuellement un secours de 160 livres, payables en deux termes, de six mois en six mois, et par avance.

« 2. Pour être inscrit, il faudra être indigent, âgé de soixante ans, et muni d'un certificat qui atteste que, pendant l'espace de vingt ans, on a été employé, sous quelque rapport que ce soit, au travail de la terre. Ceux qui auront des infirmités acquises par ce genre de travail pourront jouir du secours de 160 livres, quoiqu'ils ne soient pas sexagénaires, si d'ailleurs ils ne peuvent se procurer leur subsistance.

« 3. Les certificats de temps de travail et d'indigence seront délivrés par la commune du lieu de résidence du cultivateur, ou de l'artisan vieillard ou infirme.

« L'état d'infirmité sera attesté par deux chirurgiens du district, dont l'un sera toujours l'officier de santé de l'arrondissement, qui remplira cette fonction gratuitement. Ces pièces, visées par l'agent national de la commune, seront, par lui, adressées, sans délai, au district.

« 4. Le nombre des inscriptions pour les cultivateurs, vieillards ou infirmes demeure fixé à quatre cents par chaque département. Ce nombre pourra être augmenté dans la proportion de quatre inscriptions sur mille individus pour les départements dont la population des campagnes sera reconnue excéder cent mille habitants.

« 5. Les villes et les bourgs dont la population est de trois mille âmes et au-dessous seront considérés comme faisant partie de la population des campagnes.

« 6. Les départements seront tenus d'adresser au comité de salut public, avant le 25 prairial au plus tard, les états qui constatent que leur population agricole excède cent mille âmes, et dans quelle proportion, afin qu'ils puissent jouir le plus promptement possible du surplus des inscriptions qui devront leur être accordées au-dessus de quatre cents inscriptions dont ils doivent jouir sur-le-champ.

« 7. Chaque district adressera à l'administration du département, dans la huitaine au plus tard, à compter du jour de la réception du présent décret, les demandes, inscriptions et pièces à l'appui qu'il aura reçues des agents nationaux des communes.

« Chaque administration de département, après avoir réuni tout ce qui lui a été adressé à cet égard par les districts de son arrondissement, et après un examen préalable des pièces, sera tenue de faire procéder sur-le-champ aux inscriptions sur *le livre de la bienfaisance nationale*, et d'en faire délivrer des expéditions aux citoyens inscrits.

« 8. En cas que le nombre des demandes en inscriptions excède le nombre des inscriptions fixées par le présent décret pour chaque département, la préférence sera donnée aux citoyens les plus avancés en âge.

« 9. Toutes les opérations relatives aux inscriptions seront déterminées dans le délai d'un mois au plus tard, à compter de la réception du présent décret.

« 10. La jouissance de secours pour ceux qui seront inscrits lors de la première formation du livre de la bienfaisance nationale aura lieu à compter de la date de l'arrêté qui en sera fait par chaque département, et pour ceux qui y seront inscrits par la suite, à compter de la date de leur inscription.

« 11. Pour recevoir la somme de 160 livres, qui sera payée de six mois en six mois, et par avance, le cultivateur, vieillard ou infirme, sera tenu de présenter un certificat de résidence dans le département, délivré par l'agent national de la commune, qui attestera en outre la continuation de l'état d'indigence ou d'infirmité.

« 12. Le cultivateur inscrit sera tenu de se présenter en personne au receveur du district; et en cas de maladie, ou de tout autre empêchement légitime, il se fera représenter, en désignant à l'agent national le citoyen qui doit le remplacer.

« Dans ce dernier cas, il sera fait au bas du certificat de résidence mention des motifs d'empêchement. Le certificat délivré par l'agent national et la copie de l'instruction seront les seules pièces nécessaires pour recevoir le secours déterminé ci-dessus.

« 13. Pour l'exécution du présent décret, il sera mis annuellement par la trésorerie nationale à la disposition de la commission exécutive des secours publics la somme de 7,144,000 livres à distribuer entre les départements de la république.

. « TIIRE II. — *Des artisans, vieillards ou infirmes.*

« Article 1er. Les artisans qui dans les campagnes sont attachés aux arts mécaniques auront droit également à la bienfaisance nationale et aux inscriptions.

« 2. Leur inscription sur ce livre, de laquelle il sera délivré un extrait par l'administration du département à celui qui l'aura obtenue, servira de titre pour recevoir annuellement une somme de 120 livres, payable de six mois en six mois, et par avance.

« 3. Pour être inscrit, l'artisan vieillard ou infirme sera tenu de faire certifier que, depuis vingt-cinq ans, il exerce, *hors des villes*, une profession mécanique; il réunira en outre les conditions exigées par les art. 3 et 4 du chapitre précédent, concernant les cultivateurs infirmes, soit pour l'obtention de l'inscription, soit pour les diverses formalités à remplir.

« 4. Le nombre des inscriptions pour les artisans, vieillards ou infirmes demeure fixé à deux cents par chaque département.

« 5. Ce nombre ne pourra être augmenté dans les départements qui ont une population au-dessus de cent mille âmes que dans la proportion de deux inscriptions sur mille individus, et aux mêmes conditions que celles portées dans l'art. 5 du 1ᵉʳ titre concernant les cultivateurs vieillards ou infirmés.

« 6. Pour l'exécution du présent décret, il sera mis annuellement par la trésorerie nationale, à la disposition de la commission des secours publics, la somme de deux millions quarante mille livres à distribuer entre les départements de la république.

« TITRE III. — *Des mères et veuves ayant des enfants et habitant les campagnes.*

« Art. 1ᵉʳ. Les mères et les veuves chargées d'enfants et habitant la campagne ont aussi droit à la bienfaisance nationale et aux inscriptions.

« 2. Pour obtenir une inscription sur ce livre, il faudra être femme ou veuve indigente de cultivateur ou d'artisan domicilié à la campagne.

« Les mères qui auront deux enfants au-dessous de l'âge de dix ans, et qui en allaiteront un troisième, auront droit au secours.

« Quant aux veuves, il suffira qu'elles aient un enfant au-dessous de l'âge de dix ans, et qu'elles en allaitent un second.

« 3. Les mères ou les veuves inscrites recevront annuellement une somme de 60 livres, et 25 livres de supplément, si, à l'expiration de la première année de nourriture, elles représentent leurs enfants existants à l'agent national de la commune.

« 4. Sur l'attestation qui leur en sera donnée par l'agent national de la commune, et qu'elles présenteront au district, le secours de 60 livres leur sera continué jusqu'à ce que l'enfant ait atteint l'âge de trois ans, terme de la plus longue durée de l'inscription.

« 5. L'état d'indigence, la résidence de la mère, le nombre, l'âge, la vie des enfants, sont des conditions indispensablement nécessaires à l'obtention de l'inscription et de la jouissance du secours.

« Elles seront certifiées dans les mêmes formes que celles prescrites par les articles 4 et 10 du présent décret, concernant les cultivateurs vieillards ou infirmes.

« 6. Les mères et les veuves, pour toucher le montant de leur inscription, se présenteront en personne, ou, en cas d'empêchement, elles rempliront les conditions prescrites par l'article 11 du même décret, titre 1er.

« 7. Le nombre d'inscriptions sera de *trois cent cinquante* par chaque département. Il pourra être augmenté suivant les mêmes proportions, et en remplissant les mêmes formalités que celles indiquées et prescrites par l'article 7 de ce décret, concernant les cultivateurs vieillards ou infirmes.

« 8. Indépendamment des secours assurés aux mères et aux veuves qui allaitent, il sera accordé cent cinquante inscriptions par département, à raison de soixante livres chacune, pour les veuves indigentes d'artisans ou cultivateurs.

« Dans le cas où elles seraient infirmes, ou chargées de plus de deux enfants au-dessous de l'âge de quinze ans, les conditions pour l'inscription seront les mêmes que celles prescrites par les articles précédents.

« 9. Pour l'exécution du présent décret, il sera mis annuellement à la disposition de la commission des secours publics la somme de trois millions soixante mille livres, à distribuer entre les départements de la république.

« TITRE IV. — *Secours à domicile, dans l'état de maladie, donnés aux citoyens et aux citoyennes ayant des inscriptions.*

« Article 1er. Les citoyens et citoyennes ayant des inscriptions sur le livre de la bienfaisance nationale, ci-dessus mentionné, recevront des secours gratuits à domicile dans leurs maladies. Ils auront également droit de réclamer ce secours pour les enfants à leur charge.

« 2. A cet effet, il sera établi dans chaque chef-lieu du district un officier de santé, et deux autres dans l'étendue de son territoire. Le service des maladies sera réparti entre ces officiers de santé par l'administration du district, qui déterminera l'arrondissement de chacun d'eux.

« 3. Le traitement de l'officier de santé du chef-lieu du district sera de 500 livres. Ses fonctions seront de faire le service de son arrondissement, et de suivre le traitement des maladies qui se manifesteront dans l'étendue du district.

« Il sera attribué à chacun des deux autres une somme de 350 livres. Ces officiers de santé se prêteront mutuellement secours pour assurer le service, en cas de surcharge dans quelques-uns des arrondissements.

« Il sera délivré à ces officiers de santé une liste nominative des individus portés sur le livre de bienfaisance, chacun pour son arrondissement.

« 4. Il sera distribué par district des boîtes de remèdes les plus usuels et les plus simples. Le nombre en sera fixé à quatre par chaque district; deux seront remises à chacune des municipalités du lieu de résidence des officiers de santé. Elles seront confiées à l'un des membres de la commune, ou à toute autre personne désignée par elle. Les deux autres resteront en réserve au district, qui en disposera suivant que les circonstances l'exigeront.

« 5. La composition de ces boîtes sera déterminée par des officiers de santé au choix du comité de salut public, et leur confection confiée à des pharmaciens également au choix du même comité.

« Ces boîtes pourront être employées en cas de besoin au traitement des épidémies ; il sera ajouté à chacune une provision de farine, de riz et de fécule de pomme de terre, et pour le tout il sera fait un fonds de 160,950 livres.

« 6. Pour assurer aux malades les moyens de se procurer les secours en aliment, et de pourvoir aux autres dépenses que leur état exigera, il leur sera alloué une somme par jour. Cette somme est fixée à 10 sous, et à 6 sous seulement pour les enfants au-dessous de dix ans.

« 7. L'agent national de la commune, sur la demande qui lui en sera faite, requerra l'officier de santé de l'arrondissement, lequel se transportera sans délai auprès du malade.

« Sur son rapport, qu'il remettra par écrit et signé, à l'agent national, dans la forme qui sera déterminée, le secours en argent, mentionné en l'article précédent, sera avancé au malade par la municipalité du lieu, qui en sera remboursée par la caisse du district, ainsi qu'il sera expliqué ci-après.

« 8. Le secours en argent ne sera accordé que dans le cas où l'officier de santé en reconnaîtra la nécessité, et il l'attestera dans son rapport. Il spécifiera le nombre des jours qu'il croira que ce secours devra être accordé, lequel ne pourra excéder la durée d'une décade. Si la suite d'une maladie exige une prolongation, il l'attestera dans un nouveau rapport, qu'il remettra à cet effet à l'agent national de la commune du lieu.

« 9. Ces rapports, remis aux agents nationaux qui les viseront, serviront aux municipalités pour se faire rembourser de

leurs avances; à cet effet, elles devront les adresser aux administrations des districts.

« 10. Pour assurer la surveillance et la comptabilité de ce
service, il sera tenu, pour chaque malade, par l'officier de
santé, une feuille de visite et de dépense, imprimée suivant le
mode qui sera envoyé par la commission des secours publics.
Ces feuilles seront adressées tous les mois aux administrateurs
des districts.

« 11. Il ne sera délivré aucun remède des boîtes, que sur
billet signé de l'officier de santé de l'arrondissement. Il y sera
fait mention des quantités à délivrer, ainsi que du nom du malade et du lieu de sa résidence. Ces billets resteront entre les
mains de la municipalité du lieu où les boîtes auront été déposées, et serviront à vérifier cet objet de consommation.

« 12. Chaque commune, dans les campagnes, fera cultiver,
autant que le lui permettront les localités, les plantes les plus
usuelles en médecine, qui leur seront indiquées par l'officier
de santé. Il est fait une invitation civique, aux citoyens de l'arrondissement, de cultiver dans leurs jardins quelques-unes de
ces plantes, et d'en fournir gratuitement aux malades.

« 13. Les officiers de santé des différents arrondissements
feront passer tous les mois, à l'administration du district, un
état certifié du nombre de leurs visites. Ces actes seront véri-
fiés séparément par chaque commune où les malades auront
été soignés, et devront être visés par les agents nationaux de
chacune d'elles.

« 14. Les agents nationaux des communes veilleront à ce
qu'il ne s'introduise aucun abus dans ce service, soit par la
négligence des officiers de santé, soit par leur trop grande facilité à faire accorder des secours à des malades qui n'en auraient
pas des besoins réels, ou à en autoriser la prolongation. Ils por-
teront leurs plaintes à l'administration du district.

« 15. Les agents nationaux des communes où les boîtes

des médicaments seront déposées, auront particulièrement la surveillance sur la distribution des remèdes; dans le cas où les officiers de santé fourniraient des médicaments particuliers, il ne leur en sera tenu aucun compte.

« TITRE V. — *Mode d'exécution et cérémonies civiques.*

« Article 1er. La première fête nationale qui sera célébrée est celle consacrée à honorer le malheur, par le décret du 18 floréal.

« 2. Le décadi où elle sera célébrée sera indiqué par un décret aussitôt que les tableaux demandés par les précédents articles auront été formés dans chaque district et envoyés par les départements.

«.6. La formation prompte de ces tableaux est recommandée à l'humanité et au patriotisme des municipalités, des administrations de districts et de départements

« Ils en seront responsables à la patrie, et leur négligence sera punie conformément aux lois du gouvernement révolutionnaire.

« 4. Les agents nationaux de district et de commune sont expressément chargés d'accélérer l'exécution du présent décret pour ce qui les concerne, sous leur responsabilité personnelle. Les administrations des départements sont tenues, sous la même responsabilité, d'envoyer les tableaux au comité de salut public dans le délai prescrit.

« 5. Le jour consacré au soulagement du *malheur*, par le décret sur les fêtes nationales et décadaires, il y aura dans chaque chef-lieu de district une cérémonie civique, dans laquelle les agriculteurs et les artisans vieillards ou infirmes, les mères ou les veuves désignées dans les articles précédents, ayant des inscriptions, seront honorés, et recevront en pré-

sence du peuple le payement du premier semestre de la bienfaisance nationale.

« 6. Le livre de la bienfaisance nationale sera lu par l'agent
national du district, en présence des autorités constituées et
des jeunes citoyens des écoles primaires, dans les lieux où les
citoyens se rassemblent le décadi.

« 7. Le livre de la bienfaisance nationale sera ouvert chaque
décadi pour recevoir les inscriptions qui seront demandées,
conformément aux articles du présent décret.

« 8. Le décret de la Convention nationale qui règle le mode
de cette bienfaisance y sera lu par le président du district, et
la dignité de la profession agricole y sera célébrée par un discours et des hymnes patriotiques.

« 9. La commission des secours publics demeure expressément chargée de l'exécution prompte du présent décret, et d'en
rendre compte tous les huit jours au comité de salut public.

« 10. L'insertion du présent décret dans le bulletin tiendra
lieu de publication. »

Ce projet fut voté. Le comité de salut public prit l'arrêté
suivant, en attendant qu'il pût recevoir son exécution :

SECOURS PUBLICS.

« Le comité de salut public, sur le rapport de la commission des secours publics, en exécution du décret du 16 ventôse
dernier, arrête provisoirement et en attendant qu'il soit pourvu
d'une manière définitive à l'extinction de la mendicité dans les
grandes communes :

« 1° Que les mendiants infirmes, hors d'état de travailler,
qui se sont fait ou se feront inscrire dans leurs sections respec-
tives, recevront à titre de secours, et pour subvenir à leur sub-

sistance, 15 sous par jour, 25 lorsqu'ils seront mariés, et 5 sous pour chacun des enfants qu'il pourront avoir et qui n'auront pas atteint l'âge de douze ans, ou qui seront infirmes.

« Autorise la commission des secours à faire verser les sommes nécessaires au payement de ces secours entre les mains des sections, et sur les états qu'elles lui en remettront directement.

« 2° Les mendiants infirmes, mais qui sont encore susceptibles de quelque travail, recevront les deux tiers des secours ci-dessus.

« 3° Au moyen de ces secours, il ne pourra plus y avoir d'infirmes mendiants dans les rues de Paris, et ceux qui seront trouvés mendiant seront arrêtés et conduits dans leurs sections pour y être reconnus; il sera pris à leur égard les mesures de sûreté nécessaires.

« 4° Quant aux mendiants valides et en état de travailler, comme ils ne peuvent avoir aucun motif pour mendier, ils seront également arrêtés et conduits à leurs sections, qui prendront sur leur compte des renseignements convenables et telles mesures que leur prudence suggérera.

« 5° Enjoint à la municipalité de Paris de veiller et de tenir la main à l'exécution du présent arrêté. »

Ce décret fut voté.

II

Démonstration de M. P.-J. Proudhon contraire à celle de Malthus.

M. Proudhon a retourné la proposition de Malthus en disant que, si la population croît en raison géométrique, la production croît en raison des puissances, c'est-à-dire que la première étant 1, 2, 4, 8, la seconde est de 1, 4, 16, 64. Voici l'analyse de son raisonnement :

« Le travail est le principe de la richesse, et par conséquent l'opposé de la misère, comme l'ordre est l'opposé du désordre. Les formes ou catégories du travail sont : la division du travail ; les machines, la concurrence, le monopole, l'État ou la centralisation, le libre échange, le crédit, la propriété et la communauté. Toutefois le travail, tout en possédant les moyens de créer la richesse, ces moyens, par l'antagonisme qui leur est propre, renferment de nouvelles causes de misère.

« La division féconde le travail, mais aussi diminue le salaire de l'ouvrier au point de le replonger quelquefois dans la misère. Voilà pourquoi la civilisation a inventé les machines, de sorte qu'un million d'ouvriers habitant une province de cinq cents lieues carrées produisent plus que cent millions de sauvages qui occuperaient toute la terre. L'industrie étant incessamment perfectible, la production peut donc augmenter encore d'une façon incalculable.

« Néanmoins, avec les machines, l'ouvrier peut tomber dans l'abrutissement de la simple machine, et devenir misérable, tandis que la richesse augmente pour ses maîtres. Est-ce parce qu'il produit trop d'enfants ? Cependant on ne manque pas de travail, puisque de tous côtés le besoin de travailler et de subsister se fait sentir, et que la demande de travail surpasse l'offre. L'homme est donc misérable par la division du travail comme il l'était dans l'état sauvage par la paresse. Pour y remédier, on a appelé la concurrence ou la liberté illimitée, qui émancipe complétement l'ouvrier. Avec elle, les produits du travail augmentent en quantité et diminuent de prix. Chaque producteur étant forcé de produire sans cesse à meilleur marché, c'est-à-dire plus que le consommateur ne demande, il il n'est pas possible alors que la somme des subsistances tombe au-dessous des besoins de la population. Si deux hommes isolés

et sans machines produisent deux, qu'ils se réunissent, et par
la division du travail avec la mécanique ils produiront *quatre*,
parce que chacun ne produira pas seulement pour soi, mais
aussi pour son compagnon. Si leur nombre est doublé, trip'é,
la division et les machines deviendront progressivement plus
compliquées, et 4 produiront 16; 8 produiront 64. Ce point est
aujourd'hui comme un axiome d'économie politique.

« Si donc la puissance de reproduction humaine est en proportion géométrique, 1, 2, 4, 8, ainsi que l'a dit Malthus, la
production industrielle sera progressive comme 1, 4, 16, 64.
En d'autres termes, dit M. Proudhon, la production s'accroît
comme le carré du nombre des travailleurs[1]. »

III

Acte d'association d'un patron avec ses ouvriers.

M. Beslay, ancien député de 1830 à 1839, et représentant
du peuple à l'Assemblée constituante, a fondé un atelier important de machines à vapeur à Paris, dans le faubourg du
Temple. Il eut l'idée d'associer dans ce dernier établissement
ses ouvriers, dès le commencement de 1847. Je transcris ici
cet acte d'association, que l'on peut regarder comme l'un des
plus complets de tous ceux faits entre patrons et ouvriers.

ARTICLE 1er.

A partir du 1er novembre prochain, et sauf les adjonctions

---

[1] *Contradictions économiques.*

ultérieures que je me réserve de faire, j'appelle dès à présent à
faire partie de l'association dont il s'agit, MM. :

ART. 2.

Les qualifications données ci-dessus aux membres déjà admis, et celles des membres futurs, n'attribueront, comme associés, aucune prérogative en faveur de l'un sur l'autre, de même
que la qualité d'associé ne diminuera en rien l'effet des attri-
butions que j'aurais conférées pour la direction et la bonne conduite des travaux.

ART. 3.

Cette association ne peut être assimilée à aucune société
commerciale devant nécessiter la publicité, une raison, et une
signature sociales; elle restera, comme elle l'est en effet, une
société purement civile et philanthropique.

ART. 4.

Le siége de la société est fixé dans mes ateliers, susdite rue
Neuve-Popincourt, n° 17; sa dénomination sera seulement celle
déjà indiquée : *Association d'Encouragement mutuel.*

ART. 5.

Cette association est permanente et placée sous mon autorité;
toutefois je pourrai déléguer tout ou partie de mes pouvoirs à
un ou plusieurs des sociétaires, ou même à un mandataire étranger à l'association.

ART. 6.

Les sociétaires doivent tous concourir, autant qu'il est en
leur pouvoir, au succès de l'établissement, et indiquer les causes
d'insuccès ou de malfaçon.

ART. 7.

A l'avenir, tout employé ou ouvrier ayant travaillé pendant au moins trois mois dans mes ateliers, pourra prétendre à l'admission dans la société, s'il possède déjà un livret de la Caisse d'épargnes constatant un dépôt d'au moins cinquante francs.

ART. 8.

Les sociétaires devront chaque année s'entendre pour me présenter trois candidats réunissant les conditions prescrites par l'article précédent, afin que parmi ces candidats je puisse faire choix de nouveaux sociétaires si je le juge convenable.

ART. 9.

Je pourrai toujours, quand bon me semblera, sans être astreint à déduire mes motifs, expulser de l'association tout membre qui y aurait été admis sur ma présentation ou celle les autres sociétaires.

Droits et avantages des associés.

ART. 10.

Indépendamment des bénéfices pécuniaires dont les parts proportionnelles seront ci-après établies, les sociétaires pourront :

1° Prétendre, en cas de maladie, à une indemnité sur la caisse des secours, suivant ce qu'en décideront les autres associés, ou moi seul et de mon autorité privée;

2° Obtenir en faveur des autres ouvriers non sociétaires des secours en raison de circonstances fortuites qui seront soumises à mon appréciation;

3° Me proposer chaque année l'admission, comme apprenti

ordinaire, soit l'enfant de l'un d'eux, soit celui d'un ouvrier connu.

L'apprenti dont l'acceptation me sera proposée devra :

Premièrement, être âgé d'au moins douze ans;

Deuxièmement, avoir été vacciné;

Troisièmement, avoir fait sa première communion;

Quatrièmement, savoir lire et écrire.

ART. 11.

Tout apprenti admis recevra, à partir du deuxième mois de son entrée et pendant la première année, un salaire journalier de *soixante centimes*.

Pendant la deuxième année, ce salaire sera porté à *un franc*, et pour la troisième année il sera élevé à *un franc vingt-cinq centimes*.

ART. 12.

J'aurai en tout état de cause le droit de renvoyer cet apprenti, sans indemnité préalable, à quelque époque qu'il puisse être de son apprentissage.

Bénéfices pécuniaires de l'association.

ART. 13.

Les bénéfices de l'association se composeront du prélèvement proportionnel que je consens dès à présent au profit de mes coassociés sur le montant des travaux effectués dans mes ateliers pendant le cours de chaque année.

ART. 14.

Le prélèvement dont il s'agit s'opérera de la manière suivante :

Tous les ans, au 31 octobre, il sera fait un état général du montant des travaux livrés et payés pendant le cours de l'année. Si le chiffre s'en élève à 150,000 francs et au-dessus, jusqu'à 200,000 francs, je verserai à la caisse sociale 5 p. 100 du montant des travaux :

De 200,000 francs à 250,000 francs, je verserai.   6 p. 100;

De 250 à 350,000 francs. . . . .   7 p. 100;

De 350 à tout chiffre supérieur. . . . . . .   10 p. 100.

ART. 15.

Je serai le dépositaire des deniers sociaux, et en ferai l'emploi au profit des sociétaires, d'après le mode de répartition qui va être ci-après déterminé.

ART. 16.

Les écritures sociales seront tenues par moi ou par celui des sociétaires que je désignerai.

Il sera créé à cette occasion une comptabilité particulière qui comprendra tous les comptes courants ouverts au nom de chacun des sociétaires, en particulier, comme il sera expliqué ci-après, et qui constatera sous la rubrique de *Caisse de secours* l'état permanent du fonds de réserve affecté aux besoins extraordinaires des sociétaires et à ceux des ouvriers non sociétaires, en faveur desquels des demandes de secours seront formées.

Ces écritures reproduiront les états de situation dressés par moi, d'après mes registres et écritures personnels, pour parvenir à la fixation des bénéfices sociaux.

Les sociétaires seront tenus d'accepter ces états tels qu'ils seront présentés par moi, sans qu'ils puissent, dans aucun cas, exiger la représentation de mes registres et écritures personnels.

ART. 17.

La balance des comptes sociaux et des comptes courants des sociétaires en particulier, sera établie tous les ans au 31 octobre.

Mode de répartition des bénéfices et emploi des parts bénéficiaires.

ART. 18.

L'esprit de la présente association étant de procurer à chaque associé une part bénéficiaire qui soit en rapport avec la part contributoire de travail et d'intelligence qu'il aura apportée dans la confection des travaux accomplis. Je prendrai pour base de la fixation des parts le montant des sommes reçues par chaque sociétaire pendant le cours de l'année à titre de rémunération de son travail, c'est-à-dire ce qui lui aura été payé pour appointements ou salaires.

Ainsi tel ouvrier qui aura reçu 1/5, 1/4 ou 1/3 de plus qu'un autre, devra, dans la même proportion, avoir droit à part plus forte dans la masse à partage.

ART. 19.

Toutefois, et par exception, ceux des employés et ouvriers qui justifieront vivre en état de mariage légitime, c'est-à-dire civil et religieux, seront admis à faire ajouter à la masse des sommes par eux reçues audit titre de traitement ou salaire, un dixième en sus de cette même masse; et alors le chiffre pour lequels ils figureront parmi les prétendants à partage, sera porté pour une somme à laquelle ils auraient droit s'ils avaient reçu réellement ce dixième en sus.

ART. 20.

De plus, et pour le cas où je jugerais convenable de faire

participer aux bénéfices dans de plus fortes proportions ceux des employés et ouvriers qui, par leur zèle, auraient surpassé leurs coassociés, je me réserve de faire entrer en ligne de compte le traitement ou salaire payé à ces employés ou ouvriers plus méritants, une somme plus forte que celle qu'ils auront reçue réellement.

Cette augmentation restera à ma volonté exclusive.

ART. 21.

D'après ces données, lorsqu'il s'agira de répartir la masse bénéficiaire résultant du prélèvement consenti par moi sur le montant des travaux comme il a été dit, il sera procédé ainsi :

Toutes les sommes payées pour les causes sus-énoncées à la généralité des employés ou ouvriers attachés à l'établissement, ensemble les dépenses faites en charbon consommé et les frais de transport des divers travaux livrés, seront réunis pour faire masse (le compte des hommes mariés et celui des ouvriers à rémunérer exceptionnellement y entrant bien entendu augmentera comme il est dit, articles 19 et 29).

ART. 22.

Cette masse comparée à la masse active à partager indiquera le prorata afférent à chaque franc dépensé.

Les sociétaires viendront en conséquence prendre part à la masse active dans la proportion de la somme pour laquelle ils seront entrés dans la composition de la masse passive.

Et la part afférente à la portion du passif non représenté par les sociétaires admis me retournera naturellement comme tenant lieu et place des ouvriers et employés non sociétaires et des charbons, transports, etc.

ART. 23.

L'opération de répartition une fois établie d'après les bases qui viennent d'être déterminées, je ferai l'emploi de la part bénéficiaire dévolue à chacun de mes coassociés de la manière suivante :

1º Un quart sera remis en espèces au sociétaire, le 31 décembre de chaque année ;

2º Un quart sera versé à la Caisse d'épargnes au nom personnel du sociétaire ;

3º Un quart restera en compte courant chez moi, avec intérêt à 3 pour %/ l'an ;

4º Le dernier quart sera porté au compte commun dit *Caisse de secours.*

Art. 24.

Les employés ne seront point tenus, comme les ouvriers, de laisser ce dernier quart à la Caisse de secours, seulement il sera porté à leur compte courant.

Art. 25.

Les employés et ouvriers ne pourront disposer de tout ou partie de leurs comptes courants que de mon consentement; mais les intérêts leur seront payés tous les ans au 31 décembre.

Caisse des secours.

Art. 26.

La Caisse des secours pourra s'accroître de toutes les sommes qui auront été dévolues à quelques-uns des sociétaires s'ils n'avaient point encouru les déchéances qui vont être ci après prévues, et de celles dont je pourrai ordonner la retenue sur certaines parts bénéficiaires à titre de pénalité pour infraction aux règlements de l'association et de l'établissement et aussi les amendes et retenues faites aux divers ouvriers,

ART. 27.

J'augmenterai chaque année la Caisse des secours du dixième des sommes qui y auront été versées par tous les autres sociétaires.

Dissolution et liquidation.

ART. 28.

La durée de la présente société n'étant point limitée, sa dissolution aura lieu quand bon me semblera, sans motifs déterminés, et même j'aurai la faculté d'en faire remonter le terme à l'époque de la dernière balance.

ART. 29.

Néanmoins, tout sociétaire pourra, quand il le jugera convenable, se retirer de l'association, sans que pour cela il y ait lieu à liquider ses droits dans la société, pour le temps qu'il y serait encore resté après la dernière répartition.

ART. 30.

Il en sera de même à l'égard du sociétaire qui aurait été déclaré exclu de la société, à quelque époque qu'ait lieu son exclusion.

Dans ce dernier cas, les avantages acquis au sociétaire exclu et qui en demeurera déchu, seront dévolus à l'augmentation de la Caisse des secours.

ART. 31.

Arrivant la dissolution de la société, soit par ma volonté, soit par mon décès, il n'y aura pas lieu (à moins que je n'en aie décidé autrement par mon testament) à faire la liquidation

des avantages présumés ou acquis à la société depuis la dernière répartition; seulement dans les trois mois qui suivront,
les divers sociétaires recevront de moi ou de mes héritiers le
montant de leur compte courant, et leur livret de Caisse
d'épargnes.

ART. 32.

Soit dans le cas de retraite volontaire, d'exclusion forcée ou
de décès, soit dans le cas de dissolution, aucun des sociétaires,
ni ses représentants ou héritiers ne pourront exiger avant l'expiration de trois mois qui suivront leur sortie de la société la
remise de leur livret de Caisse d'épargnes et le solde de leur
compte courant.

IV

Maximes sur l'impôt.

M. de Sismondi a ajouté aux règles posées par Ad. Smith
sur l'impôt les quatre suivantes :

« 1° Tout impôt doit porter sur le revenu et non sur le
capital. Dans le premier cas, l'État ne dépense que ce que les
particuliers devraient dépenser; dans le second il détruit ce qui
devait faire vivre et les particuliers et l'État.

« 2° Dans l'assiette de l'impôt, il ne faut point confondre le
produit brut annuel avec le revenu; car le premier comprend,
outre le second, tout le capital circulant; et une partie de ce
produit doit demeurer pour maintenir ou renouveler tous les
capitaux fixes, tous les travaux accumulés et la vie de tous les
ouvriers productifs.

« 3° L'impôt étant le prix que le citoyen paye pour des
jouissances, on ne saurait le demander à celui qui ne jouit de

rien : il ne doit donc jamais atteindre la partie du revenu qui est nécessaire à la vie du contribuable.

« 4° L'impôt ne doit jamais mettre en fuite la richesse qu'il frappe ; il doit donc être d'autant plus modéré que cette richesse est d'une nature plus fugitive. Il ne doit jamais atteindre la partie du revenu qui est nécessaire, pour que ce revenu se conserve. »

Un commentateur de Ricardo les a complétées par celles-ci :

1° L'impôt, pour être régulièrement et solidement assis, doit atteindre surtout les revenus fixes, les propriétés, les différentes du travail industriel et commercial, par les contributions directes, les patentes et une application judicieuse de l'*income-tax* (taxe sur les revenus).

2° L'impôt, pour être équitable, doit ne s'adresser aux revenus incertains, variables de l'employé, de l'artiste, de l'ouvrier, qu'après avoir épuisé toutes les autres sources de recettes.

3° L'impôt, pour être réellement proportionnel, doit effleurer seulement les objets de consommation nécessaire pour peser lourdement sur les matières de luxe et d'ostentation. De même, une taxe sur les revenus devra tenir compte non-seulement du chiffre des revenus, mais encore de leur destination, et ne pas demander 5 pour 100 à un pauvre rentier de 500 francs, comme au nabab qui reçoit annuellement 500,000 francs.

4° L'impôt, pour être productif, doit être modéré, et l'être d'autant plus, qu'il atteindra des objets de consommation générale, qui s'adressent surtout aux humbles, aux pauvres.

Je donne les maximes de M. de Sismondi et de ce commentateur, sans les approuver toutes. On a vu dans ce Traité en quoi je les ai modifiées moi-même.

V

Extrait du *Journal des Chemins de fer.*

Parfois les administrateurs, ceux des compagnies pauvres surtout, cherchent à prolonger l'illusion produite par un accroissement de recettes obtenu à force de réductions sur les tarifs, en ajournant ou réduisant les dépenses nécessaires pour le bon entretien de la voie et du matériel. Ce système est funeste à la fortune des compagnies. Les ménagères ont coutume de dire qu'un point de reprise fait à propos en épargne neuf plus tard. Cette maxime est tout aussi juste pour l'entretien des chemins de fer que pour celui des vieilles jupes. Un chemin, mal ou insuffisamment entretenu, détruit rapidement le matériel et se détériore lui-même au point d'exiger au bout de peu d'années, un renouvellement presque complet de ses parties essentielles. Le dommage est plus grand encore pour le matériel roulant ; non-seulement il perd de sa valeur comme capital, mais il cesse de rendre les services pour lesquels il a été construit. Une machine mal entretenue perd de sa puissance motrice ; il ne faut que quelques mois de négligence et d'abandon pour réduire de 50 pour 100 son effet utile, de telle sorte que, pour avoir voulu économiser quelques centaines de francs, on se trouve bientôt dans la nécessité d'employer deux machines au lieu d'une pour obtenir le même résultat.

La propriété de la compagnie ne subit donc pas seulement une perte considérable sur son capital ; mais l'exploitation devient en définitive plus coûteuse, avec ce système de fausse économie, que si les dépenses d'un entretien complet eussent été faites en temps opportun.

Un point important, c'est la clôture définitive du compte de capital. Dans beaucoup de compagnies, ce compte est resté ouvert en permanence, bien que l'établissement des chemins de fer qu'elles exploitent soit terminé depuis longtemps. Ce système de comptabilité permet aux administrateurs d'imputer continuellement sur le compte de capital toutes les dépenses d'amélioration que les progrès de la science et les développements du trafic font successivement juger nécessaires. On ne se borne même pas là : certaines dépenses d'entretien, qui devraient rester au débit du compte d'exploitation, en sont distraites et ajoutées au capital, afin de permettre des distributions de dividendes qui entretiennent la confiance des actionnaires et trompent le public sur la valeur des entreprises. On ne saurait condamner trop sévèrement de pareilles opérations, et réclamer avec trop d'insistance la clôture définitive du compte de capital. La facilité avec laquelle les grandes compagnies trouvent de l'argent, au moyen d'emprunts privilégiés dont le service prime le payement de tout intérêt aux actionnaires, est la source du mal.

« C'est le cas de toutes les compagnies de chemins de fer sans exception. Le renouvellement des rails et des traverses, sur les lignes d'Orléans et du Nord, est imputé, en tout ou en partie, au compte de premier établissement, exécuté à l'aide d'emprunts, parce que sur les comptes d'exploitation antérieurs on n'a pas fait de réserve; parce qu'on a distribué le bénéfice brut, au lieu du produit net; parce qu'il fallait pousser à la hausse par de gros dividendes, afin de donner aux fondateurs-écumeurs le moyen de tripler leur mise de fonds [1]. »

_____

[1] _Manuel du Spéculateur._

VI

Cours du cinq pour cent depuis 1797.

1797 14 janvier. Le 5 p. °/₀ est coté à la Bourse 10 francs, et 8 le plus bas.

1797 30 avril. Il est coté 17 fr.

1797 15 juin.   —   36 fr. 75 c., et 25 le plus bas.

1797 4 décembre. Au plus haut 8 fr. 25 c.; au plus bas 6 fr. 80 c.

1798 Le plus haut cours a été de 24 fr. 25 c.; le plus bas de 6 fr. 83 c.

1799 Avant le 18 brumaire, le cours est de 7 fr.; après, de 22 fr. 50 c.

1800 La rente monte successivement jusqu'à 44 fr.

1801 Elle monte jusqu'à 63 fr.

1802 Le plus haut cours n'est que de 57 fr. 70 c.

1803   —   est de 66 fr. 60 c.; le plus bas de 47 fr.

1804   —   n'est que de 59 fr. 75 c.

1805 On monte jusqu'à 62 fr. 50 c.

1806 On va à 77 fr.

1807 Jusqu'à 93 fr. 40 c.

1808 Le plus haut cours est de 88 fr.

1809   —   —   83 fr.

1810 Il est est de 82 fr. 80 c.

1811   —   83 fr. 35 c.

1812   —   33 fr. 60 c.

1813   —   80 fr. 20 c.; le plus bas, 47 fr. 50 c.

1814 Janvier. 53 fr. 75 c.; mars, 45 fr.; remonta à 80, après la Restauration.

1815 Baisse dans les Cent-Jours, à 53 fr.

1816 En janvier, 59 fr., en décembre, 56 fr.

1817 Le plus haut, 69 fr.; le plus bas, 61 fr.

1818 — 80 fr.; — 60 fr.

1819 — 73 fr.; — 64 fr.

1820 — 79 fr.; — 70 fr.

1821 — 90 fr.; — 73 fr.

1822 — 95 fr.; — 83 fr.

1823 — 93 fr.; — 75 fr.

1824 — 104 fr. 75 c.; le plus bas, 93 fr.

1825 — 106 fr.; le plus bas, 90 fr. 50 c.

1826 — 101 fr.; — 95 fr.

1827 — 104 fr.; — 98 fr.

1828 — 109 fr.; — 102 fr.

1829 — 110 fr.; — 106 fr.

1830 Au commencement, 109; en juin et juillet, 104; en août 104 et 100; en décembre, 94 et 84 fr. 50 c.

1831 Le plus haut, 98 fr.; le plus bas, 74 en avril.

1832 — 99 fr.; — 92 fr.

1833 — 105 fr.; — 100 fr.

1834, 1835, 1836, 1837. Elle monte successivement de 104 le plus bas, jusqu'à 110 le plus haut.

1838, 1839, 1840, 1841. Elle monte successivement de 107 le plus bas, à 117 le plus haut.

1842, 1843, 1844, 1845. Elle monte successivement de 118 le plus bas, à 126 le plus haut.

1846, 1847, 1848 jusqu'en mars. Le plus haut est de 123; elle descend successivement jusqu'à 115 fr.

1848 (mars). Elle ouvre à 97 fr. 50 c.; descend en avril à 50 fr.; remonte jusqu'à 79 fr.

1849 Janvier à 73 au plus bas; remonte successivement jusqu'à 92 au plus haut, en décembre.

1850 En janvier, 92 au plus bas; en septembre, 97 au plus haut.

VII

Tableau des budgets définitifs du gouvernement français du 1er avril 1814 à la fin de l'exercice 1853, présentant les recettes et dépenses, annuelles.

ANNÉES.	TOTAL DES RECETTES.	DÉPENSES ORDINAIRES et EXTRAORDINAIRES.
	FR.	FR.
1814	560,055,255	572,293,587
1815	876,318,232	931,441,404
1816	1,036,804,354	1,055,854,028
1817	1,270,312,550	1,189,253,628
1818	1,414,080,685	1,433,746,666
1819	936,658,784	869,000,028
1820	939,238,063	906,729,663
1821	934,771,514	908,344,345
1822	949,932,891	949,174,982
1823	1,042,747,134	1,118,025,162
1824	989,563,042	986,073,842
1825	978,812,347	981,972,609
1826	982,728,455	976,948,919
1827	948,354,039	986,534,765
1828	1,028,868,187	1,024,100,637
1829	1,021,890,093	1,014,914,432
1830	1,020,052,843	1,095,142,115
1831	1,305,550,970	1,219,310,975
1832	1,063,100,209	1,174,350,197
1833	1,162,352,924	1,134,072,914
1834	1,038,718,532	1,063,559,443
1835	1,068,102,801	1,047,207,683
1836	1,072,181,737	1,065,899,158
1837	1,087,246,768	1,078,902,494
1838	1,111,655,890	1,136,188,851

ANNÉES.	TOTAL DES RECETTES.	DÉPENSES ORDINAIRES et EXTRAORDINAIRES.
	FR.	FR.
1839	1,181,117,772	1,179,046,335
1840	1,234,483,099	1,363,711,102
1841	1,381,269,143	1,425,239,623
1842	1,330,993,885	1,440,974,148
1843	1,378,224,201	1,445,265,740
1844	1,384,761,516	1,428,133,942
1845	1,393,286,845	1,489,432,101
1846	1,399,290,555	1,566,525,591
1847	1,372,387,450	1,629,678,089
1848	1,767,955,690	1,770,960,740
1849	1,431,678,965	1,646,304,442
1850	1,431,622,471	1,472,637,238
1851	1,360,600,775	1,461,329,644
1852	1,487,544,984	1,513,103,997
1853	1,524,448,464	1,547,597,009

VIII

Tableau des impôts au Maroc [1].

Le Maroc est gouverné en ce moment par un empereur oc-
togénaire, qui depuis un demi-siècle règne et administre avec
le même système que suivaient depuis des siècles ses prédécesseurs; c'est-à-dire qu'il est le maître absolu de toutes les
terres, de tous les hommes, et l'héritier de toutes les fortunes
de ses sujets.

Sa politique est d'appauvrir le plus possible les habitants de

[1] Extrait d'un rapport de M. Snider-Pellegrini à la Société géo-
graphique de Paris, le 20 mars 1857.

ses États, dans l'idée que, tant qu'ils sont pauvres, ils n'ont pas les moyens de se révolter. Rien, par conséquent, n'est négligé pour arrêter leur prospérité; il entrave le plus possible le commerce avec les étrangers, qu'il abhorre généralement; il leur permet de passer, et même ils ne les empêche pas de s'établir dans certains ports de mer; mais veulent-ils se rendre à Marocco, ils doivent en faire par écrit la demande à l'empereur, par l'entremise du gouverneur, expliquant le motif de leur voyage. Si l'autorisation est obtenue, le voyageur peut alors aller à Marocco, pourvu qu'il y porte des présents pour l'empereur et ses ministres; si son but est de faire des affaires commerciales, il faut qu'il sache par avance qu'il échouera dans tous ses projets, perdra ses frais, sera plus ou moins volé.

Les revenus annuels de l'empereur sont très-considérables; il perçoit en nature la dîme de toutes les récoltes de ses sujets; les douanes lui rendent énormément, car l'importation n'est pas seulement pour la consommation du Maroc, mais aussi pour le transit qui passe à l'est et au sud, et tout paye le même taux. La somme des droits et le mode de les acquitter varient; quelquefois il fait payer le dixième en nature, ce qui fait ouvrir toutes les balles des tissus, et sur chaque dix pièces le douanier en garde une, ainsi de tous les autres articles. Ce système porte beaucoup de frais de déballage et emballage, gâte souvent les marchandises, attendu que l'opération se fait à ciel ouvert ou dans des localités fort sales. D'autres fois, il exige le droit d'entrée en numéraire, prescrivant le payement en piastres espagnoles (douros) : il ne recevrait à aucune condition d'autre espèce de monnaie; toutefois, depuis quelques années, les pièces de 5 francs sont admises. Souvent encore, il impose tels articles à payer en espèces, et tels autres en nature. Ce dernier système est maintenu en ce moment, et voici les six articles fixés à payer en espèces le droit d'importation :

			onces douros.
Coton en balles, le petit cantar de 110 liv. anglaises.			60 soit 3
Café —	—	—	60 3
Sucre —	—	—	60 3
Fer —	le gros cantar de 178 liv. anglaises.		60 3
Clous —	—	—	80 4
Thé —	—	la livre.	5 1 fr. 25

Tous les autres articles doivent donner à l'importation la dîme en nature.

Exportation. — L'exportation des produits du Maroc, comme aussi ce qui vient de l'intérieur de l'Afrique dans le Maroc, est, en principe général, prohibé pour le commerce et réservé en monopole au profit de l'empereur ou de ses créatures. Cependant, il y a un petit nombre d'articles dont la sortie est permise de temps en temps, payant des droits d'exportation plus ou moins élevés, selon les ports plus ou moins favorisés. En ce moment, voici les articles dont l'exportation est permise, et le chiffre des droits à payer :

	Le petit cantar de 119 liv.
Gomme sortant des ports de Saffi et Mazagran.	25 onces.
Cire —	121
Laines lavées, des mêmes ports.	120
La même laine sortant du port de Mogador paye seulement.	90
Huile d'olive sortant de Mogador.	60
La même huile sortant de Saffi ou Mazagran.	90
Laine brute.	80
Peaux de bœufs.	60
Peaux de moutons, de chèvres : chaque peau.	1

Les bestiaux, la viande sèche ou salée, les légumes, le miel, le bois, les os, les blés, les orges, dont il y a des quantités immenses, sont prohibés à la sortie;

Le maïs et les fèves font, depuis quelques années, exception,
et donnent à l'empereur des millions de revenu à cause de leur
sortie, sans faire le moindre bien au pays. Voici comment cela
se pratique :

L'empereur donne des permissions d'exporter, moyennant
un droit de 15 onces par fanega, payables en espèces. Ces
permissions sont accordées à ses favoris et à ses ministres;
ceux-ci les exploitent avec des associés particuliers, les uns et
les autres s'enrichissent en peu de temps. Bien entendu que,
aussitôt que l'empereur connaît qu'ils ont fait une grosse fortune, il les met en prison, sous un prétexte ou l'autre, et pour
racheter leur liberté ils sont obligés de dégorger tout l'argent
gagné, en le versant dans les caisses impériales.

Un épisode de cette nature s'est passé presque sous mes
yeux, lorsque j'étais à Tanger, en 1853. Un nommé Mustapha
Ducaly était associé dans ses opérations avec le premier ministre de l'empereur. Ce Ducaly, disposant de ces permissions,
vendait du maïs en grande quantité; il m'a vendu à moi-même
vingt-cinq mille fanegas, au prix de 25 onces la fanega rendue
à bord à Saffi; le maïs lui revenait, rendu au port par les
paysans, à 4 onces; 15 étaient le droit à payer : par conséquent, leur profit ostensible était de 6 onces par fanega, ce qui
était déjà un assez joli bénéfice. Mais probablement ils ne limi-
taient pas leur profit seulement à la différence du prix, et il leur
était facile d'en faire sortir des quantités plus considérables.
L'empereur ayant toujours l'œil sur eux, ne manqua pas d'être
informé du moment où leur caisse commença à se remplir, et
il les fit immédiatement mettre en prison. Le ministre y resta;
mais Ducaly, plus rusé, s'était arrangé pour ne pas laisser trouver beaucoup d'argent comptant chez lui : il reçut ordre de se
rendre auprès de l'empereur pour déclarer où étaient ses richesses, et mon consul m'écrivait à Londres, à la fin de 1854,
à ce sujet, dans les termes suivants :

« Ducaly montra à l'empereur qu'il avait employé son ar-
« gent dans des bâtisses à Casablanca, et que la moitié des
« maisons de la ville de Tanger lui appartenaient; ce fait, vé-
« rifié après six mois de détention à Fez, Ducaly a pu retour-
« ner à Tanger, et cela dans le but d'entretenir ses immeubles,
« qui doivent à sa mort revenir à l'empereur; c'est ainsi qu'il
« a pu sauver sa vie. »

L'énorme quantité de maïs que le pays produit et les demandes des consuls adressées à l'empereur pour qu'il en per-
mette l'exportation, l'ont enfin décidé à laisser exporter le maïs
et les fèves moyennant l'énorme droit de 18 onces par fanega.

Vingt onces équivalent à un douro ou piastre espagnole, qui
fait 5 fr. 30 c.; la pièce de 5 francs est acceptée pour 19 onces.
Deux fanegas font un hectolitre; le paysan vendait son maïs au
bas prix de 4 onces le fanega, soit 1 fr. 6 c. De manière qu'en
mesure et monnaie de France, le maïs vaut dans le pays
2 fr. 12 c. l'hectolitre, et le droit d'exportation à payer est
9 fr. 54 c.: ainsi l'hectolitre revient à 11 fr. 66 c.

L'Irlande, qui consomme énormément de maïs, en a tiré du
Maroc considérablement. Cette demande continuelle a fait un
grand bien aux Marocains, et le prix de 4 onces s'est élevé jusqu'à 8 et 9 onces; le droit a dû rester le même.

On n'a jamais pu obtenir de l'empereur la permission d'exporter le blé ni l'orge, sauf quelques concessions accordées à
ses favoris. La récolte de ces deux céréales a été énorme; les
trois dernières années, les paysans offraient le blé à 3 onces la
fanega (1 fr. 59 c. l'hectolitre) sans trouver d'acheteurs! car du
moment qu'on ne peut pas l'exporter, à quoi bon l'acheter?

Les paysans ont été obligés de mettre tout dans les silos,
sous terre, où il en existe déjà des dépôts en quantités considérables, datant des années précédentes, et vraisemblablement
pourries. Les consuls de Tanger ont fait toutes les démarches
diplomatiques possibles pour obtenir de l'empereur l'exporta-

tion du blé, sauf à payer le droit, mais ce prince n'a pas plus tenu compte de leurs prières que de leurs menaces; finalement, les consuls croyant réussir dans une entrevue personnelle, sollicitèrent la permission d'aller ainsi rendre visite à Marocco. La permission est venue, et le consul général de la Grande-Bretagne, M. Drummond Hay, accompagné de M. le chevalier de Martino, consul général des Deux-Siciles, partirent de Tanger pour Marocco, voyage long et pénible, puisqu'il n'y a pas de route.

Voici ce que m'écrivait M. le chevalier de Martino, de Marocco, le 14 avril 1855 :

« L'objet de la mission à Marocco est de ranimer le com-
« merce, les demandes sont :

« 1° Abolition du monopole;

« 2° Diminution des droits sur l'exportation;

« 3° Cessation entière du favoritisme.

« La première est déjà obtenue, la seconde on l'obtiendra,
« et sera stipulée dans un nouveau traité qu'on négociera pro-
« bablement à Tanger; on n'en exceptera que les sangsues et
« l'écorce de chêne.

« L'empereur a promis d'essayer la libre exportation des
« blés avec un droit modéré (nous verrons). »

Les consuls restèrent deux mois à Marocco. Celui que le résultat de la mission intéressait le plus était le consul anglais; les autres le secondaient dans l'intérêt de l'humanité; ils quittèrent l'empereur avec sa promesse de conclure le traité dans un bref délai à Tanger; mais ils furent mystifiés comme d'habitude, les choses restent encore comme elles étaient auparavant.

Dans la même année 1855, la France demandait dix millions d'hectolitres de blé à l'étranger, et le payait de 45 à 50 francs l'hectolitre, tandis que dans les silos du Maroc se trouvaient dix millions d'hectolitres de blé, que les propriétaires ne pouvaient pas vendre à 1 fr. 50 c. l'hectolitre, et qui sont encore en ce moment peut-être en état de putréfaction !

S'il est triste de voir ce petit potentat barbare, domicilié dans le centre du globe, à la porte de notre civilisation, fouler aux pieds tous les droits de la société et de ses sujets à améliorer leur sort, il n'est pas moins triste de voir les grandes puissances soumises aux caprices de ce despote ; la moindre démonstration faite par l'une d'elles en faveur des droits de l'humanité trouverait la sympathie de toute la population du Maroc, et l'on serait bien payé des frais de la guerre.

On ne peut se faire une idée à quel état de misère sont réduits les habitants du Maroc, même ceux qui passent pour les plus riches.

Tous, grands et petits, sont obligés de se montrer pauvres, afin de ne pas donner le moindre soupçon de fortune ; car aussitôt qu'il vient à l'oreille de la cour qu'un individu a augmenté son bien-être, il devient suspect, et il ne passe pas longtemps sans être saisi ; aussi chacun vit-il très-misérablement. Un burnous, qui est le seul vêtement que porte un Marocain, passe de père en fils. Dans les maisons point de meubles. On ne mange point de viande, on marche sans chaussure, sauf de rares exceptions, et cependant tous ont de l'argent et beaucoup d'argent, car ils sont industrieux ; les produits de leurs manufactures de Fez, Mequinez et Rabat sont fort recherchés pour le Soudan et pour Tombouctou, où ils se vendent très-cher. Tout l'argent produit par ce commerce, chacun a soin de le cacher sous terre, à des places très-éloignées les unes des autres et connues seulement du propriétaire. Il y a certains Marocains dont la fortune est enfouie en dix et quinze endroits différents, ce qu'ils ont fait dans la pensée que si une partie venait à être découverte, ils pussent au moins compter sur les autres.

À la mort d'un individu, l'empereur est son héritier légal.

Un employé, accompagné de soldats, se rend à la maison du
défunt et enlève tout ce qu'il y trouve. La famille reste dans la
plus complète misère, si par malheur elle n'a pas quelque chose
de caché. Mais souvent un père de famille meurt sans avoir
confié à sa femme ou à ses enfants le secret de ses cachettes,
soit parce qu'il se croyait encore loin de la mort, soit de crainte
d'être trahi ; car, dans ce dernier cas, outre qu'il aurait perdu
son trésor, il serait mis en prison et battu jusqu'à ce qu'il eût
fait connaître tous les points où il a enfoui de l'argent, et même
après avoir tout avoué, il sera battu encore, parce qu'on croira
qu'il lui reste encore à avouer.

Plusieurs Marocains haut placés, avec lesquels je m'étais lié,
m'ont assuré qu'il y avait dans le Maroc, caché sous terre,
plus de 500 millions de douros (2,650,000,000 de francs). J'ai
cru au premier abord que c'était là une exagération ; mais en
réfléchissant que cet usage d'enfouir l'argent a été toujours
pratiqué, et calculant seulement sur les quatre derniers siècles,
pour lesquels il faut pour le moins compter que chaque année les
seuls négociants et particuliers enfouissent 1 million de douros
(5,300,000 francs), et ce calcul peut être accepté comme minimum, car il ne représente que le quart de ce qui entre en argent monnayé dans le Maroc ; par conséquent, ce serait 400 millions de douros (2,120,000,000 de francs). Il faut admettre
que les grands personnages de la cour, les gouverneurs des provinces, par la même prévision que les inférieurs, en font autant, et leur chiffre ne pourrait pas être au-dessous d'un
sixième de la susdite somme, par conséquent mes informateurs
pouvaient bien avoir raison. Ces Marocains m'ont assuré aussi
que les trésors de l'empereur ne sont pas au dessous de 200 millions de douros, et il est à noter qu'il ne fait aucune dépense, et
qu'il amasse sans cesse.

En effet, le Maroc ne rend jamais l'argent monnayé qu'il
reçoit. Il n'y a pas d'articles d'importation qu'il solde en ar-

gent. Ses laines, ses huiles, cire, peaux et maïs suffisent et sont d'une valeur bien supérieure aux tissus et autres bagatelles qu'il reçoit d'Angleterre, c'est-à-dire de Gibraltar, auquel le commerce est presque exclusivement dévolu.

Étrangers. — Fort peu d'étrangers sont établis au Maroc, et seulement sur le littoral. Ils sont, il est vrai, sous la protection de leurs consuls respectifs, résidant à Tanger; mais cela ne les met pas à l'abri de toutes les vexations imaginables, aussi est-il fort rare d'en trouver qui s'y établissent pour y résider long-temps, et ceux qui y restent s'abrutissent tellement, qu'à force d'être en relation avec les Maures, ils deviennent pires que ceux-ci, dont la mauvaise foi et la perfidie sont pourtant passés en proverbe. Les consuls généraux de Tanger, pour remédier à la distance qui les sépare de Rabat, Larache, Mazagran, Saffi, Mogador, ont nommé dans chacun de ces ports un agent consulaire, mais il y a si peu d'hommes qui méritent confiance; aussi voit-on un seul individu réunir à lui seul la représentation, à Saffi, de onze consulats.

IX

Observations de M. Wolowski pour l'institution du Crédit foncier.

M. Wolowski, ayant l'expérience des avantages du crédit foncier en Allemagne, avait présenté, dès 1839, un mémoire à l'Académie des sciences morales et politiques, dans lequel il proposait de l'introduire dans la législation et les habitudes de la France. Cet écrit fit sensation. J'y renvoie le lecteur, que j'engage à lire aussi l'article *Crédit foncier*, publié par le même écrivain, dans le *Dictionnaire de l'Économie politique*. On y

trouve toutes les raisons qui firent enfin décréter cette institution.

Néanmoins, ce projet nouveau avait soulevé de nombreuses
objections. Les plus remarquables sont celles de M. Passy,
dont voici l'analyse :

« Les propriétaires fonciers jouissent de tout le crédit possible, dès qu'ils donnent hypothèque. La solidité du gage leur
assure la préférence sur les autres emprunteurs. S'il y en a
trop d'obérés, ce malheur provient uniquement de l'amour de
la propriété, qui est devenu une fureur en France, surtout
depuis les lois pernicieuses qui n'ont donné l'influence et le
pouvoir politique qu'aux propriétaires fonciers. Chacun, surtout dans les campagnes, veut posséder des terres à tout prix,
sans songer que le jour du payement arrivera, quoique assez
éloigné. Et quand il est arrivé, on se croirait déshonoré si l'on
vendait pour se libérer : on ne veut pas se liquider ; on recourt
aux emprunts usuraires.

« Des institutions destinées à rendre les emprunts moins
onéreux ne feraient que surexciter la passion de la propriété.
En Allemagne, les paysans sont endettés bien plus encore qu'en
France, à cause des établissements de crédit foncier qui depuis
longtemps y fonctionnent. Nombre d'individus n'auraient pas
acheté un champ onéreux, si ces établissements ne leur eussent
donné les moyens d'effectuer un premier payement. Les hommes
intelligents, lorsqu'ils n'ont pas d'autre moyen de se procurer des
avances, vendent quelques pièces de terre pour pouvoir amen-
der le reste. Ils savent que les dettes considérables finissent
toujours par ruiner les propriétaires, parce que l'intérêt l'em-
porte sur les produits. Mais les gens vains et sots aiment mieux
se ruiner et passer pour riches ; parce que l'on voit leurs terres !

« Au surplus, il est avéré que nulle part en Europe la
propriété n'est en meilleure condition qu'en France. Depuis
plus de trente ans le sol y a été constamment d'une valeur

vérale bien supérieure à celle de la propriété mobilière; son revenu annuel reste inférieur de 2 1/2 p. °/₀ à celui qu'on peut retirer de l'achat des fonds publics ou d'autres valeurs mobilières. En Allemagne, au contraire, elle ne monte pas à plus de 1 p. °/₀. Voilà une preuve de la prospérité relative du sol. En outre, la terre en France est moins grevée que dans le reste de l'Europe. Les hypothèques inscrites forment un total de 11 milliards, distraction faite des inscriptions devenues vaines mais non radiées ou de simple garantie, il ne reste guère que 6 milliards et demi qui grèvent les immeubles. Mais les particuliers possèdent 46 millions d'hectares de terre, et 8 millions de propriétés bâties, qui sont estimées en temps ordinaire 52 milliards. De sorte que le sol n'est grevé que d'un huitième de sa valeur normale; ou de 12 p. °/₀. »

Ces raisons ne sont pas bonnes : 1° si l'on a la facilité d'emprunter avec de bonnes garanties, l'on n'en paye pas moins des intérêts et des frais exorbitants; et si avec les mêmes intérêts l'on peut se libérer en trente ou quarante ans, c'est un avantage évident pour le débiteur, pour la classe la moins aisée;

2° Le crédit foncier ne peut accroître l'amour de la propriété, qui est abusif dans les campagnes; car les vendeurs sont trop habiles pour vendre les terres au comptant. Mais, au contraire, si l'emprunteur se libère peu à peu du principal, et paye de moindres intérêts, sa propriété lui deviendra moins onéreuse. En effet, si ceux qui doivent depuis trente ans avaient joui du crédit foncier, ils seraient libérés aujourd'hui, sans avoir payé plus d'intérêts, tandis qu'ils doivent encore le principal;

3° Quand même nulle part la propriété ne serait moins grevée qu'en France, ce n'est pas une raison pour ne pas faire mieux quand c'est possible. En fait, M. Passy est dans l'erreur en disant qu'il ne reste que 6 milliards dus. Comment peut-on supposer qu'il existe près du double d'inscriptions? Cet auteur n'estime pas assez haut la valeur foncière; enfin quand même il n'y aurait qu'un huitième de la propriété d'obéré, la charge tombe sur les citoyens les plus malheureux. Ce n'est pas pour les riches, les créanciers, mais pour les pauvres que l'on songe à des réformes. Les riches n'ont pas besoin des économistes.

A ceux qui ont objecté que la grande division du sol est un obstacle aux établissements de crédit foncier, M. Wolowski a répondu péremptoirement :

« Tout indique, en Belgique et en France, que c'est la petite propriété qui souffre le plus de l'absence du crédit, qui paye un intérêt plus élevé, et supporte les frais dans une proportion plus forte que la grande. Les gros emprunts se contractent à des conditions assez modérées, lorsque l'hypothèque est certaine; mais plus la quotité des sommes prêtées diminue, plus le taux de l'intérêt augmente; parce que les soins et frais de poursuite sont presque pareils, quel que soit le montant de la créance. Les prêteurs s'indemnisent donc de ces chances par un taux plus élevé de l'intérêt.

« L'organisation du crédit foncier peut seule égaler les conditions du prêt en faveur de la petite propriété. De plus les petites épargnes qui ne peuvent aujourd'hui se placer sur hypothèques, à cause des frais et des ennuis du contrat et de la réalisation, doivent rechercher les *lettres de gage*, dont les coupures offrent un placement commode et assuré; ce qui favorisera les placements sur les immeubles ruraux. La terre ne restitue que lentement les avances; elle ne peut donc emprunter à courte échéance, et demande une forme de crédit qui concilie la durée de l'opération avec la sécurité du capitaliste. C'est cette nécessité qui, avant la révolution, avait fait inventer *la constitution de rente*. Le crédit foncier est une constitution de rente, perfectionnée par la facilité de circulation qui lui manquait autrefois et par l'amortissement obligatoire ou facultatif.

« Dans le canton de Berne et dans le canton de Vaud, dit M. Cherbuliez, il existe des *lettres de rente*. L'emprunteur qui les souscrit s'oblige au payement d'arrérages; le principal n'est jamais exigible. Ces contrats sont devenus si populaires que les cultivateurs n'imaginent pas qu'on puisse emprunter autrement de grosses sommes. Ces lettres, qui sont notariées, se transmettent par une simple cession sous seing privé, comme un endossement. Le remboursement n'est exigible que si l'on reste trois ans sans payer l'intérêt, ou par quelque autre violation du contrat. En ce cas, le prêteur entre dans la propriété, au moyen d'une hypothèque spéciale; cela s'appelle *le droit d'otage*. Un bien *otagé* est donné par une hypothèque spéciale au créancier, qui acquiert ainsi le droit de le saisir et d'entrer en possession par une simple ordonnance du juge. Le débiteur peut exercer *la réemption*, en désintéressant le créancier otagiste. »

X

Des pertes du peuple français dans la révolution.

L'aristocratie anglaise avait juré la ruine de la France révolutionnaire. M. Pitt, premier ministre, usait de tous les moyens; ainsi, il encourageait la fabrication des faux assignats et soudoyait une nuée de libellistes pour discréditer la république. L'un de ces libellistes, nommé Francis d'Ivernois, Genevois établi à Londres, publia un gros volume en 1799, qui fut répandu avec profusion dans toute l'Europe. L'auteur s'efforçait de prouver que la France était ruinée par la révolution, et que les souverains, loin de se décourager, à cause des récentes victoires de la république, devaient, au contraire faire un dernier effort qui infailliblement en viendrait à bout. Ce but est expliqué par lui-même dans l'introduction. Je transcris le chapitre principal pour donner une idée de l'aveuglement des partis, et tenir les écrivains en garde contre les assertions hasardées. Ce que j'ai dit dans le cours de ce Traité met le lecteur à même de reconnaître les articulations fausses, et de profiter des observations justes.

« Il est si important de faire connaître aux autres peuples toute l'étendue des pertes de la France révolutionnaire, que je veux essayer de soumettre chacune d'elles à des évaluations numériques. Au risque d'en discréditer d'avance le tableau, je dois prévenir qu'il contiendra inévitablement quelques erreurs, et que mon unique objet est d'établir, d'une manière approximative, que l'ancien capital du peuple français est aujourd'hui déprécié des quatre cinquièmes, et son revenu réduit des deux tiers. »

Tableau des capitaux du peuple français avant la révolution.

« Les terres formaient à elles seules la plus grande partie des richesses de la France; d'après les estimations les plus accréditées, elles représentaient, en 1789, pour les propriétaires, une valeur vénale ou un capital d'environ 30 milliards. On a déjà vu que cette valeur est tombée de 30 milliards à 5, par le double effet d'une dépréciation de moitié dans le revenu général des biens ruraux, et d'une diminution des deux tiers dans le prix auquel s'achetait ce revenu.

« Mais les terres ne constituent qu'une partie des richesses d'un peuple. Plus il est actif et industrieux, et plus il augmente cette masse de richesses par les bestiaux dont il couvre ses campagnes, par les villes qu'il bâtit, par le mobilier dont il les orne, par les ateliers et les laboratoires qu'il y élève, par les colonies qu'il fonde au dehors, par les dépôts de marchandises en tout genre qu'il amasse, par les vaisseaux qu'il construit pour les porter aux étrangers, par les créances qu'il obtient sur eux, par les métaux précieux qu'il accumule, etc., etc. A mesure qu'un peuple fait des progrès dans les arts ut les, cette seconde classe de propriétés approche en valeur de celle des terres, et j'estime, par aperçu, l'ancienne valeur des propriétés non rurales des Français à 20 milliards que je subdiviserai en six classes.

« Environ 3 milliards pour les maisons des villes, dont la valeur vénale doit être dépréciée dans la même proportion que celle des domaines ruraux, ce qui la réduit à un demi-milliard.

» Environ 2 ou 3 milliards que les Français possédaient aux colonies, soit en terres, aujourd'hui pour la plupart abandonnées ou sans valeur, soit en nègres affranchis, soit en habitations incendiées par ces mêmes nègres. Il est plus que douteux si ce capital en représente maintenant la dixième partie, et si ce n'est pas le porter trop haut que de l'évaluer à un quart de milliard.

» Environ 4 milliards que représentait la dette publique pour les créanciers de l'État, en y comprenant les actions de la Compagnie des Indes et de la Caisse d'escompte. Quelque fictif par sa nature, ce capital n'en était pas moins pour les propriétaires un capital *réel;* mais depuis que la nation y a passé l'éponge de la banqueroute en *mobilisant* les deux tiers, il s'est tellement *volatilisé,* que les 89 millions d'intérêts *consolidés* qui restent inscrits au Grand-Livre, ne se vendant pas même sur le marché à raison de trois fois la rente, ces inscriptions ne valent plus pour les propriétaires qu'un quart de milliard.

« Environ 6 à 7 milliards pour le capital mobilier, dans lequel sont compris : 1º Les hardes et les vêtements de toute

espèce; 2° les meubles proprement dits; 3° les bestiaux; 4° les
instruments ou machines destinées aux arts utiles; 5° les vaisseaux; 6° les fonds employés dans le commerce; 7° les créances
sur l'étranger. Rien de si difficile que d'arbitrer l'ancienne valeur de ces richesses mobilières et la réduction qu'elle doit
avoir éprouvée; mais comme elles comprenaient des créances
liquidées et dissipées depuis la révolution, ainsi qu'une masse
considérable de marchandises ouvragées et de matières premières de toute espèce, que le royaume avait toujours en
avances, et qui se trouvent complétement épuisées, je crois ne
pas outrer en portant cette réduction de 6 à 2 milliards.

« Environ 3 milliards de métaux précieux, en numéraire,
argenterie des églises, vaisselle et bijoux, masse qui doit avoir
diminué au moins de moitié, tant par la balance défavorable
du commerce, que par les sommes qui sont rentrées dans les
entrailles de la terre et dont le dépôt est un secret enseveli avec
les dépositaires morts sur la guillotine.

« Si l'on admet ces aperçus pour approximatifs, et si l'on en
fait la récapitulation, on verra que l'ancien capital de la France,
qui représentait 50 milliards, n'en doit plus représenter que 10.
En sorte que la fortune d'un Français, estimée autrefois à
500 mille écus, devrait se trouver aujourd'hui réduite à près
de 100 mille, si l'on pouvait supposer qu'il l'eût répartie proportionnellement entre toutes les branches de capitaux qu'on
vient de passer en revue.

« Il est essentiel d'observer ici que cette énorme réduction
de capitaux n'est guère plus causée par l'anéantissement des
richesses réelles de la France que par le déchet qu'elles ont
éprouvé dans l'opinion. Cela est si vrai, que la valeur des terres
pourrait doubler soudainement le jour même où le roi légitime
remontera sur le trône, et que s'il prend des arrangements so-
lides et bien combinés pour payer seulement 60 millions des
intérêts dus par la monarchie, les titres constitutifs de la dette

publique qui représentent à peine aujourd'hui 200 millions, pourraient représenter et ressusciter un capital de plus d'un milliard.

« Personne n'ignore que ces sortes d'évaluations en valeur vénale ne peuvent jamais être exactes, par cela seul que cette valeur varie sans cesse ; mais elles ont du moins cet avantage de mieux faire disparaître le vague des idées à l'aide des formules arithmétiques dont les erreurs sont plus faciles à découvrir.

« J'avais besoin d'en prévenir une seconde fois le lecteur, avant que de hasarder une évaluation pareille de l'ancien revenu *net* et *imposable* des Français, que je crois pouvoir porter à la même somme à laquelle j'estimai, il y a deux ans, celui de la Grande-Bretagne, savoir : 120 millions sterling, ou environ 3 milliards tournois. Et comme au moment où j'écris ceci, M. Pitt vient de présenter une classification très-détaillée de ce dernier, je m'aiderai d'un travail si précieux, en ayant soin cependant de porter en *plus*, sur le revenu agricole des Français, ce qu'ils possédaient de *moins* en revenus ou profits commerciaux et industriels. Voici comment je distribuerai ces 3 milliards pour en calculer la diminution. »

Tableau des revenus imposables du peuple français avant la révolution.

« 1100 millions, revenu net des terres réduit de moitié : restent 550 millions.

« 300 millions, revenu annuel des fermiers, métayers et vignerons, réduit à environ 100 millions.

« 200 millions, pour la rente des propriétaires des maisons des villes, réduite tout au moins de moitié comme celle des terres : restent 100 millions.

« 100 millions, revenu net des propriétaires des colonies, après les frais d'exploitation payés. On ne peut plus le passer que *pour mémoire*.

« 300 millions, rentes perpétuelles ou viagères des créanciers de l'État, et dividendes des actionnaires de la Compagnie des Indes, ainsi que de la Caisse d'escompte, qui, par le décret de banqueroute, ont été réduits au *tiers*. Après deux an sde retard, on leur paye enfin un semestre en *bons*, lesquels, vu la perte que ce papier doit infailliblement éprouver, ne représenteront que 25 à 30 millions, valeur au cours.

» 70 millions pour la partie de son traitement que le clergé recevait en *dimes*, et qui ne peut se passer aujourd'hui que *pour mémoire*, vu l'impossibilité d'estimer le montant des aumônes qu'on lui fait.

« 100 millions, tant pour les pensionnaires de la cour que pour le traitement des employés civils, des officiers de l'armée et de la marine, et pour les gains ou salaires des médecins et des hommes de loi. Je les suppose réduits de moitié : restent 50 millions.

» 200 millions, pour les bénéfices des classes vouées aux professions, arts et métiers. Ces bénéfices doivent être réduits au moins des trois quarts : restent 50 millions.

« 700 à 750 millions pour le profit annuel, tant des entrepreneurs de fabriques et de leurs ouvriers en chef, que des commerçants, qui procuraient les matières premières aux manufacturiers, et les revendaient, soit au dedans, soit au dehors, après qu'elles étaient ouvragées. Cet article comprend non-seulement les bénéfices du commerce extérieur, mais les profits infiniment plus considérables et plus variés du commerce domestique, c'est-à-dire les gains des trafiquants qui échangeaient d'une province à l'autre les diverses productions du royaume, ou qui les voituraient et les revendaient en détail; en un mot, les profits de tous les genres d'occupations qui tien-

nent et qui entrent dans la qualification d'*appointements*, sans
cependant appartenir à celle des *salaires*. Cet article comprend
aussi les bénéfices des capitalistes intéressés dans les entreprises
commerciales, ceux des banquiers, des commissionnaires, des
agents de change, des assureurs et de tous les intermédiaires
placés entre les producteurs, les manufacturiers et les consommateurs ; à quoi il faut ajouter les profits de la marine marchande, ceux du cabotage et ceux des pêcheries. Vu l'annihi-
lation de ces dernières, la destruction de la marine marchande,
la décadence des manufactures et l'anéantissement du commerce, il paraît difficile de supposer que ces profits s'élèvent
aujourd'hui à plus de 130 millions.

« Ce dernier article surtout est très-hypothétique, et je ne
saurais trop répéter que ce tableau, ainsi que le précédent, re-
posent sur des données dont aucune n'est positive ; mais si l'on
n'y découvre pas d'écart considérable, ou si, en attaquant les
évaluations de telle ou telle branche de capitaux ou de revenus,
on ne conteste point la proportion dans laquelle je suppose que
chacune d'elles doit avoir souffert, il en résultera que l'ancien
capital des Français se trouve réduit d'environ 50 milliards
à 10, et leur revenu imposable d'environ 3 milliards à 1.

« Tels ont été les fruits de la grande confiscation nationale,
des séquestres, des emprunts forcés, du *maximum*, des réqui-
sitions, mais par-dessus tout de ce *papier-monnaie* qui a
entraîné une banqueroute de 45 milliards d'assignats, de 2 milliards et demi de *mandats*, de plusieurs centaines de millions
d'*ordonnances* et des deux tiers, ou plutôt de la totalité des
fonds publics, tant anciens que nouveaux. Que reste-t-il de
tant de sacrifices à ce malheureux peuple? »

Le ridicule de ces assertions est assez évident pour que je ne perde point de temps à les réfuter. Je transcris encore une note de Francis d'Ivernois sur le passage qu'on vient de lire.

« En évaluant à près d'un milliard les bénéfices des classes vouées au commerce, aux manufactures et aux arts et métiers, je me suis beaucoup rapproché des calculs d'Arnould, qui, en 1791, les évalua à 1,041 millions ; cependant nos données sont absolument différentes, puisqu'il additionnait les *bénéfices nets* du commerce externe et interne avec les *produits bruts* des manufactures, arts et métiers, produits qu'il n'évaluait qu'à 504 millions. Amalgamer ces deux objets en parlant du revenu d'un peuple, c'est prendre la valeur vénale des produits disponibles d'un domaine ou d'un atelier pour le revenu net et imposable de l'individu qui le cultive ou de l'entrepreneur qui le gère.

« Rien de plus vague que la manière dont les écrivains français ont traité cette question. L'un des économistes les plus renommés, M. Le Trosne, avait évalué le revenu général de la France à 3 milliards 134 millions, ce qui se rapproche encore beaucoup de mon évaluation ; mais il mêlait les bénéfices du cultivateur avec la valeur des fruits de la terre, ce qui sont deux choses très-différentes. Quant à la partie des bénéfices résultant du commerce, il l'omettait avec soin, parce que les économistes se sont trop obstinés à n'en faire aucun cas comme *produit.*

« Arnould a cherché à rectifier ces tableaux, et en présenta un où la *reproduction générale* du royaume se trouvait encore confondue avec le *revenu imposable* de ses habitants, puisqu'il y passait à 2,000 millions les produits territoriaux de la France, quoique, dans le reste de ses ouvrages, il n'estimât qu'à 1,000 ou 1,100 millions la rente du propriétaire et les bénéfices du cultivateur. Or, ce sont ces deux derniers articles qui constituent le *revenu imposable*, unique objet de nos recher- ches, le seul qu'il soit vraiment utile d'étudier, et le seul qu'un administrateur puisse se flatter de connaître par approxima- tion. C'est en suivant cette marche qu'Arnould arrivait à un grand total de 3 milliards 400 millions, dans lequel il ne com- prenait cependant ni le revenu imposable du clergé qui vit de la dîme, ni les principaux appointements des employés civils et militaires, ni les intérêts de la dette publique.

Dans son écrit sur la *Foi publique*, le ministre Clavière évalua, en 1788, à trois milliards le revenu des Français, et tout annonce qu'il n'entendait par là que leurs revenus vrai- ment *imposables*. Mais la seule base sur laquelle il s'appuya, était celle de Davenant qui, en 1698, estimait les revenus im- posables du peuple anglais à 43 millions sterling, et ceux du peuple français à 81 millions sterling, environ 2 milliards tour- nois. Comme cet Anglais n'était entré dans aucuns détails, l'écrivain que je viens de citer se dispensa d'y suppléer, et se borna à poser vaguement en fait, que les revenus du peuple français avaient éprouvé tout au moins un accroissement d'une moitié en sus dans l'espace de 90 années. Le bilan que j'ai essayé d'en dresser m'a confirmé dans cette induction.

« Ou je suis bien trompé, ou l'article des intérêts de la dette publique sera celui que contesteront le plus ceux des écrivains français qui ont traité cette matière. Ils diront que passer en ligne de compte dans le revenu d'un peuple les intérêts de sa dette, c'est faire un double emploi, puisqu'ils se payent avec son revenu même. Cette objection a quelque chose de vrai, et cependant les intérêts de toute dette nationale bien constituée doivent se considérer comme une espèce de *rente foncière*, qu'une certaine classe de contribuables possède sur le revenu de toutes les autres. Or, comme cette rente ne fait que passer par les mains du gouvernement pour arriver dans celles de ses créanciers, et comme après l'avoir reçue de lui, à titre d'*inté-rêts*, ces créanciers lui en reversent une partie, à titre d'*impôt*, il est évident que les intérêts d'une dette publique font partie du revenu *imposable*. L'auteur du rapport de Bailleul est, je crois, le premier Français qui ait senti et développé cette vérité de fait ; mais je crois aussi qu'il en a beaucoup trop forcé l'application dans ses développements, lorsqu'il avance que le payement régulier des 80 millions d'intérêt *en rapporte-rait* 300 *au trésor public*.

« Quoique les salaires des artisans et des journaliers ne laissent pas que d'être, jusqu'à un certain point, imposables et imposés, on ne saurait les inclure dans le revenu général d'un peuple, puisqu'ils le multiplieraient à l'infini. Cette difficulté mérite d'être citée, afin de montrer qu'on ne doit se livrer à de sem-blables calculs que pour éclaircir la question, et non dans l'espoir d'atteindre l'exacte vérité.

« On peut tellement différer dans les bases d'un pareil calcul, que Dupont, qui l'avait essayé avant la révolution, n'estimait qu'à 1500 millions le revenu vraiment imposable du peuple français, en y comprenant celui des terres, des colonies, des pêcheries, des manufactures et du commerce, tandis que je le porte précisément au double. Au reste, nous différons moins qu'on ne pense dans le résultat principal de notre travail, c'est-à-dire dans la recherche sur la diminution proportionnelle de ce revenu, puisque ce même Dupont reconnut, en décembre 1795, qu'on ne pouvait plus l'estimer au delà de 800 millions. C'était évaluer le déchet de 15 à 8. Si je le porte aujourd'hui de 15 à 5, c'est que depuis trois ans, le travail productif des Fran-çais a considérablement diminué et qu'ils ont vu tarir plusieurs sources de leurs revenus. »

FIN.

TABLE DES MATIÈRES.

LIVRE III.

De la répartition de la richesse; et de la misère.

(SUITE).

—

LIVRE IV.

De la consommation de la richesse; et des finances publiques.

—

CHAPITRE PREMIER. — DE LA CONSOMMATION PRIVÉE.

PIÈCES JUSTIFICATIVES ET DOCUMENTS DIVERS.

FIN.

Paris. — Imprimerie de P.-A. BOURDIER et Cie, 30, rue Mazarine.

ERRATA DU TOME PREMIER.

Page 80. — *Note omise à la fin du 2ᵉ alinéa.* Je ne fais que citer, presque textuellement, dans cet alinéa, un grief formulé contre les Économistes; je n'ai pas besoin de dire que je ne l'approuve point.

Page 144, ligne 11, *au lieu de :* Ostreschkoff, *lisez :* Otreshkoff.

ERRATA DU TOME SECOND.

Page 89, ligne 15, *au lieu de :* 1826, *lisez :* 1626.

Page 131, ligne 1ʳᵉ, *au lieu de :* M. Smith, *lisez :* Adam Smith.

Page 192, ligne 28, *au lieu de :* On peut leur répondre, *lisez :* On leur répond.

Note omise à la page 232. Je sais bien que le décret du 14 mars 1852 a dispensé des longues et dispendieuses formalités les tuteurs et administrateurs qui voudraient demander le remboursement du principal. Mais, en fait, le plus grand nombre n'osaient point courir le risque d'un autre placement que celui fait sur l'État, soit qu'il leur ait été prescrit, soit qu'ils l'aient choisi antérieurement. En vain, dira-t-on qu'après le remboursement obtenu, ils avaient la faculté de racheter de la rente! Car la rente pouvait monter dans l'intervalle, et les intéressés eussent pu obtenir un moindre revenu qu'en se soumettant purement et simplement à la conversion.

Page 239, ligne 2, *au lieu de :* D'ailleurs, *lisez,* Enfin.

www.ingramcontent.com/pod-product-compliance
Lightning Source LLC
Chambersburg PA
CBHW060417200326
41518CB00009B/1389